Kerstin Diacont

Mit System zum harmonischen Reiten

Das konsequente Ausbildungs- und Trainingskonzept

INHALT

1

Harmonisch reiten:
Was bedeutet das?   **4**

Der ganzheitliche Ansatz   7

2

Grundlagen auf körperlicher
Ebene – Anatomie für Reiter   **10**

Grundspannung und Balance
im Gesamtsystem Reiter-Pferd   13

Der effektive Sitz des Reiters   26

Der Sitz im dynamischen Gleichgewicht   34

Prioritäten setzen   36

3

Psychologie und
Kommunikation   **42**

Orientierungsrichtlinien:
Belohnung und Strafe   43

Lehren und Lernen   50

Die Verständigung mit dem Pferd   52

Motivation und Hilfengebung   56

Hilfen in der »Intervalltechnik«   59

Sinnvolle Arbeitskonzepte   65

Inhalt

4

**Erziehung und
Angstbewältigung**   **74**

Artgerechte Erziehung   74

Angstüberwindung:
Schlüssel für harmonisches Reiten   81

Übungen zur Angstbewältigung   84

5

**Minimierung der Signale
durch richtige Konzepte**   **88**

Bildhafte Vorstellungen   89

Konzentrations- und Lernhilfen   93

Bewusst machen   96

Ein »Händchen für Pferde«   98

Zäumungen und Gebisse
und ihre Wirkung   101

Zügeleinwirkung und Paraden   106

Die Biegearbeit   116

Seitengänge als Sonderform
der Biegung   122

Vorhandwendung und
Hinterhandwendung   130

Seitengänge auf dem Zirkel   133

Interpretationsspielräume   134

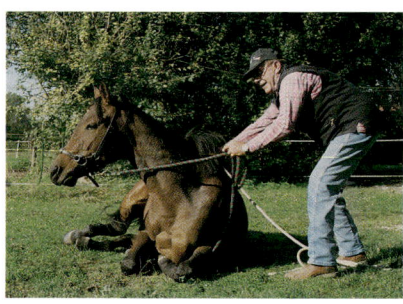

6

Harmonie und Ausstrahlung   **140**

Zeitfaktoren   144

Ausbildung ohne Langeweile
oder Stress   149

Literatur   **156**

Register   **156**

HARMONISCH REITEN:
WAS BEDEUTET DAS?

Ist Reiten Kunst, Sport oder Arbeit? – Welchen Stellenwert nimmt es in Ihrem Leben ein? – Wollen Sie sportlichen Erfolg auf Turnierplätzen? Brauchen Sie das Pferd als Partner für Ihre Arbeit? – Oder soll es Sie als Freizeitpartner stressfrei und sicher durch die Landschaft tragen? – Fünf grundsätzliche Fragen und vermutlich fünfzig unterschiedliche Antworten darauf. Denn jeder setzt eigene Prioritäten, wenn es ums Reiten geht.

In den letzten zwanzig Jahren hat sich das Spektrum an Möglichkeiten, wie ein Pferdefreund seinem Hobby nachgehen (oder seinen Beruf ausüben) kann, beträchtlich erweitert. Unterschiedliche Systeme der Pferde- und Reiterausbildung aus der ganzen Welt haben Einzug in Mitteleuropa gehalten. »Exotische« Reitweisen erfreuen sich zunehmender Beliebtheit und bringen neue Impulse auch für die traditionelle Reiterei. Das herkömmliche Ausbildungssystem profitiert ebenso wie Reiter und Pferde von diesen Impulsen. Und dies nicht nur bei der Arbeit unter dem Sattel sondern auch bei der Boden- und Longenarbeit und in Form von verbesserten Haltungsbedingungen für die Pferde.

Artgerechte Haltung zum Beispiel war lange genug ein Fremdwort in Deutschland. Dem modernen Stadtmenschen waren das Wesen und die Bedürfnisse seines Freizeitpartners Pferd fremd – und in konventionellen Reitschulen bekam er auch nichts davon mit. Als ich vor dreißig Jahren mit dem Reiten begann, standen die meisten Schulpferde angebunden in ihren Ständern und sahen im Winter oft monatelang nur Halle und Stall. Keiner stellte das in Frage. Ein weiterer bedenklicher Umstand war, dass das Reiten mechanisch gelehrt wurde – im Sinne von: »Drück' hier, dann tut das Pferd dieses, drück' woanders, dann tut es jenes.« Der theoretische Unterricht zum Beispiel zu anatomischen Grundlagen beschränkte sich auf das Auswendiglernen der einzelnen Knochen im Pferdeskelett sowie das Herbeten von Fußfolgen. Der Zusammenhang, warum ein Pferd auf bestimmte Signale reagiert – oder auch nicht –, blieb unklar. Wer mit dem Reiten im Kindesalter anfing, lernte es meist trotzdem ganz ordentlich. Kinder haben nämlich noch ein gutes Gefühl für Balance und Gleichgewicht. Sie können sich leicht in eine Bewegung des Pferdes einfühlen, weil sie noch nicht mit Blockaden psychischer und physischer Art belastet sind, die sich der Erwachsene im Laufe seines Lebens oft »einfängt«.

Wer das grundsätzliche Feeling fürs Reiten in jungen Jahren bekommen hatte und genügend Interesse und Durchhaltevermögen aufbrachte, hatte eine Chance, sich reiterlich weiter zu entwickeln. Doch wo sich die Anweisungen von Reitlehrern in den Sätzen »Nimm die Zügel kürzer«, »Lass ihn nicht auseinander fallen« oder »Gerade sitzen«, »Mehr treiben« erschöpften, blieb manchmal auch das ursprüngliche Feeling auf der Strecke, weil immer mehr Kraft eingesetzt wurde, um das Pferd »zusammenzuhalten«. Hinten mit den Sporen stochern und vorn festhalten war häufig das Synonym für Versammeln. Wer mit diesem System groß geworden ist, hat massive Probleme, einen Weg aus der »Kraftspirale« heraus zu finden, denn er sieht keine Alternative.

Neue Impulse

Meine eigene festgefahrene »Dressurkarriere« bekam den entscheidenden Impuls durch eine gelungenen Westernvorführung auf der »Equitana« vor etwa zwanzig Jahren. Präzision in Verbindung mit Leichtigkeit – Selbsthaltung des Pferdes am losen Zügel ohne sichtbare Hilfen: Das war das, was ich mir für meine Dressurpferde wünschte. Die nächsten fünfzehn Jahre widmete ich mich der Westernreitweise, vorzugsweise der auf die iberischen Vorbilder

Harmonisch reiten: Reiter und Pferd müssen sich gemeinsam in innerem und äußerem Gleichgewicht befinden.

(und die klassische Dressur) aufbauenden kalifornischen Richtung. Viele Ausbildungsmethoden dieser ursprünglichen Arbeitsreitweise geben wichtige Impulse für die auch in der (echten) klassischen Dressur geforderte Minimierung der Hilfen. Bedauerlicherweise leidet inzwischen auch die »klassische« Westernreitweise – wie die klassische Dressur – an Degenerationserscheinungen, die sich in einer übereilten Grundausbildung, einem gewaltsamen Zusammenstellen der Pferde und einem falschen Verständnis von Versammlung und Hilfenminimierung äußern.

Erkenntnisse

Der Ausflug ins Lager der Westernreiter bescherte mir jedoch einige wichtige Erkenntnisse für meine weitere, nun wieder dressurorientierte Arbeit:

◆ Es gibt immer Alternativen zu festgefahrenen Konzepten. Dass manche Dinge »schon immer so« gemacht wurden, muss nicht bedeuten, dass sie richtig sind. Man muss nur offen für neue Impulse und bereit sein, weiterzulernen und neue Wege zu beschreiten.

◆ Unterschiede zwischen verschiedenen Reitweisen und -stilen sind sehr viel geringer als allgemein angenommen, denn alle ernst zu nehmenden Reitstile müssen sich an den anatomischen und psychischen Gegebenheiten von Reiter und Pferd orientieren (andernfalls weisen sie die schon erwähnten Degenerationserscheinungen auf).

◆ Es gibt nur gutes oder schlechtes Reiten, keine guten oder schlechten Reitweisen. Alle Reitweisen sind gleich gut, wenn sie vernünftig und pferdegerecht betrieben werden und unterscheiden sich nur hinsichtlich ihrer Ziele (das heißt des Einsatzgebietes des Pferdes).

◆ Ausbildungskonzepte aus verschiedenen Reitstilen sind zu einem eigenen Hilfensystem mischbar, sofern dieses in sich stimmig ist. Das heißt, es darf weder Missverständnisse für das Pferd beinhalten noch gegen anatomische Grundregeln verstoßen.

Besonders für Reiter oder Pferde mit ganz spezifischen Problemen kann es sinnvoll sein, für eine Weile oder auch dauernd von der reinen Lehre eines speziellen Reitstiles abzuweichen.

Vielfalt

Die Vielfalt in der modernen Reiterei ist einerseits eine sehr erfreuliche Entwicklung, weil sie verkrustete Strukturen aufbricht und dem »suchenden« Reiter ein ganzes Universum an individuellen Variationsmöglichkeiten öffnet. Andererseits birgt sie das enorme Risiko, dass essenzielle Grundlagen, die immer im Auge behalten werden müssen, vergessen werden oder in einer Informations- und Variationsflut

Die Reitweise orientiert sich an den persönlichen Vorlieben des Reiters. Die Ausbildung muss sich jedoch nach den anatomischen Gegebenheiten richten.

Erkenntnisse

Es gibt immer Alternativen zu festgefahrenen Konzepten.

Es gibt nur gutes oder schlechtes Reiten, keine guten oder schlechten Reitweisen.

Unterschiede zwischen verschiedenen Reitweisen und -stilen sind sehr viel geringer als allgemein angenommen.

Ausbildungskonzepte aus verschiedenen Reitstilen sind zu einem eigenen Hilfensystem kombinierbar, sofern dieses in sich stimmig ist.

Reiter und Pferd befinden sich im gemeinsamen Gleichgewicht – auch im leichten Sitz.

untergehen, die kaum noch bewältigt, geordnet und richtig verstanden werden kann.

Diese Vielfalt führt außerdem zu einem weiteren Phänomen, welches sich nicht immer nur positiv auswirkt: Jeder Pferde-Guru mit einer vermeintlich »revolutionären« neuen Methode hat enormen Zulauf von Leuten, die auf der Suche nach einer einfachen und meist schnellen Lösung ihrer Probleme sind. Dass viele dieser Methoden weder neu noch revolutionär sind, sondern auf altem Wissen aufbauen, wird oft nicht erkannt. Und dass sie nur funktionieren, wenn sie sehr konsequent und mit genug Hintergrundwissen umgesetzt werden, bleibt häufig ungesagt. Ein wenig erinnert dieses Verhalten an die Menschen, die, von der traditionellen Kirche enttäuscht, ihr Heil in Sekten suchen; sie wollen geführt werden, ohne eigene Entscheidungen treffen zu müssen, wollen ein »Lebensrezept« bekommen, was nicht anbrennen und nicht verderben kann. Das funktioniert leider nicht.

Für den kritischen und erfahrenen Reiter, der seine Reiterei – gleich welcher Stilrichtung – vervollkommnen will, bietet die Vielfalt jedoch eine enorme Chance. Er kann innerhalb eines von den anatomischen und psychologischen Voraussetzungen von Pferd und Reiter bestimmten Grundrahmens seine Ausbildung variieren und modifizieren und damit Mechanisierung und Langeweile vermeiden – oder auch Probleme beseitigen.

Der ganzheitliche Ansatz

Dieses Buch unternimmt den Versuch, Hilfsmittel und Konzepte aus verschiedenen Reitstilen aufzugreifen und hinsichtlich ihrer Eignung für ein möglichst pferdeschonendes und harmonisches Reiten zusammenzufügen. Nennen wir es einen »ganzheitlichen Ansatz«. Dabei geht es nicht nur um das »Wie«, sondern immer auch um das »Warum« einer Übung, um Sinn oder Unsinn einer Methode oder Anweisung. Insgesamt also um mehr Verständnis und eine bessere Kommunikation zwischen Reiter und Pferd, um ein besseres Körpergefühl und eine Entwicklung hin zur Sensibilität und weg von mehr Kraft.

Als Grundsatz sollte immer gelten:

Minimierung der (sichtbaren) Hilfen im Verlauf der Ausbildung – so viel Einwirkung durch den Ausbilder/Reiter wie nötig und so wenig wie möglich. So viel wie nötig heißt: gerade genug, um eine erwünschte Reaktion des Pferdes zu erzielen. So wenig wie möglich bedeutet: vermehrte Sensibilität und Leichtigkeit des Pferdes erreichen, indem man die Hilfen aussetzt, solange das Pferd das macht, was es soll. In diesem Sinne wünsche ich viel Spaß beim Durchblättern des Buches – vielleicht finden auch Sie den einen oder anderen Hinweis, der Sie weiterbringt.

Zur Orientierung im Reitweisen-Dschungel und als Leitfaden für Bezüge auf Western- bzw. klassische Reitweise, die im nachfolgenden Text immer wieder verwendet werden, finden Sie nebenstehend eine Tabelle, die die beiden extremen Pole der Reitweisen gegenüberstellt. Auf der einen Seite stehen die Arbeits- oder Gebrauchsreitweisen, zu denen der Westernstil, die Doma Vaquera und prinzipiell auch viele Gangpferdeausbildungen gehören. Mit Einschränkungen zählen auch die Ausbildungen des Pferdes zum sicheren Gelände- und Wanderreitpferd, zum Springpferd oder zum Kutschpferd zu den gebrauchsorientierten Ausbildungsmethoden. In allen geht es neben der inneren Beziehung zwischen Reiter und Pferd verstärkt um eine praktische Aufgabe, die das Team bewältigen muss: das Treiben von Rindern, das Überwinden von Gelände- oder Parcourshindernissen oder das Ziehen eines Wagens.

Auf der anderen Seite steht die Dressur als Selbstzweck und künstlerischer Ausdruck, bei der es um die Vervollkommnung der natürlichen Bewegungen des Pferdes geht – ohne direktes gebrauchsorientiertes Ziel. Diese Dressur als Selbstzweck kommt heute hauptsächlich in der Ausbildung der so genannten »Barockpferde« zum Tragen, weniger im leistungsorientierten Dressursport, den man auf Turnieren sehen kann. Dieser unterliegt zur Zeit einer Art der Reglementierung, die zu wünschen übrig lässt

Der ganzheitliche Ansatz

Verbesserte Kommunikation mit dem Pferd durch besseres Verständnis für die physiologischen und psychologischen Zusammenhänge.

Entwicklung von besserem Körpergefühl und mehr Sensibilität bei Pferd und Reiter.

Sichtbare Hilfen müssen im Verlauf der Ausbildung minmiert werden. Das bedeutet: so viel Einwirkung durch den Ausbilder/Reiter wie nötig und so wenig wie möglich.

Mensch und Pferd müssen sich aufeinander konzentrieren – bei der Arbeit am Boden und unter dem Sattel.

Gebrauchsreiten

Reitkunst

Ziele der Ausbildung

Das Pferd wird zum Arbeitspartner des Reiters. Die Konzentration des Reiters richtet sich auf die Aufgabe, nicht auf das Pferd.

Die Ausbildung des Pferdes wird zum Selbstzweck. Reiter und Pferd konzentrieren sich aufeinander und nicht auf eine äußere Aufgabe.

Alle möglichen Kombinationen sind denkbar. Gangpferdereiter tendieren zum Beispiel eher in die Richtung des Gebrauchsreitens – ihre Pferde sollen vor allem bequem und leicht kontrollierbar sein. Der moderne Dressursport tendiert zwar eher in Richtung Reitkunst, enthält jedoch viele Reglementierungen, die Leistungen vergleichbar machen, andererseits aber oft verhindern, dass ein Pferd individuell und langsam gefördert wird.

Grundausbildung: gleich

Reiter und Pferd müssen körperlich trainieren sowie ein zweifelsfrei funktionierendes Verständigungssystem (Hilfensystem) entwickeln. Das psychische und das physische Gleichgewicht von beiden muss erlangt werden. Dazu gehören Angstbewältigung, ein gutes und umfassendes Kommunikationssystem (ein breites Hilfenrepertoire) und eine zielorientierte Gymnastik, um die gemeinsame Balance in der Bewegung zu erreichen.

Weiterführende Ausbildung: unterschiedlich

Das Arbeitspferd wird immer mehr zum selbstständigen Mitarbeiter des Reiters, der zum Beispiel ein Rind aussortiert oder einen Baumstamm zieht. Die Signale des Reiters werden minimiert: Pferd und Reiter konzentrieren sich auf eine gemeinsame Aufgabe. Stärkere Versammlung ist für die meisten Aufgaben nicht nötig.

Das Dressurpferd wird immer mehr zum Tanzpartner des Reiters. Auch hier werden die Signale minimiert – Reiter und Pferd konzentrieren sich jedoch stärker aufeinander. Die Qualität der Bewegung, der Ausdruck, steht im Vordergrund. Für fortgeschrittene Lektionen ist ein hoher Versammlungsgrad essenziell.

Sitz des Reiters – Gänge des Pferdes

Der Reiter soll möglichst bequem und sicher sitzen, ohne das Pferd im Rücken zu stören. Deswegen werden flache Gänge des Pferdes mit wenig Rückenbewegung bevorzugt. Reiter und Pferd sollen möglichst wenig Energie verbrauchen, um lange Arbeitsdauer und weite Strecken zu überstehen.

Das Pferd soll erhabene, schwungvolle Gänge zeigen. Dazu gehört viel Rückenbewegung, die vom Reiter mehr Konzentration und einen noch besser ausbalancierten Sitz erfordert. Diese Bewegungen sind nur für kurze Zeiträume gedacht und erfordern viel Energie.

GRUNDLAGEN
AUF KÖRPERLICHER EBENE – ANATOMIE FÜR REITER

Die richtige Grundspannung im System Reiter–Pferd, um körperliche

Schäden zu vermeiden – Die anatomisch richtige Haltung des Pferdes

Der effektive Sitz des Reiters – Stabilität und Beweglichkeit

Dynamisches Gleichgewicht – Prioritäten bei der Ausbildung und

der Korrektur.

**Die sportliche Komponente
des Reitens**

Reiter und Pferd sind Sportler. Zumindest, wenn sie sich gemeinsam als Reiter-Pferd-Kombination bewegen.

Für den Nichtreiter oder auch den nichts ahnenden pferdebegeisterten Anfänger mag das alles anfangs aussehen, als ob man sich reitenderweise nur tragen lassen müsse. Vor allem dann, wenn er harmonische Beispiele von »Reitkunst«, die diese Bezeichnung auch verdient, zu sehen bekommt. Doch spätestens beim ersten Trab merken die meisten angehenden Reiter, dass da einige ihrer Muskeln in einer Weise arbeiten müssen, die mit beiden Füßen am Boden schwer vorstellbar ist. Und dass das einfache Sitzenbleiben auf dem Pferderücken eine beträchtliche Beweglichkeit im Beckenbereich, Balance und Konzentration erfordert. Erinnern Sie sich noch an Ihre ersten

Reitstunden? Wenn Sie nicht im Kindesalter angefangen haben, wird Ihnen der erste Trab ganz schön schwer gefallen sein. Allein das Sitzen – ganz zu schweigen von irgendeiner bewussten Aktion, die das Pferd beeinflussen sollte.

Dem jungen, unerfahrenen Pferd geht es nicht anders. Nachdem es jahrelang nur sich selbst ausbalancieren musste, sitzt da irgendwann ein Mensch auf seinem Rücken, mit dessen Gewicht es zusätzlich fertigwerden soll. Und der ihm auch noch Vorschriften machen will, wann, wie und wie schnell es sich bewegen soll.

Sinnvolle Vorbereitung

Das junge Pferd wird häufig auf seine Aufgaben als Reitpferd besser vorbereitet als der Mensch auf die seinen als Reiter. Es lernt am Boden und an der Longe, auf Signale des Menschen zu reagieren. Es lernt, sich auf gebogenen Linien auszubalancieren. Es wird allmählich mit dem Gewicht des Sattels und schließlich mit dem des Menschen bekannt gemacht. Es darf eine Weile im Schritt mit dem Reitergewicht bummeln. Und die anfänglichen Arbeitsphasen mit Reiter sind sehr kurz, um seine Muskeln und Gelenke nicht zu überfordern. Dann folgt die gymnastizierende und Muskeln aufbauende Biegearbeit. Größere Belastungen werden zurückgestellt, bis das Pferd genug Kraft und Kondition entwickelt hat. Im Idealfall erstreckt sich die Vorbereitung über eine Dauer von ein bis zwei Jahren (im Profi-Pferdesport leider oft auch nicht …).

Der werdende Reiter dagegen wird oft ins kalte Wasser geworfen, pardon – aufs Pferd gesetzt. Im besten Fall wird er allein an die Longe genommen, im schlimmsten einfach ans Ende einer Abteilung von Reitern gehängt. Erklärungen zur Technik des Sitzens oder zur (Körper-)Sprache, mittels der er sich dem Pferd verständlich machen soll, werden, wenn überhaupt, nur kurz angerissen. Oft erfolgen sie dann, wenn der Schüler gerade genug damit zu tun hat, nicht herunterzufallen. Jede Erklärung rauscht auf diese Weise an ihm vorbei. Ein die ersten praktischen Übungen begleitender, individueller, theoretischer Unterricht und eine sinnvolle Staffelung der Aufgaben sowie gymnastische Übungen auf dem Pferd und vor dem Reiten zur Verbesserung des Gleichgewichts und der Beweglichkeit sind leider nach wie vor die Ausnahme. Und gut trainierte, bewegliche Reitanfänger sind es leider auch, sieht man einmal von Kindern und Jugendlichen ab. Da in letzter Zeit immer mehr erwachsene Reitanfänger mit all ihren Blockaden und im Büro eingerosteten Gliedern in den Sattel steigen, sollten moderne Unterrichtskonzepte möglicherweise nicht nur den Longenunterricht mit Sitzübungen und Gymnastik, sondern eventuell auch gemeinsame gymnastische Übungen für die Reiter vor der eigentlichen Reitstunde beinhalten.

Anatomie und Physiologie für Reiter

Um nicht »gegen die Natur« zu arbeiten, müssen wir über die Anatomie und die Physiologie unserer Pferde einiges wissen. Das Gleiche gilt für unseren eigenen Körper und seine Funktionsweise. Ohne das Pferd vermenschlichen zu wollen, möchte ich behaupten: Wenn wir unseren eigenen Körper gut kennen, können wir auch den des Pferdes und dessen Funktionsweise sehr viel besser verstehen. Beide Organismen sind hinsichtlich ihrer Physiologie sehr ähnlich, besonders was Muskelaufbau, Konditionstraining und gymnastische Übungen angeht. Der Organismus des Pferdes ist jedoch in vielerlei Hinsicht noch empfindlicher als der des Menschen. Atmungs- und Verdauungsorgane sind gegenüber die gleichen »Zivilisationskrankheiten« anfällig wie die des Menschen (Infektionen, Allergien, Verdauungsbeschwerden usw.). Und der hoch spezialisierte Bewegungsapparat des Pferdes nimmt Bewegungsmangel oder allzu unregelmäßige Belastungen äußerst übel. Dazu kommt, dass der Rücken des Pferdes prinzipiell nicht zum Tragen taugt.

Den gleichen Preis, den der Mensch für seinen aufrechten Gang bei weitgehend sitzender Tätigkeit und mangelndem Training der Rückenmuskeln bezahlt, bezahlt auch das Pferd **11** in seinem Dienst als Reitpferd, wenn seine Muskulatur nicht ausreichend trainiert wird, um die Wirbelsäule zu entlasten. Beide haben dann nämlich Rückenschmerzen. Dem Menschen machen zum Beispiel die Bandscheiben zu schaffen, beim Pferd reiben die Dornfortsätze der Wirbel aneinander (das berüchtigte Kissing-Spine-Phänomen). Wer einmal oder auch öfter Probleme mit dem Rücken hatte, kann sich sicher besser in die Lage eines Pferdes mit Rückenproblemen hineinversetzen. Und er verwechselt auch Schmerzreaktionen aufgrund solcher Rückenprobleme nicht mit einfachem Ungehorsam.

Optimale Bewegungsfreiheit für Reiter und Pferd

Alle Richtlinien für den Sitz des Reiters und für die Haltung des Pferdes müssen physiologisch begründbar sein. Für die äußere Form von Pferd und Mensch sind vor allem das Knochengerüst und die Muskeln samt Bändern und Sehnen zuständig.

Die Länge der einzelnen Knochen, die Winkelung der Gelenke und die Stellung der einzelnen Körperteile zueinander, der Sehnenansatz, die Ausprägung und Struktur der Muskeln unterscheiden sich jedoch sowohl bei den einzelnen Pferden als auch bei den Reitern. Da weder alle Menschen noch alle Pferde gleich gebaut sind, kann es kein schablonenhaftes Training geben. Auch die äußere Form jedes Reiter-Pferd-Paares wird und muss sich in Kleinigkeiten unterscheiden.

Und wie im Designkonzept der 80er Jahre muss es heißen: »Form Follows Function«.

Übertragen aufs Reiten bedeutet das: Die Haltung, das heißt die äußere Form von Reiter und Pferd, muss funktionell und effektiv sein. Funktionell in dem Sinne, dass sie sowohl dem Reiter als auch dem Pferd die optimale Bewegungsfreiheit erlaubt. Das beeinhaltet die Forderung, dass kein Teil des Körpers überlastet und damit auch kein Schaden im Körper angerichtet werden darf. Das ist nun leichter gesagt als getan, denn allein das Gewicht des Reiters,

das auf die frei hängende Wirbelsäule des Pferdes drückt, stellt schon eine potenzielle Gefahr für die Stabilität und für die Beweglichkeit dieser Wirbelsäule dar. Und dabei reden wir noch nicht von der Bewegungsenergie, die in den schnelleren Gangarten dazukommt.

Um dem Reiter-Pferd-Paar eine möglichst freie, ungehinderte Bewegung zu ermöglichen, müssen beide Einzelkomponenten des Teams ihren Körper auf die veränderten Gegebenheiten als neue Gesamtheit einstellen. Beide müssen sich vor allem neu ausbalancieren.

Optimale Bewegungsfreiheit für Reiter und Pferd durch eine funktionelle Haltung.

Die Dehnungshaltung des Pferdes dient der Kontrolle und der Belohnung des Pferdes nach der Arbeit.

Bei der Arbeit am Boden können Bewegungs- und Verhaltensmuster geübt und gefestigt werden.

Grundspannung und Balance im Gesamtsystem Reiter-Pferd

Belastung wegnehmen

Das Pferd muss bestimmte Muskelgruppen trainieren, damit die Muskeln schädliche Belastungen des Skeletts (vor allem der Wirbelsäule und der Vorhand) verhindern. Es muss Gymnastik machen. Und die macht es nicht ganz freiwillig, denn Gymnastik ist anstrengend. Der Reiter muss deswegen mit genügend Einfühlungsvermögen auf das Pferd einwirken, um es zu dieser Gymnastik zu motivieren. Das kann er jedoch nur, wenn er seinen eigenen Körper mit all seinen Asymmetrien und Schiefheiten gut unter Kontrolle hat. Nicht nur das Pferd ist von Natur aus mehr oder weniger einseitig, sondern auch der Mensch. Im günstigen Fall gleichen sich die jeweils schlechteren Seiten bei Mensch und Pferd aus (wenn zum Beispiel das Pferd besser links und der Mensch besser rechts koordiniert ist). Im schlechtesten Fall sind beide auf der gleichen Seite steifer und unkoordinierter. Das Bewusstwerden der eigenen Schiefe und die Arbeit an der »schlechten Seite« ist für den Reiter besonders im zweiten Fall essenziell. Auch hier hilft Gymnastik, besser jedoch die »langsame« Körperarbeit nach Feldenkrais

(siehe auch Übungen und Konzepte in Kapitel 5), die Ungleichgewichte und Asymmetrien deutlich macht.

Neu ausbalancieren

Viele Probleme resultieren aus der Tatsache, dass das Pferd von Natur aus nicht dafür geschaffen ist, einen Reiter zu tragen. Sein Rücken hat keine besonders tragfähige Konstruktion vorzuweisen, und seine Beine sind anfällig für Überlastungsschäden, die aus dem Zusatzgewicht des Reiters resultieren. Diese naturbedingten Nachteile können nur dadurch ausgeglichen werden, dass das Pferd unter dem Reiter neu ausbalanciert und gymnastiziert wird.

Kaum ein Pferd ist in der Lage, sich ganz von allein schadensfrei mit dem Reitergewicht zu arrangieren. Es braucht dafür eine Anleitung durch den Reiter.

Durch Aufbautraining sollen der Rücken sowie Bauch- und Hinterhandmuskulatur des Pferdes gestärkt werden. Die Hinterhand soll vermehrt Gewicht aufnehmen und die gesamte Oberlinie des Pferdes einen nach oben gewölbten Spannungsbogen bilden. Diese Grundspannung verhindert ein Durchhängen des Pferderückens unter dem Druck des Reitergewichts und sorgt **13** in der Folge dafür, dass die schwächer entwickelte Vorhand des Pferdes entlastet wird.

Der Motor des Pferdes sitzt hinten

Ohne Schub von hinten lässt sich das Pferd nicht lenken und deswegen auch nicht im Tempo regulieren. Auch ein Auto mit geringem Vorwärtsschub (z. B. beim Einparken) lässt sich ohne Servolenkung nur mit hohem Kraftaufwand lenken. Lenkung und Tempokontrolle beim Pferd bedeuten nichts anderes, als die Energie aus der Hinterhand zu kanalisieren: nach vorn, nach oben oder zur Seite.

Der Sachverhalt in ausführlicher Form: Die Energie kommt aus der Hinterhand. Das Pferd reagiert auf die Beckenposition des Reiters und geht idealerweise vorwärts, ohne sich durch Davonrennen einer Lenkung der Energie entziehen zu wollen. Es sucht die Anlehnung an den Zügel, streckt sich in die Hand und dehnt den Hals sofort nach vorn-unten, wenn es der Reiter dazu auffordert – ohne jedoch die Hand als Stütze zu missbrauchen. Die Hilfen kommen in der Reihenfolge von hinten nach vorn: Erst treiben, dann mit der Hand begrenzen bzw. lenken.

Ein passendes Bild könnte folgendermaßen aussehen: Der Reiter muss das Pferd vor sich bringen. Der Hals soll sich aus dem Widerrist herauswölben (nach vorn-oben) und sich nicht nach hinten zusammenknautschen. Seinen Kopf soll das Pferd selbst tragen und nicht auf die Hand des Reiters legen.

Ein leider weitverbreitetes falsches Konzept dreht die Reihenfolge der Hilfen um. Statt von hinten nach vorn reitet der Reiter von vorn nach hinten: Dabei begrenzt er zuerst vorn. Allerdings kann man dabei eigentlich nur von ziehen reden. Erst später versucht er, noch irgendwie Vorwärtsenergie zu erzeugen, die das Pferd jedoch nicht mehr freiwillig anbietet, weil es vorn festgehalten wird. Der Reiter greift zu Sporen oder groben, bolzenden Schenkelhilfen und verschlimmert damit das Problem noch. Das Pferd befindet sich in einer abwehrenden Haltung. Es will den Zügel nicht annehmen und verkriecht sich zum Beispiel hinter dem Zügel, weil es sich der Zugwirkung entziehen will: Das Pferd geht hinter der Senkrechten – ein schwerer Ausbildungsfehler, der leider bis in die höchsten Klassen gerne als Kavaliersdelikt heruntergespielt wird. Weiteres Annehmen des Zügels verstärkt das Verkriechen noch. Andere Pferde legen sich zentnerschwer auf die Hand und lassen ihren Kopf vom Reiter tragen. Das Problem hat jedoch dieselbe Ursache: Die Hilfen werden in der falschen Reihenfolge gegeben und der Reiter kommt ins Ziehen.

Der Spannungsbogen

Die nötige Grundspannung des Pferdes definiert sich über den so genannten Spannungs-

---

L

Lerninhalte

Lerninhalte für den Reiter:

- Beweglichkeit verbessern durch Gymnastik und Mobilitätstraining,
- Bewusstsein für Spannung und Entspannung im Körper entwickeln,
- dynamisches Gleichgewicht in der Bewegung erlangen,
- falsche Reflexe ab- und richtige antrainieren,
- Verständigungsgrundlage mit dem Pferd schaffen.

Trainingsinhalte für das Pferd:

Das Gleichgewicht unter dem Reiter erlangen durch:
- Gymnastizierung, Konditionstraining, Muskelaufbau,
- Entwicklung der Schub- und Tragkraft,
- Kräftigung von Rücken und Hinterhand,
- Signale des Reiters verstehen lernen.

Die »richtige« Haltung von Reiter und Pferd muss beiden die optimale Bewegungsfreiheit ermöglichen. Sie variiert je nach Ausbildungsstand und Körperbau.

bogen. Für das Erreichen einer richtigen Grundspannung, eines korrekten Spannungsbogens darf die Wirbelsäule des Pferdes nicht an einer Stelle stärker (oder auch gegenläufig) gebogen sein als an allen anderen.

Beim gerade gestellten Pferd heißt das, dass Hals und Rücken vom Genick (1. Halswirbel) bis zum Schweifansatz gleichmäßig gewölbt – und damit gespannt – sind. Zeigt das Pferd einen »falschen Knick«, kommt also mit der Stirnlinie hinter die Senkrechte, so knickt es die Wirbelsäule im zweiten oder dritten Halswirbel stärker ab und unterbricht damit die gleichmäßige Spannung. Das wirkt sich negativ auf die Tragkraft des Rückens und auf das korrekte Untertreten der Hinterbeine aus.

Man kann das stark vereinfacht so ausdrücken: was vorn zu viel gebogen ist, fehlt hinten. Wenn das Pferd vorn zu tief ist, kann sich die Hinterhand nicht setzen, kann auch nicht vermehrt vortreten, weil sich der Rücken im hinteren Bereich dafür noch mehr dehnen müsste.

Bei der seitlichen Biegung entsteht ein ähnlicher Spannungsbogen, der jedoch seitlich ausgerichtet ist. Die äußere Seite des Pferdes ist gedehnt, die innere Seite hohl (dort sind die Muskeln zusammengezogen). In diesem Fall gilt das Gleiche wie beim »normalen« Spannungsbogen: Eine korrekte Biegung ist immer gleichmäßig. Knickt das Pferd zum Beispiel im

Gymnastik z. B. bei der Cavaletti-Arbeit.

Hals zu stark seitlich ab, so unterbricht es den Bogen und bleibt im Rippenbereich ungebogen oder fällt mit der Hinterhand aus.

Der Spannungsbogen beim jungen Pferd sieht anders aus als beim versammelten, ausgebildeten Pferd. Er ist flacher und damit weniger stark gespannt. Das unversammelte Pferd braucht deswegen weniger Energie aus der Hinterhand, um die Spannung aufrecht zu erhalten.

Schwerpunkt und Gleichgewicht

Das Pferd muss sich unter dem Reiter neu ausbalancieren um ihn halbwegs bequem tragen zu können. Es muss dazu seinen Schwerpunkt mit dem des Reiters möglichst in Übereinstimmung bringen. Die Schwerpunkte von Reiter und Pferd sollen im Idealfall in einer senkrechten Linie übereinander liegen. Dann befindet sich die Kombination »Reiter plus Pferd« im Gleichgewicht und das Pferd hat am wenigsten Probleme mit dem zusätzlichen Gewicht. Jedes unverdorbene Pferd folgt der Gewichtsverlagerung des Reiters nach vorn durch Vorwärtsgehen oder Schnellerwerden – nach hinten durch Langsamerwerden oder Anhalten – und zur Seite durch Abwenden nach der Seite, auf die der Reiter sein Gewicht verlagert. Der

Ohne Energie aus der Hinterhand geht nichts.

Der Motor sitzt hinten: Ohne aktive Hinter-hand ist kein harmonisches Reiten möglich.

Reiter tut dabei nichts anderes, als ein Balanceproblem zu verursachen und es dem Pferd zu überlassen, sich damit zu arrangieren. Das Pferd läuft unter das Gewicht des Reiters, um seine Balance zu wahren.

Das Tempo und die Tempokontrolle

Das Pferd kann sich sowohl durch zu viel Vorwärts (rennen) als auch durch zu wenig Vorwärts (klemmen) den reiterlichen Forderungen und den Hilfen entziehen.

Deswegen gibt es zwei Grundforderungen hinsichtlich des Tempos, die sich auf den ersten Blick zu widersprechen scheinen.

◆ Das Pferd muss vorwärts gehen. Das »Vorwärts« ist das A und O jeder dressur-mäßigen Ausbildung. Ohne Vorwärtsdrang kommt nicht genug Energie aus der Hinter-hand des Pferdes. Und wo nichts ist, kann man auch nichts lenken, geschweige denn das Pferd versammeln.

◆ Dem Pferd darf kein zu hohes Grundtempo erlaubt werden. Es darf nicht zu viel vorwärts gehen und sich der Einwirkung des Reiters durch Flucht nach vorn entziehen.

Wie man beide Ausweichmanöver des Pferdes korrigieren kann, wird in Kapitel 5 noch ausführlich behandelt.

In diesem Zusammenhang ist auf der anatomischen Ebene das Thema »Schubkraft und Tragkraft« von Bedeutung.

Dehnung und Versammlung – Schubkraft und Tragkraft

Ein gut unter dem Reiter ausbalanciertes Pferd muss vorwärtsgehen und sich versammeln lassen. Seine Hinterhand muss sowohl Schubkraft nach vorn entwickeln können als auch Tragkraft. Pferde, die keine Vorwärtstendenz mehr haben, wenn man in der Versammlung die Begrenzung durch den Zügel lockert, sind nicht richtig versammelt. Es fehlt die Energie aus der Hinterhand. Sie sind oft einfach nur »mit der Hand langsam gemacht« (siehe Kapitel 5: Von hinten nach vorn reiten).

Es gibt allerdings auch das andere Extrem. Das sind die Düsewinde und Rennmäuse, die nicht langsam zu kriegen sind. Pferde, die immer nur vorwärtsstürmen, haben auf jeden Fall ein Balanceproblem, meist aber auch zu viel Schubkraft aus der Hinterhand und eine ungünstige Winkelung derselben. Oft drücken sie auch noch den Rücken weg – und versuchen, »ihren Rückenschmerzen davonzulaufen«. Natürlich lassen sie aus diesen Gründen den Reiter auch nicht gut sitzen.

All das wäre durch ein langsameres Tempo zu bessern, doch zu viel Schub aus der Hinterhand bringt das Pferd auf die Vorhand und macht eine echte Tempokontrolle fast unmöglich. Da hilft es nun nichts, einfach vorn am Zügel gegenzuhal-

Ein Pferd muss immer von hinten nach vorn geritten werden. Zuerst muss die Energie aus der Hinterhand erzeugt werden, danach kann der Reiter mit dem Zügel einwirken. »Der Reiter muss das Pferd vor sich bringen.«

ten. Damit gibt man dem Pferd nur eine Stütze – die Hand, auf die es sich legen kann. Es kommt deswegen noch mehr auf die Vorhand und rennt nun auch noch gegen die Hand des Reiters an. Nur durch gymnastische Übungen, die gezielt das Beugen und Untertreten eines Hinterbeines bewirken (das sind zum Beispiel die Seitengänge, siehe Kapitel 5) kann ein Teil der Schubenergie in Tragkraft verwandelt werden. Diese teilweise Umwandlung der Energie ist für fast alle Reitpferde notwendig. Auf diese Weise erreichen Sie später mühelose Paraden sowie eine gute Tempo- und Richtungskontrolle, denn das Pferd setzt sich vermehrt auf die Hinterhand, wird dadurch wendiger und leichter lenkbar. Die Tragkraft wird stufenweise für die verschiedenen Gangarten erreicht. Manche Pferdetypen haben schon von Natur aus eine gut zum Tragen und Untertreten geeignete Hinterhand. Bei solchen Pferden muss manchmal die Schubkraft für Verstärkungen und auch zum Erreichen einer korrekten Dehnungshaltung vermehrt entwickelt werden.

Grundspannung, Losgelassenheit und Durchlässigkeit

Jede Art von Gymnastik basiert auf dem Wechselspiel von Spannung und Entspannung. Ein Muskel bzw. eine Muskelgruppe wird gedehnt, während sich der/die andere zusammenzieht. Das gilt fürs Pferd wie für den Reiter, denn beider Muskeln arbeiten ähnlich. Ein sinnvolles Training der Muskeln beruht zwar auf wiederkehrender Spannung, muss jedoch eine Verspannung durch Überlastung bzw. zu lange Spannung der Muskeln vermeiden. Nötige Spannung und wichtige Entspannung müssen sich die Waage halten. Dann spricht man beim Pferd von Losgelassenheit und beim Reiter von einem losgelassenen, geschmeidigen Sitz. Der Begriff Losgelassenheit bedeutet im übrigen nicht, dass das Pferd ohne eine gewisse Grundspannung läuft. Losgelassenheit ist nicht gleichbedeutend mit totaler Entspannung, denn wenn alle Muskeln total entspannt sind, ist überhaupt keine Bewegung möglich.

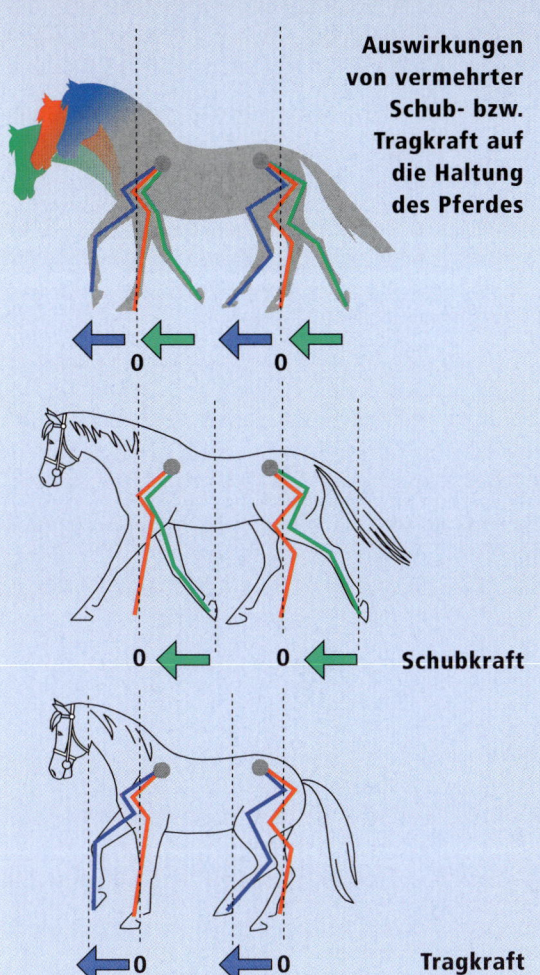

Auswirkungen von vermehrter Schub- bzw. Tragkraft auf die Haltung des Pferdes

Schubkraft

Tragkraft

0 (rot) bezeichnet die Stellung in der das Pferd alle vier Beine gleichmäßig belastet. Die Schubkraft (grün) schiebt das Pferd in diese Stellung. Die Tragkraft (blau) wirkt aus der 0-Stellung nach vorn: Das Pferd tritt vermehrt unter – es setzt sich hinten und wird in der Schulter leicht.

Der korrekte Spannungsbogen beim versammelten Pferd: Das Genick ist der höchste Punkt. Die Hinterbeine treten weit unter den Schwerpunkt (aus der 0-Stellung nach vorn). Die Bewegungsenergie ist vorwärts-aufwärts gerichtet.

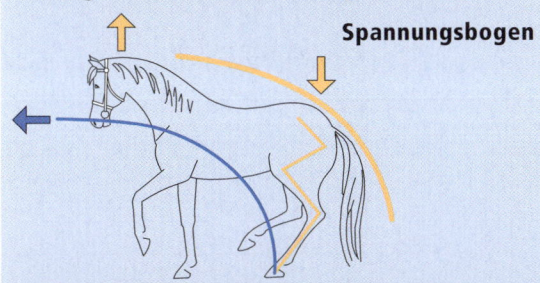

Spannungsbogen

Der Sitz des Reiters

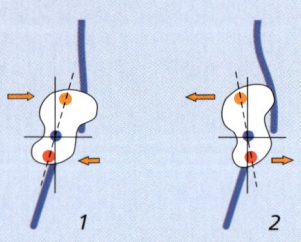

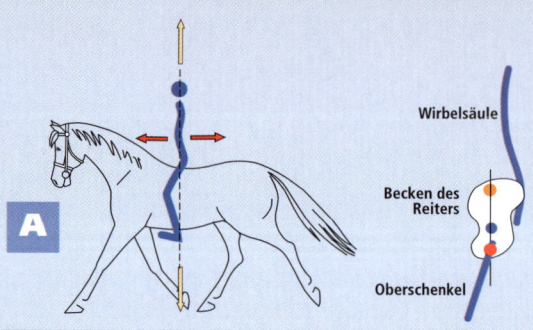

A: Der richtige Normalsitz mit frei
beweglicher Wirbelsäule und
Aufrichtung aus dem Becken. Der
Beckenkamm schwingt vor und zurück –
von Endstellung 1 über die
Normalposition in Endstellung 2.

B: Die verhaltende Gewichtshilfe.
Der Reiter kippt seinen Beckenkamm
nach hinten ab.
Will er anhalten, dann bleibt er in
dieser Stellung, blockiert praktisch
seine Wirbelsäule in der »hinteren
Endstellung« (1).

C: Fehlerhafter Spaltsitz mit Hohlkreuz:
Der Reiter belastet Oberschenkel und
Leiste zu stark. Durch das Hohlkreuz
wird der Sitz steif: Die Wirbelsäule kann
nicht frei schwingen sondern bleibt in
der »vorderen Endstellung« (2). Richtige
Gewichtshilfen sind nicht möglich.
Oft wird der Spaltsitz durch zu lang
geschnallte Bügel verursacht.

D: Fehlerhafter Stuhlsitz mit Rundrücken:
Der Reiter blockiert im Normalsitz unbe-
wusst seine Wirbelsäule in ähnlicher
Form wie bei der bewusst verhaltenden
Hilfe (Endstellung 1).

E: Fehlerhafter Stuhlsitz mit Neigung
nach hinten: Der Reiter sitzt, als wolle er
sich anlehnen. Sein Becken ist gekippt
und steht annähernd in der Endstellung
1. Gewichtshilfen sind nicht korrekt möglich, da sie nicht aus der senkrechten,
beweglichen Normalposition gegeben
werden können Die Schenkelhilfen sind
unpräzise, da die Unterschenkel zu
weit vorn liegen. Der Stuhlsitz wird
oft durch zu kurze Bügel verursacht.

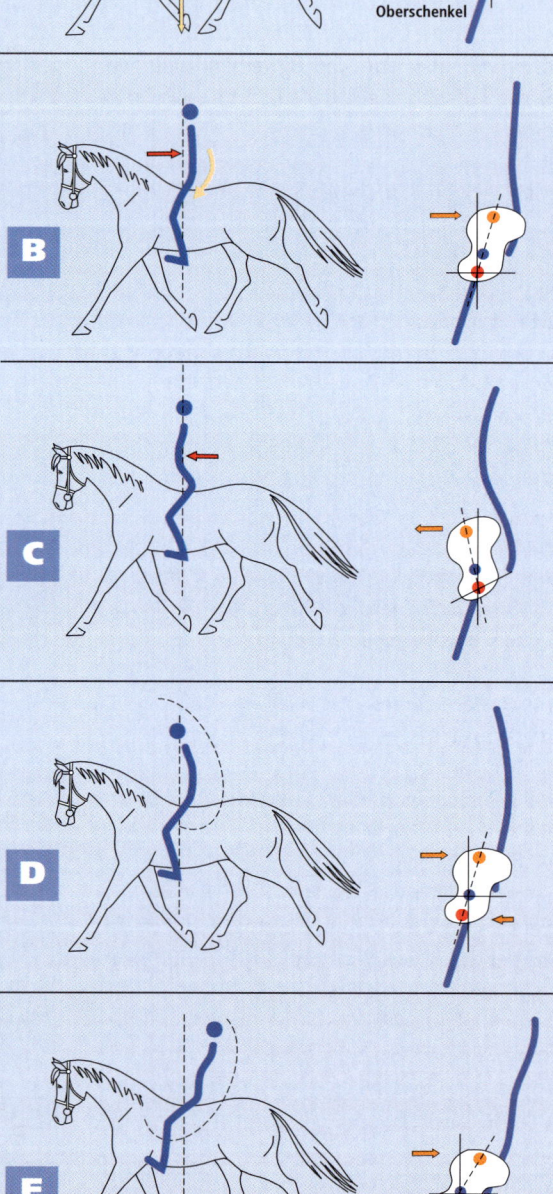

Losgelassenheit bedeutet, dass für eine bestimmte Bewegung nur die Muskeln gespannt werden, die für diese Aktion unbedingt notwendig sind. Die Spannung wird auf ein minimales Maß heruntergesetzt.

Losgelassenheit bezieht sich in erster Linie auf den Rücken des Pferdes. Diese wichtige Verbindung zwischen Vor- und Hinterhand und zum Reiter hat essenzielle Bedeutung für die Koordination aller Bewegungen des Reiter-Pferd-Paares. Weitere »Schlüsselstellen« wie Genick, Maul, Schulter und Hanken werden in der Folge locker, wenn der Rücken durchlässig beibt.

Die Wirbelsäule des Pferdes muss schwingen, sich auf und ab bewegen. Tut sie das nicht, sondern bleibt in einer Stellung »eingefroren«, drückt das Pferd den Rücken nach unten weg oder macht einen Katzenbuckel. Beides erzeugt falsche Spannung, blockiert die Hilfengebung (das Pferd ist nicht durchlässig und lässt den Reiter schlecht sitzen) und ist vor allem auf Dauer schädlich für das Pferd.

Richtige Versammlung: Der Spannungsbogen wölbt sich stärker, die Hinterhand tritt aktiv unter.
Eine Grundspannung ist für jede Bewegung notwendig.

Auch beim Reiter ist der Rücken (die Wirbelsäule) die Schaltstelle, über die die Hauptverbindung zum Pferd verläuft. Der Rücken des Reiters muss elastisch und losgelassen sein. Er ist vor allem im Beckenbereich für die »Steuerung« des Pferdes zuständig. Die Wirbelsäule muss aus ihrer S-Stellung nach vorn und hinten schwingen können (Bild A). Dabei verstärkt sich die S-Form beim Mitgehen nach vorn, wenn der Beckenkamm leicht nach vorn kippt. Und sie wird zur fast geraden Senkrechten, wenn der Reiter zu einer verhaltenden Gewichtshilfe den Beckenkamm nach hinten kippt (Bild B). Ist die Wirbelsäulenbeweglichkeit eingeschränkt, wie zum Beispiel beim Stuhlsitz (Bild D und E) oder beim Spaltsitz (Bild C), so geht die Verbindung zwischen Reitergesäß und Pferderücken teilweise verloren. Reagiert das Pferd nicht auf eine Beckenstellung des Reiters, so passiert das gleiche.

Gymnastik für den Reiter und die Entwicklung seines Körpergefühls sowie seiner Sensibilität sind ebenso wichtig wie die richtige Gymnastizierung des Pferdes.

Manche Schwierigkeit des Pferdes liegt in einem steifen, unkoordinierten oder gefühllosen Reiter begründet. Wenn seine »Antennen« durch einen steifen Rücken blockiert sind, wenn er nicht merkt, was unter ihm vorgeht, auf Angebote des Pferdes nicht entsprechend reagiert, erwünschte Reaktionen nicht sofort belohnt und unerwünschte nicht rechtzeitig unterbindet, macht er sich selbst und seinem Pferd das Leben schwer.

Die Rückenbewegung

Es gibt Ausbildungssysteme, die die Rückenbewegung des Pferdes minimieren wollen, damit der Reiter besser sitzen kann. Die Westernreitweise gehört dazu. Ein Westernpferd soll statt eines schwungvollen Trabes mit langer Schwebephase einen langsamen »Jog« mit kurzer Schwebephase gehen. Prinzipiell ist das machbar, auch wenn sich dem Dressurreiter angesichts der »flachen« Gänge des Westernpferdes die Haare sträuben. Durch geringes Tempo, eine tiefe Hals- und Kopfhaltung des Pferdes, die Verlangsamung des Taktes und die

Gymnastik für den Reiter sollte die Ausbildung begleiten.

Verringerung des Raumgriffs im Trab wird auch die Rückenbewegung verringert. Leider übertreiben das manche Reiter manchmal bis zur Karikatur eines Trabes, wie man es in einigen Western-Pleasure-Prüfungen sehen kann. Wenn jedoch das Pferd die Beine kaum noch vom Boden hebt, die Hinterhand »vergisst« und das Genick unter Widerristhöhe hält, dann hat es ein Ende mit der Unschädlichkeit dieser Ausbildungsart: Die Vorhand wird extrem belastet – das Pferd läuft dauernd »bergab«. Die Annahme, der Reiter würde das Pferd auf diese Weise versammeln, ist falsch. Er macht es nur langsam. Versammlung funktioniert nur über eine aktive Hinterhand mit einem frei schwingenden Rücken. Dieser schwingende Rücken ist naturgemäß schwerer zu sitzen – der Reiter kann allerdings immer leicht traben, wenn er sich die Arbeit erleichtern und den Rücken seines Pferdes schonen will (siehe auch nachfolgende Abschnitte und Kapitel 6).

Flache oder schwungvolle Gänge des Pferdes sind bis zu einem gewissen Grad anlagebedingt. Doch durch die Art des Reitens kann man aus jedem schwungvollen Pferd ein schwungloses (und deswegen auch oft ausdrucksloseres) und aus jedem »flachen« Pferd ein schwungvolleres machen. Solange der Reiter sich dabei im Rahmen der von der Physiologie gesetzten Grenzen bewegt, kann jeder für sich entscheiden, was er will. Doch auch das schwungvolle Pferd wird in der richtigen Versammlung schließlich »bequem« für den Reiter. Es ist dies eine etwas andere Art von bequem – nicht im Sinne von »einfach« (völlig ohne Anstrengung sitzen) –, sondern im Sinne von harmonisch (das heißt eine schwingende, schwebende, tänzerische Bewegung ohne jenes »am Boden kleben«, das die flachen Gänge kennzeichnet).

Kritisch wird die Minimierung der Rückenbewegung des Pferdes im Galopp, wenn durch die Verlangsamung der saubere Dreitakt verloren geht. In einem solchen Viertaktgalopp kann eigentlich auch der Reiter nicht mehr von Bequemlichkeit reden: Er wird dabei nämlich ganz schön durchgeschüttelt. Bequem ist im

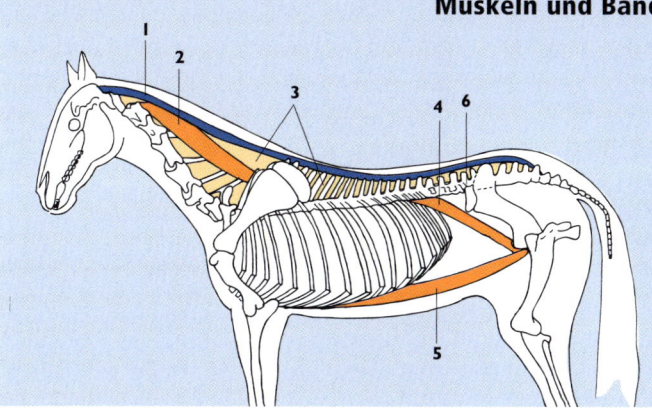

Muskeln und Bänder im Rücken des Pferdes

1 Nackenrückenband
2 Riemenmuskel
3 lange Rückenmuskeln
4 Beckengürtelmuskeln
5 Bauchmuskeln
6 Kreuzbeingelenk

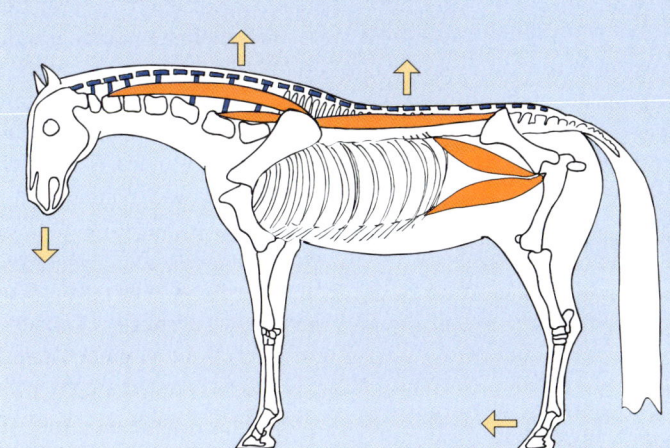

Dehnungshaltung

Der Rücken wölbt sich
auf, die Hinterbeine treten
unter.
Das Nackenrückenband
spannt (dehnt) sich und
verhindert das Durch-
hängen der Wirbelsäule.

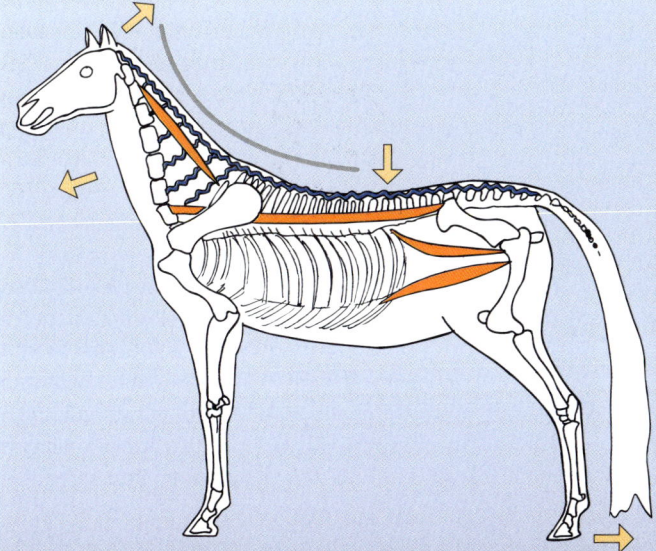

Der weggedrückte Rücken

Das Pferd hebt den Kopf, ohne
unterzutreten. Der Rücken
hängt nach unten durch.
In einer solchen Haltung kann
der Rücken nicht tragen.
Die Wirbelbrücke hängt ohne
Stütze durch die Muskeln nach
unten durch.

Diese Haltung ist vergleichbar
mit der Alarmhaltung, die
das Pferd in Fluchtbereitschaft
versetzt.

Galopp immer nur der runde »bergauf« gesprungene saubere Dreitakt, der jedoch längere Vorbereitung erfordert.

Muskelspannung des Pferdes in der Dehnungshaltung

In der richtigen Dehnungshaltung werden nicht die langen Rückenmuskeln angespannt, sondern die Bauch- und Lendenmuskulatur des Pferdes. Der lange Rückenmuskel wird dagegen gedehnt – genauso wie der obere Halsmuskel, der Nackenstrecker. Daher kommt auch der Begriff »Dehnungshaltung«.

Gleichzeitig wird in der Dehnungshaltung das Nackenrückenband gespannt und sorgt auf diese Weise dafür, dass das Halsfundament und der Widerrist angehoben werden. Das Nackenrückenband ist über die Dornfortsätze mit allen Wirbeln, über fächerförmige Ausläufer auch mit den Halswirbeln verbunden. Dieses Band hebt den Rücken an und gibt dem Hals Halt. Es »verspannt« praktisch den Pferderücken wie eine Hängebrücke und macht ihn tragfähiger.

Zieht das Pferd den langen Rückenmuskel dagegen zusammen, dann fällt der Rücken nach unten weg. In diesem Fall ist das Nackenrückenband locker und ohne Funktion für die Verspannung des Rückensystems. Der Rücken hängt durch, und die Wirbelsäule ist der Belastung durch das Reitergewicht »schutzlos« (ohne Gegenspannung) ausgeliefert.

Dehnungshaltung als Grundlage, Kontrolle und Belohnung

Aus diesem Grund muss bei jedem Pferd die Dehnungshaltung als Grundlage für jede weitere Ausbildung angestrebt und erreicht werden. Auch beim fortgeschrittenen, schon versam-

Die Stellung und Biegung nach innen dehnt die äußere Seite des Pferdes.

melten Pferd muss die Dehnungshaltung immer wieder abrufbar sein. Sie kann dann als Belohnung verwendet werden, wenn sich das Pferd nach einer spannenden, versammelnden Übung dehnen darf. Und sie dient der Kontrolle für die richtige Versammlung. Dehnt sich das Pferd aus der Versammlung nicht vorwärtsabwärts und geht nicht fleißiger vorwärts, wenn der Reiter es durch Nachgeben mit der Hand dazu auffordert, so stimmt etwas nicht.

Die Bauchmuskeln sind für die Haltung verantwortlich

Sowohl beim Pferd als auch beim Reiter sind die Bauch- und Lendenmuskeln in hohem Maß für die richtige Haltung verantwortlich. Die Bauchmuskeln des Pferdes heben den Rücken in Verbindung mit dem Nackenrückenband an, wölben ihn auf und ermöglichen dadurch den Spannungsbogen.

Die richtige Arbeit der Bauchmuskeln beugt die Lendenpartie und veranlasst die Hinterbeine des Pferdes zum Untertreten. Deswegen soll

R Richtige Gymnastik besteht aus Spannung und Entspannung im Wechsel.

das Pferd auch bei richtiger Arbeit nicht etwa am Hals, sondern unter dem hinteren Bauch schwitzen. Hat das Pferd dauerhaft einen »Hängebauch«, so weist das auf eine nicht gut entwickelte Bauchmuskulatur hin. Das Pferd lässt wahrscheinlich den Rücken hängen. Das bedeutet: Entweder das Pferd wird zu wenig gearbeitet oder es wird falsch, das heißt nicht sauber »über den Rücken«, geritten.

Die Bauchmuskeln des Reiters steuern in Verbindung mit seinen Gesäßmuskeln die Stellung des Beckens. Durch Anspannen der Bauchmuskeln kippt der Reiter sein Becken und verändert damit die Stellung seiner Wirbelsäule und den Druck auf den Pferderücken. Geht er einfach nur in der Bewegung des Pferdes mit, so schwingt seine Wirbelsäule dauernd im Rhythmus der Bewegung vor und zurück (siehe auch Grafik Seite 18).

Kippt er den Beckenkamm nach vorn, so nimmt er Druck vom Rücken weg. Der Oberkörper geht leicht nach vorn, die S-Form der Wirbelsäule verstärkt sich. Im leichten Sitz ist dies besonders stark ausgeprägt. Dabei nimmt der Reiter sein Gewicht ganz aus dem Sattel und geht

Balance

Das Reiter-Pferd-Paar ist gemeinsam ausbalanciert, wenn der Schwerpunkt des Reiters über dem des Pferdes liegt.

minimal ins Hohlkreuz, um seinem »schwebenden« Sitz die nötige Stabilität zu geben. Das Hohlkreuz entspricht der »Endstellung« der Wirbelsäule auf der einen Seite.

Kippt der Reiter seinen Beckenkamm nach hinten, so belastet er den Rücken des Pferdes stärker. Die S-Form der Wirbelsäule nähert sich der Geraden, die Gesäßknochen kommen leicht nach vorn. Das starke Kippen des Beckenkamms nach hinten ist die verhaltende Gewichtshilfe, das so genannte »Kreuz anziehen«. Bleibt der Reiter in dieser Stellung und gibt sie nicht wieder auf, um mit der Vorwärtsbewegung des Pferdes mitzugehen, so blockiert er die Rückenbewegung des Pferdes, das Auf- und Abschwingen des Rückens, und verlangsamt bzw. hält es an.

Ein geschlossenes System

Im Prinzip muss das ganze in Bewegung befindliche System Reiter-Pferd durch einen Ring aus miteinander arbeitenden Muskeln und Bändern verspannt sein. Nur dann kann eine Wechselwirkung zwischen Pferderücken und Reiterrücken zustande kommen. Ist das Pferd nicht genug gespannt oder der Reiter nicht genug aufgerichtet, so wird das gleichmäßige Gesamt-Spannungssystem unterbrochen. Ist einer von beiden zu stark gespannt, so passiert das Gleiche. Um die Gesamtspannung des Reiter-Pferd-Systems negativ zu beeinflussen, reicht schon ein hochgezogenes Knie des Reiters. Dadurch treten irgendwo Blockaden auf oder die Energie aus der Hinterhand des Pferdes verpufft ungelenkt ins Leere.

Der Reiter erreicht seine notwendige Grundspannung durch die Aufrichtung der Wirbelsäule aus dem Becken heraus. Das Pferd bekommt sie über den Spannungsbogen. Egal, an welcher Stelle des Gesamtsystems die Spannung unterbrochen wird, ob beim Reiter oder beim Pferd – die Spannungsunterbrechung wirkt sich auf beide aus.

Wie bei den gezielt verursachten Balancestörungen (Schwerpunktverlagerung) kann der Reiter bewusst durch Veränderung seiner **23**

Grundspannung und seines Druckes auf den Pferderücken das Pferd veranlassen, bestimmte Dinge zu tun oder zu lassen. Er blockiert zum Beispiel die Rückenbewegung, stellt seine Wirbelsäule in die gerade Endstellung und das Pferd hält an. Er belastet eine Seite des Pferderückens stärker und das Pferd wendet ab. Schwerpunktverlagerung und Druckveränderung gehen dabei Hand in Hand, bedingen sich zum Teil gegenseitig.

Der Reiter kann jedoch auch unbewusst die Grundspannung verändern oder unterbrechen und löst damit eine Reaktion des Pferdes aus, die er nicht beabsichtigt hat. Lässt der Reiter zum Beispiel den Kopf hängen, so ist seine Spannung im Sitz unterbrochen. Ein sensibel eingestelltes Pferd wird auf eine solche Spannungsveränderung reagieren. Meine eigenen Erfahrungen auf einem Pferd, welches die fliegenden Galoppwechsel sehr sensibel auf Gewichtshilfen sprang, kurierten mich innerhalb kürzester Zeit von meiner Angewohnheit, ab und zu nach rechts oder links hinunterzuschauen. Tat ich das nämlich im Galopp, dann sprang dieses Pferd sofort um, weil ich vermehrt Druck auf den Gesäßknochen der Seite brachte, auf der ich hinunterschaute.

Das Pferd kann sich durch »Spannungsunterbrechung« (Ausweichmanöver) den Hilfen und teilweise der Kontrolle des Reiters entziehen. Geht das Pferd zum Beispiel mit der Nase hinter der Senkrechten, so ist der gleichmäßige Spannungsbogen im zweiten oder dritten Halswirbel unterbrochen. Es geht hinter dem Zügel und boykottiert damit die Einwirkung des Reiters über den Zügel.

Zu viel Spannung an einer Stelle, ein festgehaltener Rücken des Pferdes zum Beispiel, bewirkt an anderer Stelle eine Spannungsminderung oder -unterbrechung.

Steif oder schlaff: Grundspannung zu hoch oder zu niedrig

Auch die Gesamtspannung ohne Unterbrechung bei Reiter oder Pferd kann zu hoch oder zu niedrig sein. Zu wenig Spannung bedeutet

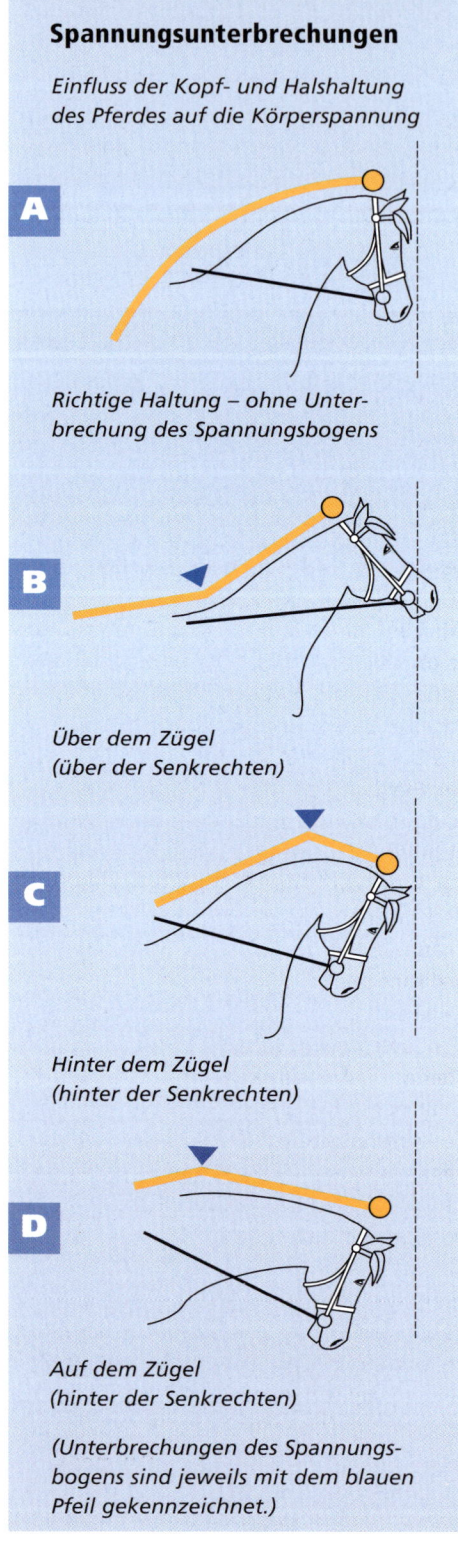

Spannungsunterbrechungen

Einfluss der Kopf- und Halshaltung des Pferdes auf die Körperspannung

A

Richtige Haltung – ohne Unterbrechung des Spannungsbogens

B

Über dem Zügel (über der Senkrechten)

C

Hinter dem Zügel (hinter der Senkrechten)

D

Auf dem Zügel (hinter der Senkrechten)

(Unterbrechungen des Spannungsbogens sind jeweils mit dem blauen Pfeil gekennzeichnet.)

Das Pferd drückt sich: Spannungs-
unterbrechung durch die Kopfhaltung
hinter der Senkrechten.

Kraftlosigkeit oder Schlaffheit. Ein Pferd mit zu wenig Grundspannung fühlt sich »schlabberig« an, es fehlt ihm an Energie, es hebt die Beine nicht richtig, die Seitenstabilität (in Wendungen) ist gering.

Das Gleiche gilt für den Sitz des Reiters: Wer auf dem Pferd sitzt, wie ein »Schluck Wasser in der Linkskurve«, braucht sich nicht zu wundern, wenn sein Pferd versucht, sich das Leben leicht zu machen.

Die Aufrichtung des Reiter-Oberkörpers erfordert ein gewisses Maß an Spannung in einigen Muskeln. Die Muskelspannung darf sich jedoch nicht in die Teile des Reiterkörpers fortsetzen, die beweglich und vor allem unabhängig bleiben müssen: Das ist der Hals, der seitlich frei beweglich sein muss. Das ist der Bereich Schulter-Arm-Hand, der für die sensible Zügelverbindung zum Maul des Pferdes verantwortlich ist. Das sind die Beine, vor allem die Unterschenkel, die in der Lage sein müssen, Position und Druckintensität schnell zu verändern.

Ein Pferd mit zu viel Grundspannung wirkt steif, ist oft hart zu sitzen, lässt den Rücken nicht los und geht kein gleichmäßiges Tempo.

Der Reiter mit zu hoher Grundspannung ist im Beckenbereich nicht geschmeidig, hat eine »harte« Hand, weil er die Schultern festhält, und kann seine Sitzposition nicht schnell genug variieren.

Nun potenzieren sich leider Steifheiten des Pferdes und Steifheiten des Reiters in der Kombination Reiter-Pferd. Man stört und behindert sich gegenseitig, wenn nicht entweder der Reiter oder das Pferd so gut ausgebildet ist, dem jeweils anderen beizubringen, was es mit der richtigen Losgelassenheit auf sich hat.

Gewichtsverteilung und Sattellage

Zum Erreichen der notwendigen Haltung des Pferdes und der daraus resultierenden Losgelassenheit trägt auch die richtige Sattellage und die richtige Gewichtsverteilung auf dem Rücken durch den Reiter bei. Dazu gehört der dem Ausbildungsstand des Pferdes sowie der gerittenen Lektion angepasste Sitz des Reiters.

Grundspannung

■ Das System Reiter-Pferd muss eine gemeinsame, nicht zu hohe Grundspannung haben.

■ Spannungsunterbrechungen oder auch eine stellenweise zu hohe Spannung bei Reiter oder Pferd wirken sich immer auf das gesamte System aus.

■ Zu viel Spannung des Pferdes behindert ein »Durchkommen« der Hilfen genauso wie zu wenig Spannung. Zu wenig Spannung des Pferdes wirkt sich schädlich auf dessen Rücken aus, da dieser ohne genug Spannung unter dem Reitergewicht durchhängt.

■ Zu viel Spannung im Reitersitz verhindert ein sensibles Erfühlen der Vorgänge im Pferderücken und verringert die Beweglichkeit der Glieder. Zu wenig Spannung im Sitz (d. h. zu wenig Aufrichtung des Oberkörpers aus dem Becken heraus) behindert die freie Beweglichkeit des Beckens, so dass der Reiter seine Beckenposition und damit seinen Sitz nicht schnell genug an veränderte Gegebenheiten anpassen kann.

Armkreisen für bessere Koordination ... *... und sicheren Sitz.*

Der Rücken des Pferdes wird von einem Bändersystem getragen. Durch Senken des Kopfes und Untertreten mit der Hinterhand (die Dehnungshaltung) spannt das Pferd dieses System und hebt den Rücken an. Vor- und Hinterhand bilden die Stützpfeiler einer frei hängenden Wirbelbrücke. Je näher der Reiter an einem der Stützpfeiler sitzt (da kommt nur die Vorhand in Frage), desto weniger belastet er dieses gespannte System. Sitzt er jedoch zu weit vorn und/oder liegt der Sattel zu weit vorn, so belastet er die Vorhand zu stark und engt die Bewegung der Schulterblätter ein. Sitzt der Reiter dagegen zu weit hinten, belastet er den Rücken des Pferdes an seiner empfindlichsten Stelle, da, wo er am meisten durchhängen kann. Besonders bei jungen Pferden, bei denen die Tragfähigkeit des Rückens noch nicht ausreichend entwickelt ist, kann das zu Problemen führen.

Es bringt nichts, den Schwerpunkt eines Sattels nach hinten zu verlegen, um die Vorhand zu entlasten, wie das bei manchen Westernsätteln gemacht wird. Natürlich wird die Vorhand entlastet, wenn das Gewicht weiter hinten angreift. Doch der Rücken wird stärker belastet – egal, ob er das schon verträgt oder nicht. Bei jedem Pferd und in jeder Ausbildungsstufe muss der beste Sitz und die beste Passform des Sattels herausgefunden und überprüft werden.

Besonders bei jungen Pferden muss oft mehrfach der Sattel ausgetauscht werden, da sie sich im Laufe der Ausbildung und des Wachstums stark verändern.

Mit falsch angepassten Sätteln, zu weit hinten oder vorn liegenden Schwerpunkten, mit zu wenig Schulter- oder Widerristfreiheit hat schon so manches schwerwiegende Problem seinen Anfang genommen. Vor allem dann, wenn ein Pferd erst einmal mit dem Auflegen des Sattels (oder auch mit dem unausbalancierten Sitz des Reiters) etwas Unangenehmes oder gar Schmerzhaftes verbindet. Die Korrektur solchen Sattelzwanges kann Jahre in Anspruch nehmen. Auch wenn das physische Problem durch einen passenden Sattel beseitigt ist, das psychische bleibt noch um einiges länger.

Der effektive Sitz des Reiters

Korrekte Bewegungen sind effektiv

Eine korrekte Bewegung ist immer effektiv. Effektivität meint: mit möglichst geringem Aufwand ein möglichst gutes Ergebnis erzielen. Der Weg zur effektiven Bewegung ist jedoch nicht bei jedem Reiter und bei jedem Pferd gleich. Ausweichmanöver der Pferde (durch Spannungsunterbrechungen) und Probleme von Reitern oder Pferden können ganz unterschiedlich sein; sie lassen sich bestenfalls verschiedenen groben Kategorien zuordnen. Wie im Abschnitt »Prioritäten« noch ausgeführt, müssen Probleme in einer bestimmten Reihenfolge in Ordnung gebracht werden. Dazu kann sich der Reiter (und auch der Reitlehrer) verschiedener Gangarten sowie verschiedener Hilfenarten und -kombinationen bedienen.

Normalerweise kann man davon ausgehen, dass die Bewegung, das Zusammenspiel der Hilfen und die Gesamtspannung im Pferd-Reiter-System stimmen, wenn das Pferd in gewünschter Weise prompt und mühelos reagiert. Das Pferd gibt durch seine Reaktion eine Bestätigung für die Richtigkeit einer Hilfe.

Effektivität durch Funktionsgymnastik

Gymnastik und Stretching für Reiter und Pferd müssen beide in die Lage versetzen, ihre Muskeln funktionell und effektiv einzusetzen.

Das Pferd macht Gymnastik, wenn Sie es biegen. Auf die einzelnen Biegeübungen für das Pferd werde ich in Kapitel 5 noch gesondert eingehen. Für den Reiter haben sich einige Übungen auf dem Pferd bewährt, die die Beweglichkeit und Koordination verbessern. Dazu gehören auch »Kompensationsübungen«, die körperliche Mängel und Asymmetrien bewusst machen und diese ausgleichen sollen.

Beispiel 1: Kurze Oberschenkel erschweren es dem Reiter, mit tiefem Knie zu sitzen. Dehnübungen zur Förderung der Hüftbeweglichkeit und für den Oberschenkel schaffen da Abhilfe. Eine sinnvolle Übung wird auch »Beinverlängerer« genannt und ist durchaus nicht nur für Leute mit kurzen Beinen geeignet: Legen Sie die Füße hinter den Sattel, bleiben aber mit dem Gesäß im Sattel. Dadurch werden die Vorder- und die Innenseite des Oberschenkels stark gedehnt.

Beispiel 2: Armkreisen – auch gegenläufig – bringt viel für die Koordination und fürs Gleichgewicht und vor allem für die wichtige Lockerung der Schulter.

Manchmal ist es sinnvoll, die Konzentration des Reiters vom reinen Sitzen abzulenken, vor allem dann, wenn der Reiter noch Angst hat, herunterzufallen und sich deswegen verkrampft. Gegenläufiges Armkreisen erfordert viel bewusste Konzentration des Reiters, die er dann nicht mehr hat, um sie auf seinen (verkrampften) Sitz zu richten. Der Sitz wird dadurch weniger angespannt, lockerer, einfühlsamer und schließlich von allein stabiler, weil besser im Gleichgewicht.

Üben Sie anfangs auf dem stehenden Pferd. Lassen Sie sich später auch an die Longe nehmen. Machen Sie die Übungen in allen Gangarten – dazu brauchen Sie allerdings ein gut ausbalanciertes, erfahrenes Longenpferd.

Ein gut ausbalanciertes Longenpferd.

Gymnastik: der »Beinverlängerer«.

Stabilität und Beweglichkeit im Sitz

In jeder Phase der Bewegung muss der Reiter sowohl im Gleichgewicht sein als auch stabil sitzen. Die Stabilität bedingt sowohl Angstfreiheit als auch einen erweiterten Aktionsradius, mehr Handlungsspielraum für den Reiter.

Grundlage dafür ist der aufrechte Sitz im dynamischen Gleichgewicht. Doch unter Umständen, besonders bei Pferden, die schwer zu sitzen oder noch unausbalanciert sind (und auch beim Springen), reicht der Gleichgewichtssitz allein nicht aus.

Fixpunkt Knie

Für mehr Stabilität braucht der Reiter zusätzlich seine Knie, den Knieschluss.

Auch für ein Versammeln des Pferdes, für jede Parade braucht er die Knie praktisch als »Gegenlager« für eine verhaltende Gewichtshilfe. Das bedeutet nicht, dass der Reiter dauernd seine Knie an den Sattel pressen soll. Damit würde er nur seinen gesamten Sitz versteifen und sich möglicherweise aus dem geschmeidigen Sitz sogar herausheben. Es bedeutet nur, dass das Knie an seinem Platz bleibt, nicht hochgezogen wird und bei Bedarf schnell »zugemacht« werden kann. Der Kniedruck oder Knieschluss ist eine kurzfristige Hilfe, die nur angewandt wird, wenn es nötig ist. Grob gesagt gilt also: Die Knie bleiben »am Platz«. Dieser »Platz« ist natürlich von der Bügellänge abhängig, davon, ob Sie Dressur reiten oder springen wollen. Doch am einmal gewählten Punkt soll das Knie bleiben. Das Becken des Reiters dagegen muss beweglich sein und seine Stellung schnell verändern können. Das gleiche gilt auch für den Unterschenkel. Nur dann können präzise Hilfen gegeben werden und nur dann können Sie eine schnelle Gleichgewichtsanpassung vornehmen. Das Knie soll außerdem immer möglichst tief bleiben. Zieht der Reiter es hoch, so kommt er in den Stuhlsitz und blockiert in dieser Stellung Becken und Wirbelsäule in der hinteren »Endstellung«. Die schnelle Sitzanpassung an den Schwerpunkt des Pferdes ist so nicht mehr gewährleistet.

Besonders für das Leichttraben (und den leichten Sitz) hat das tiefe, feste Knie eine extrem stabilisierende Funktion. Es ist der Fixpunkt für die gesamte Bewegung.

Stabilität beim Leichttraben

Viele Reiter sitzen beim Leichttraben unsicher und haben Probleme mit der dynamischen Anpassung ihres Gleichgewichts. Oft liegt das zu einem guten Teil daran, dass das Knie nicht fest liegt und deswegen zu viel Druck in den Steigbügel kommt. Der Reiter versucht, wie

Leichttraben mit geradem, aus der Hüfte etwas nach vorn geneigtem Oberkörper.

> **D**ie Knie liegen möglichst tief und verändern ihre Lage nicht. Sie sind Fixpunkte des Reiterkörpers, ohne jedoch zu klemmen.

Richtiges Leichttraben ist für den Rücken des Pferdes deutlich besser als Aussitzen. Das gilt vor allem für junge, noch nicht gefestigte Pferde oder solche mit Rückenproblemen. Auch für den Reiter bedeutet das Leichttraben eine Arbeitserleichterung, zum Beispiel bei der Entwicklung der Trabverstärkungen.

beim Treppensteigen, sich aus dem Bügel nach oben abzudrücken. Dabei verrutscht das Knie, und der fehlende Fixpunkt lässt den Sitz instabil werden.

Der zweite Grund für Instabilität beim Leichttraben ist eine falsche Verlagerung des Reiter-Schwerpunktes. Im Leichttraben muss der Schwerpunkt des Reiters leicht nach vorn kommen, sonst besteht immer die Gefahr, dass er dem Pferd in den Rücken plumpst, wenn er sich hinsetzt. Und das Leichttraben soll ja gerade den Rücken des Pferdes entlasten. Die Bewegungsenergie beim Leichttraben wird immer zu einem Teil über den Oberschenkel abgefangen. Auch das geht nur, wenn eine minimale Vorwärtstendenz im Oberkörper des Reiters besteht. Dazu reicht ein ganz leichtes Abknicken in der Hüfte nach vorn. Der Oberkörper bleibt jedoch in sich genauso gerade wie beim Aussitzen. Auch die Unterschenkel liegen dort, wo sie im ausgesessenen Trab liegen würden. Sie werden nicht nach vorn gestreckt, weil auch dadurch der Reiter nach hinten kippen und dem Pferd in den Rücken fallen würde.

Nur beim Springen kommt etwas mehr Druck nach vorn in den Bügel, weil dieser Druck im Bügel als Widerlager für den im Sprung weit nach vorn genommenen Oberkörper dient. Sind die Bügel zu lang, so können Unterschenkel und Knie beim Leichttraben nicht an ihrem Platz bleiben. Mancher Westernreiter, der mit sehr langen Bügeln reitet, hat deswegen so seine Probleme mit dem Leichttraben.

Hüfte zwischen den Ellbogen hindurch nach vorn schieben

Ein schönes Bewegungsbild für das Leichttraben ist folgende Vorstellung: Kopf, Schultern (und weitgehend die Ellbogen), Knie, Unterschenkel des Reiters bleiben relativ zum Pferd unbeweglich. Die Schulter liegt jedoch nicht ganz in einer senkrechten Linie über dem Fußgelenk wie beim ausgesessenen Dressursitz, sondern leicht vor dieser Linie (durch das leichte Abknicken in der Hüfte). Die Hüfte liegt im ausgesessenen Takt leicht hinter dieser Senkrechten, da der Reiter dabei minimal auf dem Oberschenkel sitzt. Bei jedem Aufstehen schiebt der Reiter seine Hüfte schräg von hinten-unten nach vorn-oben durch die Ellbogen hindurch, so dass sie in eine Senkrechte mit den Schultern kommt. Bei jedem Hinsetzen wird sie von vorn-oben nach hinten-unten bewegt. Dadurch kommt von allein dem Oberschenkel eine abfedernde Rolle zu.

Nicht aktiv aufstehen

Auf keinen Fall sollte der Reiter aktiv aufstehen. Sonst besteht die Gefahr, dass er zu viel Druck in den Bügel bekommt, dabei das Knie verschiebt und deswegen Stabilität und Gleichgewicht verliert. Stattdessen nutzt er den Schwung des Pferdes in der Phase aus, wenn dessen Rücken nach oben kommt, und lässt sich davon mit nach oben »werfen«. Auch das Einsetzen ist keine aktive Anstrengung, der Reiter lässt sich einfach zurücksinken, wenn der Rücken des Pferdes sinkt – nach hinten-unten, so dass der Oberschenkel abstützt und er dem Pferd nicht in den Rücken fallen kann.

Linientreu?
Die Gerade Schulter, Absatz, Hüfte

Die klassische Sitzanweisung für den ausgesessenen Dressursitz lautet: Schulter, Absatz und Hüfte sollen in einer Linie untereinander liegen (das gilt in dieser Form nicht für den leichten Sitz und das Leichttraben). In dieser vereinfachten Richtlinie steckt eine ganze Menge Information, wenn man sie einzeln herausfiltert. Wenn diese Linie »stimmt«, dann bedeutet das, dass der Reiter im Oberkörper weder vor noch hinter die Senkrechte kippt, dass die Schultern und der Kopf nicht nach vorn hängen, dass die Aufrichtung des Reiters aus dem Becken heraus erfolgt. Das Becken befindet sich in der – mittleren – Normalposition zwischen den beiden Endpositionen »gerader Rücken« und »Hohlkreuz«. Außerdem bedeutet dies, dass das Knie tief und »am Platz« bleibt. Und es beinhaltet, dass das Bein lang und flach anliegt, das heißt aus dem Hüftgelenk leicht nach innen und hinten »ausgedreht« wird. Dadurch kommt der Unterschenkel – und damit der Absatz – in die richtige »mittlere Position«, die als Ausgangslage für differenzierte Schenkelhilfen nötig ist. Der Absatz wird automatisch zum tiefsten Punkt, wenn das Knie flach und tief am Sattel liegt. Der tiefe Absatz bedingt nun wieder die leichte Spannung in der Wade, ohne die kein seitlicher Druck (zum Pferdebauch hin) möglich ist. Auch hier wieder das geschlossene System, welches durch einige Anweisungen in Kurzform umrissen wird. Die Anweisungen zum Reitersitz haben sich im Lauf der Zeit zu Kürzeln reduziert – genau wie sich die ausführlichen, groben Hilfen für das junge Pferd im Verlauf der Ausbildung zu Kürzeln reduzieren lassen. Nimmt man die Anweisungskürzel wieder auseinander, so erschließt sich der ursprüngliche Sinn.

Weichen Sie von dieser Ideallinie, die die Ausgangsposition im Sitz darstellt, ab, so müssen Sie es bewusst und mit Absicht tun. Das heißt, sie wollen etwas mit der Abweichung bezwecken, eine Hilfe geben oder dem Pferd eine Bewegung erleichtern. Durch eine andere Winkelung der beteiligten Gelenke (Hüftgelenk, Kniegelenk und Fußgelenk) verändert sich auch die Beckenstellung des Reiters – und damit die Druckverteilung auf dem Pferderücken. Durch Vorneigen des Oberkörpers aus dem Hüftgelenk nehmen Sie Druck vom Pferderücken weg (z. B. Abknicken des Oberkörpers im Sprung). Durch Verlagern des Unterschenkels

Leichttraben – ausgesessener Takt: mit geradem Oberkörper herabsinken lassen. Das Gewicht bleibt minimal auf dem Oberschenkel.

nach hinten geben Sie dem Pferd ein Signal, dass es nicht mit der Hinterhand ausweichen soll, u.s.w.

Der Sitz in Wendungen

Verlagern Sie das Gewicht in einer Wendung nach innen. Das ist die Standardanweisung für das Reiten auf gebogenen Linien. Diese Anweisung ist nicht falsch, jedoch äußerst ungenau. Zudem kann man eine ganze Menge Fehler bei der Gewichtsverlagerung machen: So etwa das beliebte Einknicken in der Hüfte, was dazu führt, dass das Gewicht auf die falsche Seite kommt. Oder das »Übersteuern«, wenn das Gewicht zu stark, zu lange und zu weit auf eine Seite »gehängt« wird und das Pferd dadurch zu einer Gegendruck-Reaktion (siehe Kapitel 5) veranlasst. Die Schenkel- und Zügelhilfen, die für eine korrekte Wendung zusätzlich nötig sind, will ich an dieser Stelle erst einmal vernachlässigen – sinnvolle, logische Hilfenkombinationen für bestimmte Lektionen folgen ausführlich in Kapitel 5.

Hier nur so viel: Der Reiter darf nicht einfach sein Gewicht nach innen verlegen sondern muss auch die innere Hüfte ein wenig vorschieben. Um besonders effektiv einwirken zu können, muss er sich vorstellen, dass seine beiden Sitzknochen (Sitzbeinhöcker) auf den beiden langen Rückenmuskeln des Pferdes rechts und links der Wirbelsäule liegen. Der Abstand der

H

Haltungskriterien

Für den Reiter:

- Optimale Bewegungsfreiheit durch Aufrichtung des Oberkörpers aus der Hüfte.
- Alle Partien des Oberkörpers liegen senkrecht übereinander.
- Die Gliedmaßen sind frei beweglich.
- Das Bein hängt lang aus der Hüfte senkrecht nach unten.
- Die Arme hängen aus der Schulter locker herunter, die Hände werden aus dem lockeren Ellbogen getragen. Die Grundspannung im Körper beschränkt sich auf die Spannung, die Sie brauchen, um senkrecht zu bleiben und die Zehenspitzen leicht anzuheben.

Für das Pferd:

- Der Spannungsbogen des Pferdes ist gleichmäßig gewölbt und ungebrochen.
- Die Hinterbeine treten unter den Schwerpunkt.

kommen, weil der Reiter damit in Bewegungsrichtung sitzt. Die gleiche Sitzdiagonale kommt auch im Galopp, vor allem für das Angaloppieren, zum Tragen.

Sitzanpassung an die Bewegung des Pferdes

Der Reiter soll sich von der Bewegung des Pferdes mitnehmen lassen – er soll mitschwingen. Das setzt für die verschiedenen Gangarten unterschiedliche Bewegungskonzepte voraus. Im Schritt und Trab ist es ein Art »Gesäßlaufen«. Wenn das linke Hinterbein vorgeht, muss auch der linke Gesäßknochen des Reiters vorgehen. Im Schritt unterscheidet sich diese Bewegung kaum von unserem eigenen Schritt beim Laufen. Durch einfaches lockeres, jedoch aufgerichtetes Sitzen kann der Reiter den Takt relativ einfach aufnehmen.

Man sagt auch, das Pferd holt sich seine Hilfen im Schritt selbst, weil dieses »Mitlaufen« eine rechts-links-abwechselnde Annäherung des Unterschenkels an den Bauch des Pferdes mit sich bringt. Im Zuge der Hilfenminimierung ist es jedoch nicht sinnvoll, ein ständiges wechsel-

Sitzknochen des Reiters ist normalerweise etwas breiter als der Abstand der beiden langen Rückenmuskelstränge des Pferdes. Deswegen neigt ein Sitzknochen des Reiters immer dazu, vom Muskel »herunterzufallen«.

Die Sitzdiagonale

Um beide Sitzknochen gut zu platzieren, sitzt der Reiter in einer Wendung leicht diagonal, das heißt die innere Hüfte kommt mehr oder weniger stark nach vorn, je nachdem, wie eng eine Wendung geritten wird. Dabei wird die Schulter des Reiters im gleichen Maße mit nach vorn genommen. Das gilt auch für die Seitengänge, die in Bewegungsrichtung geritten werden (Travers und Traversale). Beim Schulterherein, bei dem das Pferd gegen die Bewegungsrichtung gestellt und gebogen ist, sollte eher die äußere Hüfte minimal nach vorn

Auf dem gebogenen Pferd sitzt der Reiter diagonal. Er schiebt die innere Hüfte und die innere Schulter leicht vor.

seitiges »Anschlagen« des Unterschenkels an den Pferdebauch im Schritt zuzulassen. Die Bewegungen der Gesäßknochen nach vorn sollten deswegen im relativ lockeren Kniegelenk des Reiters »abgepuffert« werden, so dass eine treibende Hilfe mit dem Schenkel im Schritt nur dann erfolgt, wenn es der Reiter will.

Auch im Trab läuft der Reiter mit den Gesäßknochen mit, wenn das jeweilige Hinterbein des Pferdes vorgeht. Besonders bei schwungvollen Pferden ist jedoch diese Rechts-Links-Vorwärtsbewegung stark überlagert durch die Auf- und Abbewegung des Pferderückens. Um dem Pferd nicht in den Rücken zu plumpsen, muss der Reiter durch beständiges Vor- und Zurückschwingen des Beckenkamms dieses Auf- und Abschwingen des Pferderückens aufnehmen.

Diese »dynamische« Beweglichkeit im Becken ist Voraussetzung dafür, die Rückenbewegung des Pferdes nicht zu behindern. Wenig Sinn hat es jedoch, den Raumgriff des Pferdes in Trabverstärkungen durch rhythmisches Vorschieben der Sitzknochen (das so genannte »Treiben mit dem Sitz«) verbessern zu wollen. Damit stört man das Pferd eher im Takt, als es zu unterstützen.

Im Galopp kommt ein anderes Bewegungsmuster zum Tragen. Die Rückenbewegung des Pferdes ist eher schaukelnd, rollend. Auch Ihre Beckenbewegung wird deswegen eine rollende sein. Rollen Sie jeden einzelnen Galoppsprung von hinten-unten nach vorn-oben auf. Das bedeutet: Wenn das Pferd den Galoppsprung mit dem äußeren Hinterfuß beginnt, kippen Sie den Beckenkamm nach hinten und schieben die Gesäßknochen damit nach vorn.

Das Pferd hebt im richtigen Bergauf-Galopp in dieser Phase die Vorhand an, die Rückenlinie steigt nach vorn-oben leicht an; danach, in der diagonalen Zweibeinstütze, wird die Rückenlinie waagrecht. In der folgenden Einbeinstütze vorn macht das Pferd fast eine Art Handstand. In Abbildungen sieht man sehr deutlich, wie die Rückenlinie nach vorn fällt. Der Reiter hat in diesem Moment sein Becken am stärksten nach

Bildhafte Vorstellungen

- Im Schritt: Der Reiter läuft mit dem Gesäß.
- Im Trab: Der Beckenkamm schwingt vor und zurück.
- Im Galopp: Der Reiter rollt sein Becken hoch.

vorn gerollt, der Hüftwinkel ist am weitesten offen. In der Schwebephase schließlich sollte dann die Rückenlinie des Pferdes wieder waagrecht werden, um in der Folge wieder mit der hinteren Einbeinstütze anzusteigen. In diesem Moment beendet der Reiter die Rollbewegung des Beckens, »entspannt« die Bauchmuskulatur und damit den Sitz und lässt sich wieder in die Ausgangsposition (in die mittlere Normalstellung des Beckens) zurücksinken. Wenn das Hinterbein bei der Einbeinstütze »abdrückt« rollt er das Becken wieder nach vorn-oben.

Bei der Rollbewegung verändert sich nicht etwa die senkrechte Sitzposition des Reiters relativ zum Boden, sondern nur dessen Hüftwinkel. Dadurch verändert sich auch die Stellung des senkrechten Oberkörpers relativ zum Pferd. In der Einbeinstütze hinten ist der Hüftwinkel kleiner/geschlossener als in der Einbeinstütze vorn. Dadurch nähert sich der Oberkörper im ersten Fall minimal dem Pferdehals, im zweiten Fall minimal der Kruppe.

Auch im leichten Sitz bleibt diese Art der Rollbewegung bestehen. In dieser Position muss der Reiter den Oberkörper gerade aus der Hüfte abknicken und minimal ins Hohlkreuz gehen.

Bügellängen

Die korrekte Steigbügellänge ist wichtiger als gemeinhin angenommen, um einen effektiven Sitz zu erreichen und zu erhalten. Natürlich richtet sich die jeweils beste Länge nach der Art des Reitens. Zum Springen und für einen länger beibehaltenen leichten Sitz, zum Beispiel im Gelände, müssen die Bügel kürzer sein, um

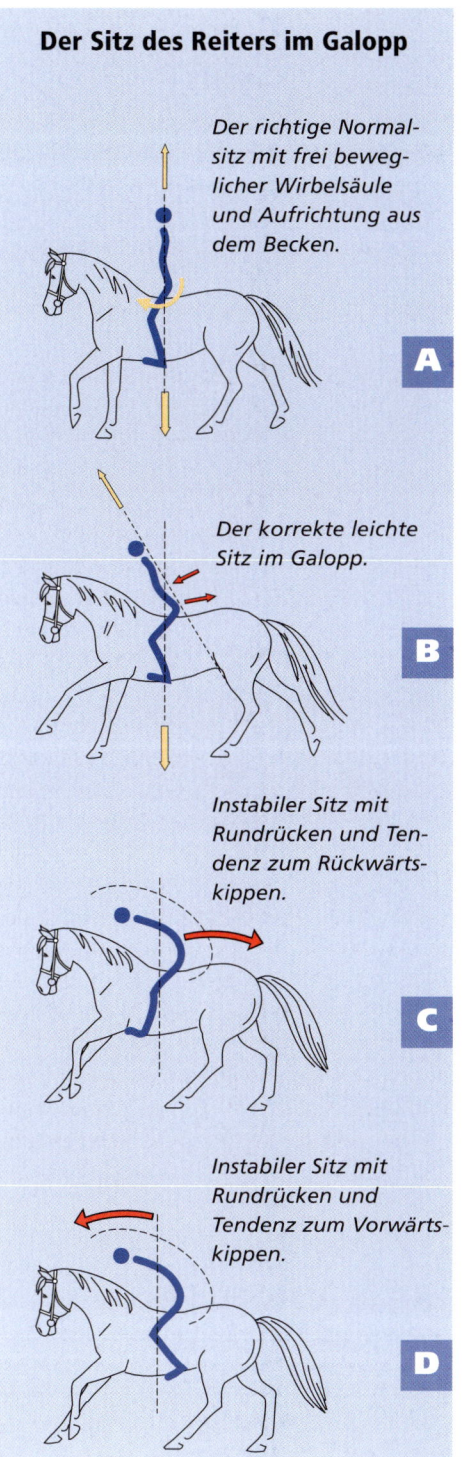

Der Sitz des Reiters im Galopp

Der richtige Normal-sitz mit frei beweg-licher Wirbelsäule und Aufrichtung aus dem Becken.

A

Der korrekte leichte Sitz im Galopp.

B

Instabiler Sitz mit Rundrücken und Ten-denz zum Rückwärts-kippen.

C

Instabiler Sitz mit Rundrücken und Tendenz zum Vorwärts-kippen.

D

Stabilität zu gewährleisten. Für den Dressur-sitz gilt jedoch im Allgemeinen:

◆ Zu kurze Bügel führen zum Stuhlsitz (s. Grafik S. 18). Die schnelle Schwerpunktanpassung wird dadurch erschwert.

◆ Zu lange Bügel führen zum Spaltsitz (s. Grafik S. 18). Die Stabilität über den Knie-schluss geht verloren. Zu lange Bügel können allerdings auch den Stuhlsitz der Westernreiter mit nach vorn gestreckten Beinen bedingen – das bereitet Probleme beim Leichttraben und zusätzlich in jeder Wendung, in der das Pferd gebogen werden soll.

◆ Prinzipiell gilt: Sitzt der Reiter aus, so muss sein Hauptgewicht auf dem Gesäß ruhen. Durch jeden zu hohen Druck im Bügel (zu kurz geschnallt) hebelt er sich aus dem Sitz heraus. Muss er dauernd mit der Fußspitze nach dem (zu langen) Bügel angeln, wird der Sitz wieder instabil.

Unabhängig sitzen – unabhängig agieren

Gutes Reiten – gleich welchen Stils – besteht weitgehend in der Fähigkeit des Reiters, den Schwerpunkt des kombinierten Systems Reiter plus Pferd zu kontrollieren.

Den »einen« richtigen Sitz dafür, die »eine« richtige Position gibt es nicht. Es ist immer not-wendig, den Sitz und damit den Schwerpunkt den Gegebenheiten anzupassen: Situation, Ausbildungsstand von Reiter oder Pferd, Lektion, Laune und spezielle Probleme des Pferdes oder des Reiters spielen dabei eine Rolle.

Verschiedene Sitzanweisungen muten dabei manchmal fast paradox an.

◆ Der Reiter muss sich beispielsweise groß machen und gleichzeitig schwer im Sattel sit-zen (nach oben wachsen und nach unten sin-ken). Diese Gleichzeitigkeit von Druck nach unten, auf den Pferderücken, und Ausrichtung nach oben, um beweglich genug mitschwingen zu können, kann der Reiter nur erreichen, wenn er sich aus dem Becken heraus aufrichtet. Die Marionette, die an einem Faden am Kopf auf-gehängt ist und an deren beiden Beinen

Gewichte nach unten ziehen, ist ein adäquates Bild für den korrekt aufgerichteten Sitz.

◆ Damit Ihre Muskeln Ihre Ideen hinsichtlich Bewegungsrichtung und Haltung prompt ausführen können, brauchen Sie den unabhängigen Sitz, der Signale des Pferdes durchlässt, dabei jedoch nicht instabil wird und nicht die Bewegungen des Pferderückens an die Gliedmaßen weiterleitet. Auch die Gliedmaßen müssen unabhängig agieren, das heißt, alle Aktionen mit Arm, Hand oder Unterschenkel müssen immer von der Bewegung des Pferderückens sowie von Becken und Wirbelsäule des Reiters abgekoppelt werden können.

◆ Die Gliedmaßen dürfen nicht versuchen, für Stabilität zu sorgen. Sie sind nur für die Feinabstimmung, die Lenkung und Temporegulierung zuständig. Stabilität bringt allein der Sitz im dynamischen Gleichgewicht, der je nach Reitstil von einem mehr oder weniger tiefen Knie unterstützt wird.

◆ Jede unnötige Spannung in Schultern und Gliedmaßen des Reiters beeinträchtigt das dynamische Gleichgewicht und stört das Pferd. Und vor allem stört es die Verbindung zum Maul des Pferdes, denn die Handhaltung und damit die Zügelführung wird bei zu viel Spannung in den Reiterschultern unruhig und unkoordiniert, das heißt hart. Die Spannung in den Schultern, zum Beispiel durch Hochziehen, Festhalten etc., setzt sich immer über die Armmuskeln bis in die Hand fort. Versuchen Sie einmal die Hand zu entspannen, wenn die Schultern verkrampft sind!

Stoßdämpfung

Der richtige Energieaustausch auf dem Pferderücken ist in diesem Zusammenhang von Bedeutung. Der Reiter darf im Normalfall weder den Schwung des Pferdes blockieren noch sich davon aus dem Sattel werfen lassen (außer in gewissem Sinne beim Leichttraben). Ersteres würde mit zu viel Spannung im eigenen Sitz passieren. Letzteres würde durch zu wenig Spannung (= Aufrichtung) verursacht. Zudem ist wieder der schnelle Wechsel von

Gutes Reiten ist die Fähigkeit des Reiters, den Schwerpunkt des kombinierten Systems Reiter plus Pferd zu kontrollieren.

Spannung und Entspannung im Bauch- und Lendenmuskelbereich notwendig, der Sitz im dynamischen Gleichgewicht mit frei beweglichem Becken.

Der Reiter sollte sich des öfteren auf seinen Schwerpunkt und auf seine Beckenbewegungen bewusst konzentrieren, um zu erfühlen, ob ein Teil seiner Körpermitte zu lange gespannt ist. Ist das der Fall, dann funktioniert die Stoßdämpfung nicht mehr hundertprozentig, weil die Bewegungen von Pferderücken und Reiterrücken bzw. -gesäß nicht mehr sauber koordiniert sind.

Der Sitz im dynamischen Gleichgewicht

Der Gleichgewichtssitz beim nicht versammelten Pferd

Für den Sitz des Reiter auf dem nicht versammelten Pferd gelten zwei Hauptkriterien:

◆ Der Schwerpunkt des Reiters muss über seiner Auflagefläche liegen.

◆ Das Gewicht soll vom Pferd in der gleichen Verteilung getragen werden, wie es von Natur aus sein eigenes Gewicht (ohne Reiter) trägt. Der Vergleich mit einem im Wasser schwimmenden Baumstamm drängt sich auf. Sitzt ein Mensch rittlings darauf, so muss er genau im Schwerpunkt des Stammes sitzen, sonst schlägt dieser hinten oder vorn hoch oder rollt zur Seite. Diese Kriterien gelten für junge Pferde oder unerfahrene Reiter. Sie gelten so lange, wie der (unerfahrene) Reiter sich in die Bewegungen des Pferdes einfühlen muss, und so lange, wie das Pferd noch nicht in der Lage ist, mehr Gewicht mit den Hinterbeinen aufzunehmen, sich also zu versammeln.

Der Gleichgewichtssitz beim versammelten Pferd

Vor allem anderen muss der Reiter lernen, überhaupt im Gleichgewicht zu sitzen, und das Pferd muss lernen, im Gleichgewicht zu gehen. Erst danach kann das gemeinsame Gleichgewicht von Reiter und Pferd in Richtung Versammlung (vermehrte Lastaufnahme durch die Hinterhand) verändert werden. Dafür muss sich der Schwerpunkt des Pferdes nach hinten verschieben, der Rücken muss jedoch in Längsrichtung gedehnt bleiben, das heißt, der Spannungsbogen muss erhalten bleiben. Eine reine Aufrichtung im Hals würde den Rücken des Pferdes nach unten durchsacken lassen – der Spannungsbogen wäre unterbrochen.

Sitzt der Reiter einfach nur weiter hinten im Sattel oder lehnt sich zurück, belastet er den Rücken des Pferdes im schwächsten Punkt, nämlich dort, wo die Stützpfeiler der Wirbel-Brücke (Vorhand und Hinterhand) am weitesten entfernt sind. Sitzt er noch weiter hinten, überlastet er womöglich die Hinterbeine, die noch nicht ausreichend aufs Tragen vorbereitet sind. Die Entwicklung der Tragkraft ist eine langwierige Arbeit und sie erfolgt nicht durch einfache Gewichtsbelastung durch das Reitergewicht sondern durch gezielte Gymastizierung mit Be- und Entlastungsintervallen, wie zum Beispiel in den Seitengängen.

Viele Pferde rennen einer Überlastung der Hinterhand oder auch des Rückens davon. Sie produzieren zu viel Schub, weil die Hinterhand oder auch der Rücken noch nicht tragen können. Auf einem solchen Düsewind darf der Reiter nicht versuchen, durch Verlegen seines Schwerpunktes nach hinten, in dem Fall durch einfaches Zurücklehnen des Oberkörpers, das Pferd dazu zu bringen, langsamer zu werden. Schwerpunkt von Reiter und Pferd klaffen dann extrem auseinander. Der Reiter sitzt wie ein Wasserskifahrer auf dem Pferd und lässt sich am Zügel vom Maul des Pferdes mitziehen. Statt so hinter der Bewegung und dem Schwerpunkt des Pferdes zu hängen, muss der Reiter im Gegenteil seinen Schwerpunkt weiter nach vorn, wieder in Übereinstimmung mit dem des Pferdes, bringen und den Rücken des Pferdes entlasten. Er muss erst wieder seinen Schwerpunkt auf den des Pferdes einrichten, bevor er überhaupt daran denken kann, das Pferd beeinflussen zu wollen (siehe Kapitel 5). Wenn sich das Pferd weigert, seinen Schwerpunkt nach hinten unter den des Reiters zu bringen (unter sein Gewicht zu laufen), kann der Reiter nicht darauf bestehen. Das Pferd ist noch nicht bereit für eine Versammlung.

Senkrechter Oberkörper und loser Zügel in der Zweibeinstütze im schnelleren Galopp.

D Der Reiter muss unabhängig im dynamischen Gleichgewicht sitzen. Arme, Hände und Beine sind nur für die Kommunikation mit dem Pferd zuständig. Die Gliedmaßen dürfen nicht versuchen, durch Klammern oder Festhalten für Stabilität zu sorgen.

Der Gleichgewichtssitz beim Springen

Der Springsitz ist ein modifizierter Dressursitz. Alle Kriterien, die für das Leichttraben angeführt werden, gelten in diesem Sitz verstärkt. Die Unterschenkellage und die Druckverteilung im Bügel unterscheiden sich etwas vom Dressursitz. Bei der Dressur gilt: Absatz nach unten und nach hinten. Beim Springen gilt: Absatz nach unten und nach vorn.

Der Körper muss in allen Phasen des Sprunges im stabilen Gleichgewicht gehalten werden. Hier ist das Gleichgewicht noch viel dynamischer als im Dressursitz.

Beim Absprung sollten Sie die Knie nicht durchdrücken und »aufstehen«, sondern eher den Winkel zwischen Ober- und Unterschenkel verkleinern. Gleichzeitig müssen Sie auch den Winkel Oberkörper-Oberschenkel an der Hüfte schließen. Auf diese Weise falten Sie den ganzen Körper zusammen, statt ihn einfach nur nach vorn zu bringen. Das Zusammenfalten gibt deutlich mehr Stabilität: Sie sind näher am Pferd – Ihr Schwerpunkt und der des Pferdes sind enger zusammen. Trotzdem muss die Hand

Versammlung funktioniert nur, wenn das Pferd körperlich dazu in der Lage ist.

Falten Sie Ihren Körper beim Springen zusammen.

stark nach vorn nachgeben. Bei höheren Sprüngen und stärkerem Strecken des Pferdes muss aus der Schulter heraus der ganze Arm des Reiters nach vorn kommen.

Beim Springen sind vor allem die stabil-dynamische Verbindung des Reiters zum Pferderücken und das Gefühl für den Takt des Galoppsprungs wichtig. Der Reiter muss in der Lage sein, einen Galopp im Gleichgewicht zu erzeugen und diesen auch zu kontrollieren (Tempo, Länge des Galoppsprungs). Alles andere ist zweitrangig.

Prioritäten setzen

Prioritäten setzen bedeutet sowohl für den Reiter als auch für den Unterrichtenden die Frage zu stellen: Was muss zuerst in Ordnung gebracht werden, bevor man weiter korrigieren bzw. aufbauen kann? Nachfolgend die Prioritäten auf physiologischer Ebene.

Prioritäten für den Reiter

◆ **Losgelassenheit vor Stabilität**
Der Reiter braucht Stabilität, um keine Angst zu haben. Nur dann kann er sich auch soweit ent-

spannen, dass der Sitz geschmeidig wird. Erreicht man jedoch zuerst die Stabilität, so kann das auf Kosten des Gleichgewichtssitzes gehen, weil durch zu viel und dauerhafte Spannung zum Beispiel im Knie und im Rücken des Reiters bzw. Spannung am falschen Ort – in den Schultern oder Armen – die Geschmeidigkeit und das Einfühlungsvermögen leiden. Der leichte Sitz mag dann zwar stabil und sicher sein, der Dressursitz ist jedoch nicht korrekt – und die Handeinwirkung normalerweise auch nicht.

Priorität hat deswegen immer der Sitz im Gleichgewicht, der mit Sitzübungen an der Longe am besten zu erreichen ist. Denn nur dort muss der Reiter kaum Angst vor Kontrollverlust haben. Die Stabilität stellt sich mit Erreichen eines ordentlichen dynamischen Gleichgewichtes fast von allein ein. Inneres Gleichgewicht und weitgehende Angstfreiheit sind zudem für die Sitzstabilität notwendig (Dazu mehr in den folgenden Kapiteln).

◆ Die richtige Reihenfolge bei der Sitzkorrektur

Hier hat die Sensibilisierung des Beckenbereichs beim Reiter und die präzise Positionierung der Sitzknochen oberste Priorität. Diese Reihenfolge sollte eingehalten werden:

1. Die Körpermitte, das heißt Beckenstellung und Schwerpunkt des Reiters, in Ordnung bringen. Dadurch erlangt er sein dynamisches Gleichgewicht und behindert das Pferd in seinen Bewegungen nicht. (Für jede Lektion, jede Gangart und jeden Versammlungsgrad gibt es für den Reiter eine jeweils richtige Positionierung des Beckens und der Sitzknochen, wenn das dynamische Gleichgewicht stimmt.)

2. Danach wird die Beinhaltung korrigiert. Das sorgt für mehr Stabilität. Und die richtige Positionierung der Knie und Unterschenkel schenkt dem Reiter einige zusätzliche Hilfengebungs-»Werkzeuge«, vor allem für die Biegung des Pferdes.

3. Zum Schluss müssen Schultern, Arme, Hände, Kopf des Reiters ausgerichtet werden. Zudem müssen sie gelockert und damit von den Bewegungen der Wirbelsäule und des Beckens abgekoppelt werden. Dadurch werden Hand und Zügelführung des Reiters sensibel und unabhängig von den Bewegungen des Pferdes. Für die Feinsteuerung des Pferdes ist diese unabhängige Hand unabdingbar.

Das westernmäßige Reiten am losen Zügel ist für den Reitanfänger auf einem gut westernmäßig ausgebildeten Pferd zu Anfang leichter zu erlernen, weil er sich auf seinen Sitz konzentrieren kann. Leider bleibt kein Pferd (auch das bestgerittene Westernpferd nicht) ohne gelegentliche Korrektur am Zügel in einer guten Haltung. Für den Reiter, der den Zügel zu Beginn der Ausbildung nicht anfasst, verlagert sich das Problem der Zügelkoordinierung deswegen nur auf einen späteren Zeitpunkt.

Das Pferd kann sich nur auf die Hinterhand setzen, wenn es gut trainiert ist.

◆ Harmonisierung des Reiterkörpers vor der des Pferdekörpers

Oft wird in der Ausbildung die Haltung des Pferdes überbewertet und die Haltung des Reiters hinsichtlich einer Problemlösung oder hinsichtlich der Hilfenminimierung unterbewertet. Hier setze ich eindeutig andere Prioritäten: Dem Körper des Reiters muss immer vor dem Pferdekörper Beachtung geschenkt werden. Der Sitz des Reiters muss vor der Körperhaltung des Pferdes, die Kopfhaltung des Reiters vor der des Pferdes verbessert werden. Ein schlecht sitzender Reiter kann dem Pferd kein angenehmes Gefühl beim Reiten vermitteln – er kann es auch nicht durch »In-Ruhe-lassen« belohnen, weil er es durch seinen schlechten Sitz immer stört. Deswegen ist die Sitzverbesserung des Reiters essenziell für gutes harmonisches Reiten.

Die richtige Haltung des Pferdes ergibt sich aus guter Gymnastizierung und guter Haltung des Reiters. Der Zügel (hier der Bosal-zügel) wird nur für kurze Signale gebraucht.

Natürlich kann ein Reiter auf einem steifen, schlecht gerittenen Pferd kein Feeling für eine harmonische Bewegung bekommen. Das Pferd widersetzt sich wegen seiner Steifheit jedem Versuch, es zu biegen. Solche Pferde kann nur ein erfahrener Reiter korrigieren, der weiß, wie sich die richtige Bewegung anfühlen soll, unbeirrt darauf hinarbeitet und der sich durch Ausweichmanöver des Pferdes nicht aus dem Konzept bringen lässt. Der unerfahrene, korrekturbedürftige Reiter muss dagegen ab und zu Gelegenheit bekommen, ein Pferd zu reiten,

das auf eine korrekte Hilfe auch richtig reagiert, damit er zu seinem Aha-Erlebnis kommt. Langer Rede kurzer Sinn: Die gute Haltung des Reiters muss erreicht und gefestigt werden, bevor der Reiter irgendetwas am Pferd verbessern kann. Das kann mit viel Schrittarbeit und langsamen Koordinationsübungen geschehen, wenn das Pferd und/oder der Reiter noch nicht weit genug fortgeschritten sind für sinnvolle Trab- oder gar Galopparbeit.

Für Koordinationsübungen im Schritt bieten sich die Seitengänge (s. Kap. 5) an. Sie sind so ziemlich für alles gut und helfen Reiter und Pferd bei Gymnastizierung, Sensibilisierung und Koordination weiter. Wenn der Reiter im Schritt seinen Körper für alle Seitengänge mühelos ausrichten kann und das Feeling dafür verinnerlicht hat, ist er einen riesigen Schritt weiter in Richtung Hilfenminimierung auch in Trab und Galopp.

Prioritäten für die Ausbildung des Pferdes

◆ Aufbau des Rückens vor Entlastung der Vorhand

Der Aufbau des Pferderückens in der Dehnungshaltung hat oberste Priorität. Danach kommt erst die Entlastung der Vorhand und noch später kann sich der Reiter um die Kopfhaltung des Pferdes kümmern – wenn er sich dann überhaupt noch darum kümmern muss, weil das Pferd seinen Kopf sowieso schon richtig trägt und durchs Genick geht, wenn Rücken- und Hinterhandarbeit ok sind. Nur wenn der Rücken nach oben kommt, wenn das Nackenrückenband genug gespannt ist, kann das Pferd den Reiter auf Dauer schadensfrei und ohne Rückenschmerzen tragen.

Die Beeinflussung des Pferderückens ist wichtig, nicht die Beeinflussung der Pferdenase bzw. des Maules. Die fallende Nase, das nachgiebige Genick ergeben sich von allein, wenn Grundausbildung, Gymnastizierung und Aufbau der Tragkraft stimmen. Gehen Sie also in der richtigen Reihenfolge vor und beachten Sie folgende Punkte.

1. Die Rückenmuskulatur in der Dehnungshaltung im Schritt und im Trab (am besten leichttraben) aufbauen. Das Pferd soll dabei nicht zu eilig werden. Es muss vorwärtsgehen, weil sonst die Hinterhand nicht untertritt. Es soll jedoch nicht in die Hand laufen, sich auf die Hand legen oder sonstige »Ausweichmanöver« unternehmen, um der Dehnung des Rückens zu entgehen.

2. Die Vorhand entlasten durch gymnastische Übungen, die die Tragkraft der Hinterhand verbessern. Einfaches Zurücksetzen funktioniert nicht und »vorn Festhalten« bringt keine Entlastung, sondern eher das Gegenteil.

3. In der Grundausbildung sollten Sie hauptsächlich in den Gangarten Schritt und Trab arbeiten. Der Galopp ist eine recht »instabile« Gangart; wenn das Pferd nicht im Trab hundertprozentig im Gleichgewicht ist, wird der Galopp mit Sicherheit »kopflastig« und belastet die Vorhand zu sehr.

4. Hände weg: Achten Sie bei allen Übungen immer darauf, dass das Pferd mit der Nasenlinie nicht hinter die Senkrechte kommt. Ist es hinter der Senkrechten, stimmt der Spannungsbogen nicht und Rücken oder Vorhand werden stärker als nötig belastet. Die richtige Kopfhaltung des Pferdes können Sie nie allein mit Handeinwirkung erreichen.

◆ Reihenfolge bei der Entwicklung der Gangarten unter dem Reiter

Die zweckmäßige Reihenfolge bei der Entwicklung der einzelnen Gangarten des Pferdes unter dem Reiter ist nach anatomischen Gesichtspunkten völlig klar. Sie ergibt sich aus

> **D**ie anatomisch richtige Haltung des Pferdes resultiert aus der guten Haltung des Reiters und dessen Fähigkeit, zielgerichtet auf das Pferd einzuwirken und es über ein Aussetzen aller Hilfen zu belohnen.

den Balanceproblemen, die die jeweiligen Gangarten dem Pferd mit dem Zusatzgewicht des Reiters bereiten.

Der **Schritt** ist die gleichgewichtstechnisch stabilste Gangart. Das Pferd hat meistens drei Beine auf dem Boden. Es kann auf alle Signale des Reiters ohne Balanceprobleme reagieren. Alle Übungen, die das Pferd später im Trab ausführen soll, müssen im Schritt hundertprozentig klappen. Die Arbeit im Schritt ist besonders auch dafür gut, den Gehorsam und die Willigkeit des Pferdes zu prüfen und angelernte Hilfen (zum Beispiel den Schenkeldruck) bzw. neue Hilfenkombinationen zu etablieren.

Wenn ein Pferd sich beispielsweise weigert, aus dem Schritt anzuhalten, dann ist das immer ein Gehorsams- und kein Gleichgewichtsproblem, wie es in den schnelleren, schwungvolleren Gangrten durchaus möglich wäre. Und Sie müssen nicht lange überlegen, wo die Korrektur anzusetzen ist (siehe auch Kapitel 4).

Kurz: Schrittarbeit ist die Grundlage für alle anderen Gangarten – und was im Schritt nicht funktioniert, wird auf keinen Fall in einer anderen Gangart funktionieren.

Der **Trab** gestaltet sich mit der diagonalen Zweibeinstütze und der Schwebephase instabiler. Besonders auf gebogenen Linien und bei zu hohem Tempo kann das Pferd zu Anfang Balanceprobleme durch das Reitergewicht bekommen. Bei jungen Pferden gilt: Biegeübungen gut im Schritt vorbereiten und anfangs kein zu hohes Grundtempo im Trab zulassen.

Der Trab ist jedoch im weiteren Verlauf der Ausbildung »die« Übungsgangart schlechthin. Einfach deswegen, weil er eine »schwungvolle Gangart« ist, bei der die Hinterbeine kraftvoller und energischer abfußen als im Schritt. Für den Reiter ist es bequem, diesen grundsätzlich vorhandenen Schwung auszunutzen. Er kann sich auf das »Kanalisieren« der Energie aus der Hinterhand konzentrieren. Er kann lenken, ohne dass er dauernd treiben muss. Das gilt jedoch nur dann, wenn der Rücken des Pferdes nicht blockiert ist und frei schwingt. Die Variationsbreite zwischen verkürzten und verstärkten Tempi ist zudem sehr groß. Das erleichtert die Gymnastizierung über Tempounterschiede. Die Winkelung, die Stärke der Hankenbeugung, kann durch Zulegen im Tempo und wieder Einfangen dauernd verändert werden. Auch für alle Seitengänge ist der Trab ideal, weil er einfache Stellungs- und Richtungswechsel zulässt, ohne dass der Takt gefährdet ist.

Der **Galopp** mit Einbeinstütze und langer Schwebephase ist die instabilste Gangart hinsichtlich des gemeinsamen Gleichgewichtes von Reiter und Pferd. Er sollte erst vom Pferd verlangt werden, wenn es im Trab unter dem Reiter gut ausbalanciert ist. Zumindest Schulterherein, besser auch Travers, sollten im Trab funktionieren, bevor der erste Galopp (das erste vom Reiter explizit verlangte Angaloppieren) von einem jungen Pferd verlangt wird. Natürlich kann man das Pferd schon vorher galoppieren lassen, wenn es von sich aus den Galopp anbietet und dabei nicht zu schnell wird. Jedoch sollte der Galopp nie forciert werden.

Die Beherrschung der Seitengänge im Trab gibt Ihnen auch ein gutes Korrekturinstrument in die Hand, wenn das Pferd Probleme mit dem richtigen Angaloppieren auf seiner schlechteren Seite hat. Durch präzise Korrekturstellung und Positionierung der Hinterhand des Pferdes können Sie den richtigen Galopp ohne »Streit« erzielen.

Galoppieren Sie das Pferd nicht einfach Runde um Runde. Dadurch wird es mit der Zeit immer länger und kopflastiger. Galoppieren Sie eine Runde und parieren Sie zum Trab durch. Galoppieren Sie häufig neu an. Das Pferd ist beim ersten Galoppsprung immer am besten auf der Hinterhand, weil es ihn durch weites Vorsetzen des äußeren Hinterbeines beginnen muss und die Vorhand dabei leicht wird. Beherzigen Sie die alte Reiterweisheit: »Gut Galoppieren lernt das Pferd nur durch häufiges Angaloppieren«.

Im Galopp wird die Arbeit in den anderen Gangarten praktisch überprüft. Ist der Galopp geregelt, kontrolliert und im Gleichgewicht,

Seitengänge eignen sich hervorragend für bessere Gymnastizierung.

dann war die Vorbereitung in den »einfacheren« Gangarten gut.Beginnen Sie die eigentliche Galopparbeit mit Paraden zum Schritt und Halten, mit Seitengängen und der Entwicklung der fliegenden Wechsel erst, wenn das Pferd im Trab gut versammelt ist und alle engen Wendungen, Richtungswechsel und Seitengänge mühelos beherrscht.

◆ Wann mit den Seitengängen beginnen?

Es gibt Leute, die betrachten schon ein Schulterherein als schwere Lektion für fortgeschrittene Reiter und Pferde – ganz zu schweigen von Travers und Traversale. Dafür galoppieren sie aber mit jungen Pferden munter drauflos.

Ich stehe auf dem Standpunkt, dass ein Pferd nicht galoppieren sollte, bevor es nicht im Trab hundertprozentig im Gleichgewicht ist. Und dieses Gleichgewicht kann am besten über die Seitengänge hergestellt und erhalten werden. Deswegen sollte so früh wie möglich, vorerst im Schritt, mit dem Schulterherein begonnen werden. Auch Travers und Traversalen im Schritt

Der Galopp ist die instabilste Gangart – hier in der Einbeinstütze vorn.

sind im ersten Ausbildungsjahr des Pferdes kein Problem. Der Gymnastizierungsfaktor ist dabei erheblich, und im Schritt ist nicht zu befürchten, dass die Beine des Pferdes überlastet werden. Auch Kontrolle und Koordination werden über die Seitengänge erheblich verbessert. Trailübungen (siehe Kapitel 6) tun ein Übriges, den Gehorsam auf die Hilfen und deren Feinabstimmung zu verbessern. Sitzt das Repertoire der Seitengänge im Schritt, so kann es viel einfacher im Trab »nachgeritten« werden. Sitzt es im Trab, so erleichtert es den Beginn der kontrollierten Galopparbeit. Das erspart Ihnen und dem Pferd unkontrollierte Galopps auf der Vorhand. Auf diese Weise ist das erste Jahr der Ausbildung für den Galopp weitgehend tabu.

Noch ein Wort zum Schenkelweichen, das oft und gerne mit dem Schulterherein verwechselt wird. Das Schenkelweichen ist eigentlich nur eine Übung, die dem Pferd die Reaktion auf den seitwärtstreibenden Schenkel (siehe auch Kapitel 3) beibringen soll. Für die Gymnastizierung ist es nicht so effektiv wie das Schulterherein (siehe auch Kapitel 5).

Prioritäten setzen

◆ Biegung vor Geraderichten

»Reite Dein Pferd vorwärts und richte es gerade«. Diese alte Ausbildungsanweisung für junge Pferde ist zwar richtig, bietet aber allen Anlass, missverstanden zu werden. Natürlich muss man das Pferd geradeaus vorwärtsgehen lassen, um die die Energie aus der Hinterhand zu erhalten und zu fördern. Um das Pferd aber korrekt geradeaus zu reiten (gerade zu richten) muss man es erst biegen können.

Das von Natur aus schiefe Pferd wird nämlich ohne Training des steiferen Hinterbeines niemals wirklich geradeaus gehen. Das Pferd winkelt das steifere Hinterbein nicht so gut wie das andere. Deswegen schiebt es mit diesem Bein mehr und trägt mit dem anderen stärker. Es wird also immer diagonal leicht schief gehen, wenn der Reiter nichts dagegen unternimmt. Und das steifere Hinterbein können Sie nur über Biegearbeit trainieren – am allerbesten über das Schulterherein auf der steifen Seite, bei dem dieses Hinterbein unter den Schwerpunkt treten und Gewicht aufnehmen, sich also beugen muss. Auch Takt und Losgelassenheit (die die Tempokontrolle beinhalten) werden über die Biegearbeit schneller und besser erreicht.

Die Reihenfolge der Ausbildungsstufen müsste also etwas verändert lauten:

1. Takt + Losgelassenheit + Geraderichten durch Biegearbeit (Gymnastizierung), wobei eine Reihenfolge nicht genau festgelegt werden kann. Alle drei Stufen greifen ineinander und werden mehr oder weniger gleichzeitig erarbeitet und verbessert.

2. Durch die Arbeit an den Kriterien unter Punkt 1 wird automatisch die **Durchlässigkeit des Pferdes und auch die Anlehnung an die Hand des Reiters** erreicht. Das Pferd reagiert sensibel auf die Hilfen. Es nimmt die Paraden an und ist im Tempo kontrollierbar. Die Punkte unter 2 sind jedoch lediglich ein erwünschtes »Abfallprodukt« der richtigen Handhabung der Grundsatzarbeit unter 1.

3. Erst, wenn die Ziele unter Punkt 2 erreicht sind, kann mit der **versammelnden Arbeit** begonnen werden.

PSYCHOLOGIE
UND KOMMUNIKATION

Verhaltensmuster – Orientierungsrichtlinien: Belohnung und Strafe –

Lehren und Lernen – Die Verständigung mit dem Pferd – Motivation

---

und Hilfengebung – Sinnvolle Arbeitskonzepte.

In diesem Kapitel geht es um Verhaltensmuster des Pferdes. Es wird aufgezeigt, wie diese für eine harmonische Verständigung und effektive Hilfengebung genutzt werden können. Voraussetzung sind allerdings pädagogische und psychologische Fähigkeiten des Menschen.

Verhaltensmuster

Pferde reagieren nach allgemein gültigen Verhaltensmustern, die für die gesamte Spezies gelten. Menschen dagegen reagieren nach etwas anderen Mustern und neigen dazu, menschliche Verhaltensmuster auf Pferde zu übertragen. Immerhin gibt es viele Parallelen im Lernverhalten beider Spezies; in diesen Fällen fällt es dem Menschen leicht, sich in die Probleme des Pferdes einzufühlen und eigene Erfahrungen aufs Pferd zu übertragen.

Schwierigkeiten in der Mensch-Pferd-Beziehung entstehen häufig durch Missverständnisse und Fehleinschätzungen des Menschen hinsichtlich der körperlichen und psychischen Leistungsfähigkeit des Pferdes. Wenn Sie jedoch die Verhaltensmuster der Pferde kennen und nutzen sowie seine Leistungsgrenzen berücksichtigen, hilft Ihnen das bei der Lösung vieler Probleme beziehungsweise lässt diese gar nicht erst aufkommen. Ihr Ziel »harmonisch Reiten« erreichen Sie dadurch schneller und leichter.

Lernverhalten von Pferd und Mensch

Pferd und Mensch lernen etappenweise und vertiefen bzw. festigen das Gelernte mit der Zeit. Fortschritte müssen bei jeder neuen, schwierigeren Lektion erneut erarbeitet werden. Oft geht dabei phasenweise ein Stück der schon erworbenen Sicherheit und Souveränität bei der Hilfengebung wieder verloren und muss neu gewonnen werden. Vor allem der Sitz des Reiters muss sich in jeder Ausbildungsphase von neuem an die veränderten Gleichgewichtsbedingungen anpassen. Das gilt ebenso für das Gleichgewicht des Pferdes.

Verstehen und Gewöhnen

Pferde (und Menschen) können sowohl durch Gewöhnung als auch durch Verstehen lernen. Gewöhnen kann man das Pferd durch Dressur an erwünschte Verhaltensweisen. Dressur ist an sich nichts anderes als ein ausgeklügeltes System von Belohnung und Strafe.
Verstehen kann das Pferd, wenn der Lerninhalt ihm in seiner »Sprache« vermittelt wird. Das Sozialverhalten und die Kommunikationsformen in der Herde müssen deswegen die Grundlage der Ausbildung sein. Hat das Pferd etwas verstanden, so sitzt das Gelernte nachhaltiger als durch reine Dressur..

◆ **Kernpunkte des Herdenverhaltens:**
Die Herde bietet Schutz und Sicherheit. Dafür muss sich jedes Pferd in die Sozialstruktur der Herde, die Rangordnung, einfügen. Das ranghöchste Pferd, der Leithengst, bestimmt, wann

und in welche Richtung die Herde sich bewegt, wann sie frisst, wer zuerst ans Wasser darf, wann Flucht angesagt ist. Unterstützt wird er dabei von der Leitstute. Ranghöhere Pferde können rangniedere vom Futter oder Wasser wegtreiben oder einfach »zum Spaß« verjagen. Die Rangordnung funktioniert nach absolut autoritären Richtlinien. Nach dem Motto: Ich bin stärker und klüger als du, also musst du dich mir unterordnen.

Dieses autoritäre Grundprinzip muss auch in der Ausbildung des Pferdes zum Tragen kommen. Der Mensch muss selbst zum Leittier, zum Alphatier, werden. Dabei gibt es nie ein Vielleicht, sondern immer nur Ja oder Nein. Nur bei einem autoritären Ausbilder, der konsequent in der Durchsetzung seiner »Forderungen« ist, fühlt sich das Pferd sicher und gut aufgehoben. Autorität wird hier im durchaus positiven Sinne für jemanden verwendet, der Schutz und Sicherheit bietet und dafür Gehorsam fordern kann.

Nur wenn das Pferd sich sicher fühlt, ist überhaupt die Grundlage für eine Ausbildung geschaffen. Das Pferd ist nur lernbereit und aufnahmefähig, wenn es keine Angst hat. (Ausführlich wird das noch in Kapitel 4, Erziehung und Angstbewältigung, behandelt).

Die Systeme Verstehen und Gewöhnung haben beide ihre Berechtigung. Sie greifen ineinander, da auch die Dressur nur auf Belohnungen und Strafen zurückgreifen kann, die sich weitgehend aus dem natürlichen Herdenverhalten ergeben, die das Pferd also verstehen kann.

> **I**n der Herde herrscht ein autoritäres Grundprinzip. Das ranghöchste Pferd fordert absoluten Gehorsam von allen rangniederen Pferden. Es kontrolliert Bewegungsrichtung und Tempo, wenn die Herde sich bewegt. Dadurch sind der Zusammenhalt und die Schutzfunktion der Herde gewährleistet.

Orientierungsrichtlinien: Belohnung und Strafe

Lernen durch Belohnung und Strafe

Belohnung und Strafe sind treibende Kräfte, die das Pferd dazu veranlassen, etwas zu tun oder zu lassen.

Um mit diesen disziplinarischen Maßnahmen das Pferd beeinflussen zu können, sollten Sie genau wissen, was das Pferd als Belohnung oder als Strafe empfindet. Hüten Sie sich davor, das Pferd in diesem Bereich zu vermenschlichen. Pferde, besonders hochblütige wie Araber oder Vollblüter, haben einen außerordentlich stark ausgeprägten »Gerechtigkeitssinn«. Sie akzeptieren eine Strafe ohne weiteres, wenn sie sie verstehen können und eine bestimmte »Ungehörigkeit« ihrerseits damit in Verbindung bringen. Wenn sie jedoch nicht wissen, warum sie gestraft wurden, reagieren sie im wahrsten Sinne des Wortes sauer und widersetzen sich.

Gerecht – freundlich – bestimmt – schnell – bewusst – konzentriert

Diese Begriffe umreißen das Wunschverhalten eines Ausbilders ziemlich genau.
Für den Bereich Belohnung und Strafe sind besonders die Begriffe gerecht, bestimmt und schnell von Bedeutung. Damit ein Pferd eine Strafe oder Belohnung direkt mit seinem Verhalten in Verbindung bringen kann, muss sie sofort erfolgen. Dazu müssen Sie bei der Arbeit mit dem Pferd schon den Ansatz eines erwünschten oder unerwünschten Verhaltens erkennen – und entsprechend reagieren.
Konzentrieren Sie sich auf das Pferd – und das Pferd wird sich auf Sie konzentrieren. Halbherzige Aktionen Ihrerseits wird es immer mit halber Aufmerksamkeit quittieren – am Boden und unter dem Sattel. Das Pferd muss sich bei der Arbeit immer von Ihnen beobachtet (und kontrolliert) fühlen – so wird es auch immer aufmerksam auf Ihre Signale achten. Umgekehrt entgeht Ihnen nichts im Verhalten des Pferdes, was sofortiges Lob bzw. sofortigen Tadel erfordern würde. Ein Longieren z. B., ohne das Pferd dabei sinnvoll zu beschäftigen, führt oft zu

D Das Pferd muss sich bei der Arbeit immer von Ihnen beobachtet (und kontrolliert) fühlen. Nur dann konzentriert es sich auch auf Sie und Ihre Signale.

Untugenden des Pferdes, weil es an der Longe tun und lassen kann, was ihm gefällt, ohne dass der Mensch ihm Feedback gibt.

Signale als digitales System: »Vielleicht« ist nicht vorgesehen

Die Kommunikation mit dem Pferd muss unmissverständlich und logisch sein. Wie beim Computer gibt es bei den Signalen des Menschen nur zwei »Zustände«, den »Ja«-Zustand oder den »Nein«-Zustand, niemals ein «Vielleicht«. Ein »Vielleicht« übersteigt das Verständnis des Pferdes und nimmt ihm das Vertrauen in die Entscheidungen des Reiters. Mit inkonsequenten »heute ja und morgen nein«-Signalen des Reiters werden dem Pferd Widersetzlichkeiten geradezu anerzogen. Stellen Sie sich einen Computer vor, der mit einem »Vielleicht« zuverlässig arbeiten soll … Das Chaos ist dann vorprogrammiert. Ein ähnliches Chaos richten Sie bei Ihrem Pferd an, wenn es nicht unterscheiden kann, wann es ja heißt und wann nein.

Korrigieren oder akzeptieren?

Es gibt gewisse Verhaltensweisen, die Sie einem Pferd nie durchgehen lassen sollten, denn sie zeigen eine grobe Missachtung Ihrer ranghohen Position. Lassen Sie sich nicht anrempeln, wenn Sie das Pferd führen; lassen Sie es auch nicht an Ihnen vorbeistürmen. Wehren Sie sich vehement, wenn es Ihnen unaufmerksam auf die Füße tritt, nach Ihnen schnappt oder gar mit dem Hinterbein droht. Solche Dinge zeigen deutlich mangelnden Respekt des Pferdes vor Ihnen – die Rangfolge ist nicht geklärt. Korrigieren Sie zum Beispiel auch Buckler aus Übermut. Das Pferd soll nicht denken, es könne sich unter dem Reiter ausbocken. Lassen Sie Ihr Pferd lieber ein paar Stunden auf die Koppel, da kann es seine überschüssige Kraft loswerden ohne Ihnen »ins Kreuz zu springen«.

Das Pferd als Persönlichkeit ernst nehmen

Es gibt andere Verhaltensweisen des Pferdes, die Sie nach eigenem Gutdünken als dessen

Eigenheiten akzeptieren können oder auch nicht. Entscheiden Sie dabei von Fall zu Fall, ob Sie eine bestimmte Verhaltenweise durchgehen lassen wollen oder nicht. Eine solche Verhaltensweise wäre z. B., dass es in der Box ungnädig die Ohren anlegt – viele Pferde betrachten die Box als Privatbereich und lassen sich dort nur ungern stören. Ich denke, man kann dies akzeptieren, solange das Pferd es bei dieser reinen Geste belässt und den Menschen nicht in aggressiverer Weise bedroht. Manche Pferde lassen sich nicht gern dauernd anfassen und streicheln – auch das sollten Sie akzeptieren. Ein Pferd ist prinzipiell kein »Schmusetier«, auch wenn sich viele so benehmen.

Jedes Pferd ist ein Individuum mit besonderen Eigenarten.

Wenn Sie auf »kleine Macken« des Pferdes eingehen, so wird es den Umgang mit Ihnen als angenehm empfinden. Versuchen Sie nicht, dem Pferd irgendwelche Empfindlichkeiten gewaltsam auszutreiben, denn damit verärgern Sie es unnötig und provozieren vermeidbare Reibereien, die das Verhältnis Mensch-Pferd schon vor der eigentlichen Arbeit belasten. Also »streiten« Sie sich nicht unnötig mit Ihrem Pferd.

Für das Pferd verständliche Belohnungen

Alles, was das Pferd als angenehm empfindet, ist Belohnung. Unterschiedliche »Belohnungssysteme« tragen dabei den unterschiedlichen Charakteren der Pferde Rechnung.

◆ Kleine Leckerbissen für erwünschtes Verhalten

Das Füttern des Pferdes zur Belohnung ist ein durchaus legitimes Hilfsmittel. Es birgt jedoch bei manchen Pferden die Gefahr, dass sie sehr aufdringlich werden. Verabreichen Sie Leckerbissen gezielt und nur für besondere Leistung. Lassen Sie das Pferd auf keinen Fall mit der Nase in Ihren Taschen nach Leckerlis stöbern. Es darf seine Belohnung nicht selbst einfordern. Wenn Sie mit Futter arbeiten, dann etablieren Sie gleichzeitig noch andere Formen des Lobes, so dass das Pferd nicht verunsichert wird, wenn es einmal nichts Essbares für eine richtig ausgeführte Lektion gibt.

Wenn Sie vom Sattel aus füttern, dann sollte das Pferd sein Leckerli auch kauen können. Ein enger Nasenriemen ist da äußerst hinderlich.

◆ Ruhepausen – Entspannung

Angemessen lange Ruhepausen sind eine sehr sinnvolle Belohnung. Nach einer schwierigen oder angstbesetzten Übung lassen Sie das Pferd einfach eine Weile ruhig stehen, damit es das Geschehene verarbeiten kann. Diese Pause gibt dem Pferd Gelegenheit, sich zu entspannen. Es gilt: Entspannung = Wohlbefinden = Belohnung. Wenn das Pferd eine Übung absolviert hat, vor der es große Angst hatte, so empfindet es nach dieser Lektion neben der Entspannung auch

45

Erleichterung ähnlich einem Menschen, der seine Angst vor einer bestimmten Situation überwunden hat. Etwas »trotzdem zu tun« steigert das Selbstwertgefühl – bei Menschen und Pferden gleichermaßen.

Das System »Spannung und Entspannung« funktioniert auf der körperlichen und auf der psychischen Ebene. Nervenanspannung findet das Pferd genauso unangenehm wie länger andauernde anstrengende körperliche Arbeit. Es wird deshalb ein berechtigtes Interesse daran haben, sich möglichst bald wieder zu entspannen. Die Dehnungshaltung, das Streckenlassen des Pferdes nach versammelnden Lektionen ist eine gute Belohnung auf der körperlichen Ebene. Das »In-Ruhe-Verarbeiten-Lassen« nach spannenden Übungen funktioniert besonders gut bei der Angstbewältigung (siehe auch Kapitel 4).

◆ **Sicherheit vermitteln**

Die Ruhe des Ausbilders in jeder Situation gibt dem Pferd das Gefühl, dass ihm nichts passieren kann. Hektisches Herumschreien oder unnötige, abrupte, fahrige Bewegungen verunsichern das Pferd genauso wie übertriebenes Tätscheln nach einer beendeten Übung. All diese Signale zeigen nämlich dem Pferd, dass die Situation seinem »Leittier« selbst nicht geheuer ist. Beschränken Sie sich während einer Übung auf die unbedingt nötigen Bewegungen und Signale, egal ob vom Boden oder vom Sattel aus, und versuchen Sie wirklich souverän zu bleiben. Sind Sie selbst unsicher und ängstlich, spürt das Pferd das in jeder Ihrer Bewegungen.

Belohnen Sie das Pferd nach einer erfolgreich beendeten Übung, wie schwer sie auch immer gewesen sein mag, indem Sie es ruhig stehen lassen – und sich dabei auch selbst ruhig verhalten.

◆ **Beruhigende Stimme**

Dieses Hilfsmittel ist sicher den meisten hinreichend bekannt. Pferde reagieren sehr empfindlich auf die Stimmlage, die die Emotionen des Sprechers transportiert. Leises Zureden mit tiefer Stimme und langgezogenen dunklen Lauten, wie O, U und A empfinden sie als angenehm und beruhigend.

Jedes Pferd hat spezielle Stellen, an denen es gern gekrault wird.

◆ **Arttypisches Verhalten imitieren**

Legen Sie dem Pferd den Arm über den Hals, so imitieren Sie das Verhalten einer Pferdemutter, die ihr Fohlen schützt. Sie geben dem Pferd ein Sicherheitsgefühl, wenn Sie diese Geste als Belohnung anwenden.

Weitere arttypische Liebkosungen sind: das »Anpusten« des Pferdes an den Hals oder in die Nüstern, das Imitieren der Fellpflege durch festeres Kraulen des Pferdes am Mähnenkamm in Widerristnähe oder das Kraulen hinter oder zwischen den Ohren.

◆ **Sensible Stellen suchen**

Jedes Pferd hat andere Stellen, an denen es besonders gern gestreichelt oder gekrault wird. Diese Stellen gilt es herauszufinden, um das Pferd durch eine Berührung dort zu belohnen. Andererseits haben manche Pferde eine ausgesprochene Abneigung dagegen, an bestimmten Punkten angefasst zu werden. Diese sollten Sie sich natürlich nicht gerade für eine als Belohnung gedachte Geste aussuchen.

Dem Pferd verständliche Strafen

Eine prompte, gerechtfertigte Strafe oder Belohnung festigt das Vertrauen des Pferdes in den Ausbilder, da sie ihm Orientierungsrichtlinien gibt. Bemühen Sie sich immer, mehr zu loben als zu strafen – aber auch eine härtere Strafe wird das Pferd hinnehmen, wenn sie nötig und richtig ist. Tritt eine bestimmte Widersetzlichkeit häufiger auf, korrigieren oder strafen Sie das Pferd nicht immer in gleicher Weise. Es wird sonst darauf warten und sich vorher schon verspannen oder versuchen, der Strafe zu entgehen. Weiß das Pferd nicht, was kommt, so kann es sich auch nicht darauf vorbereiten. Bestrafen Sie also das gleiche »Vergehen« zum Beispiel einmal durch einen Gertenschlag, das andere Mal mit einem Sporenstich, das nächste Mal durch Anschreien usw. Natürlich muss die Strafe dem Verhalten und dem Charakter des jeweiligen Pferdes angemessen sein – nicht zu heftig, jedoch so, dass das Pferd sie ernst nimmt.

◆ Die laute Stimme

Sensiblen Pferden reicht als Ermahnung das Erheben der Stimme und das Verwenden von kurzen, harten Lautfolgen, wie ein knappes »Nein« – oder in der Verstärkung ein Anschreien. Schreien Sie Ihr Pferd jedoch dauernd an, stumpft es ab. Es schottet sich gegen die dauernde »Lärmbelästigung« ab. Auch für die Stimmhilfen als Strafe gilt das Gebot der Minimierung: nur so viel und so laut wie unbedingt nötig.

Mit einem Leckerbissen den Kopf des Pferdes in die Entspannungshaltung bringen.

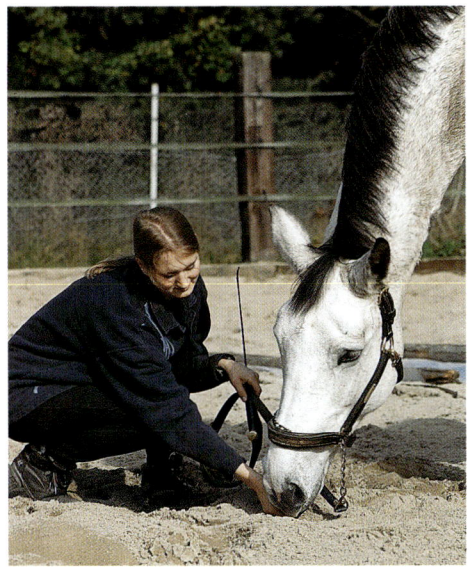

◆ Drohende Körpersprache

Eine drohende Haltung, vermehrtes Aufrichten, deutliche Gesten mit erhobenen Armen und eine gezielte Bewegungsrichtung strafen das Pferd zwar nicht direkt. Sie flößen ihm (besonders am Boden) jedoch Respekt ein.

◆ Klaps mit der Gerte, Sporenstich

Gerte und Peitsche können als Strafe eingesetzt werden. Tun Sie es jedoch nur selten, denn in erster Funktion sollen sie der Hilfengebung als verlängerter Arm des Menschen dienen. Hat das Pferd Angst vor diesen Hilfsmitteln, so wird es versuchen, vor ihnen davonzulaufen. Die Möglichkeit, sie gezielt als Hilfe einzusetzen, entfällt damit. Strafe mit Gerte oder Peitsche meint ein Anschnicken des Pferdes mit der Peitschenschnur bei der Boden- und Longen-arbeit oder einen kurzen, gezielten, festeren Schlag beim Reiten – auf keinen Fall aber ein Verprügeln des Pferdes.

Der Stich mit dem Sporn als Strafe bringt oft nicht allzuviel. Er bewirkt meist nur, dass sich das Pferd verspannt, einen Katzenbuckel macht und sich »abschottet«.

◆ Ruck am Halfter oder an gebissloser Zäumung

Strafe soll unangenehm sein. Zerren Sie dem Pferd am Kopf herum, so ist dies sicherlich unangenehm. Als Strafe bei der Bodenarbeit können kurze, harte Rucks auf die Nase bzw. das Genick des Pferdes dienen, wenn es zum Beispiel vorwärtsstürmen will. Auch beim Reiten mit gebisslosen Zäumungen ohne Hebelwirkung wie Bosal oder Sidepull kann ein solcher Ruck – am besten seitwärts ausgeführt – sinnvoll sein. Gehen Sie sparsam mit diesem Strafinstrument um. Rucken Sie nicht dauernd am Kopf des Pferdes herum, denn es stumpft auf Dauer bei diesem Signal ab. Auf keinen Fall darf das Rucken in dauerndes Ziehen ausarten, denn dabei veranstalten Sie schnell ein Tauziehen mit dem Pferd, das Sie aufgrund Ihrer geringeren Körperkräfte nur verlieren können.

◆ Artspezifische Strafen imitieren

Wenn Sie eine Pferdeherde betrachten und sehen, wie ein ranghohes Tier das rangniedere in seine Schranken verweist, manchmal auch scheinbar grundlos »schikaniert«, so können Sie sich bedenkenlos einiges davon abschauen. Ein Huftritt ist leicht durch einen Fußtritt zu imitieren – ein Biss durch ein Knuffen mit dem Ellbogen. Dem Laien werden solche Strafen immer recht roh vorkommen. Das Pferd jedoch kann sie gut verstehen und akzeptieren, entlehnt man sie doch direkt aus der Herdenkommunikation. Wie alle anderen Strafen sollten Sie sie selten anwenden.

Rechtzeitig handeln

Eine leichte Strafe zur rechten Zeit verhindert, dass das Pferd Ihnen aus der Kontrolle gerät. Sie zeigt dem Pferd seine Grenzen auf. Versäumen Sie, das Pferd rechtzeitig zu »ermahnen«, so brauchen Sie später sehr viele härtere Maßnahmen, um es unter Kontrolle zu halten. Ein Pferd, welches Sie nicht kontrollieren können, wird jedoch zu einer Gefahr. Nun sind die meisten Pferde sehr gutmütig und verzeihen viele Erziehungsfehler des Menschen. Pferde mit sehr starker Persönlichkeit werden durch erst nachlässiges und später gezwungenermaßen zu hartes Verhalten des Reiters jedoch manchmal zu dem, was man landläufig »Verbrecher« nennt. Sie fühlen sich als der Ranghöhere in der Mensch-Pferd-Beziehung, weil ihnen nicht sofort Grenzen gesetzt wurden, und sie kämpfen um diesen Rang.

Nicht ärgern lassen

Eine richtige Strafe soll immer frei von Emotionen erteilt werden. Wenn Sie sich über das Pferd ärgern und es aus dem Ärger heraus strafen, wird die Strafe immer zu hart und damit ungerecht ausfallen. Es ist natürlich manchmal schwierig, sich vom Pferd nicht ärgern zu lassen. Genau dies zeichnet jedoch einen guten Ausbilder aus – das schnelle Erkennen eines Ungehorsams und die sofortige, adäquate Reaktion darauf, jedoch ohne sich darüber aufzuregen. Eine gewisse lächelnde Nachsicht mit dem »Schüler« Pferd ist die beste Grundhaltung, um für das Pferd verständlich und gerecht zu reagieren. Wer sich selbst nicht unter

Ein strafender Ruck am Halfter …

Kontrolle hat, ist nicht in der psychischen Verfassung, Pferde vernünftig erziehen zu können.

Ablenken oder ignorieren

Manchmal ist es sinnvoller, das Pferd abzulenken statt zu strafen. Dann nämlich, wenn Sie nicht sicher sind, ob Sie mit der Strafe etwas erreichen. Und dann, wenn Sie nicht sicher sind, ob Sie mit der Reaktion des Pferdes auf Ihre Strafe umgehen können. Es macht keinen Sinn, wenn das Pferd Sie herunterbockt, weil Sie ihm eins übergezogen haben. Was es einmal geschafft hat, wird es wieder versuchen – dann stehen Sie vor einem dauerhaften Problem. Ab und zu sollten Sie auch einen Patzer einfach ignorieren. Es gibt Dinge, die erledigen sich von selbst, wenn an anderer Stelle eine Verbesserung eintritt.

Gut Freund …

Sie können dem Pferd eine notwendige Strafe »versüßen«, wenn Sie ihm nach der Strafe eine kleine Nachdenkpause gönnen und ihm kurz nach der Pause einen Leckerbissen geben. Nach dem Motto: »Das darfst du nicht – aber ich bin trotzdem dein Freund.« Dieses Verfahren ist jedoch umstritten – es kann sinnvoll bei Pferden sein, die sich leicht verärgern lassen und die man nach einer Strafe wieder kooperativ stimmen muss, um die Arbeit fortzusetzen. Die »Nachdenkpause« sollte jedoch immer lang genug sein, damit das Pferd die begründete Strafe deutlich vom Leckerbissen trennen kann.

Reflexhandlungen – abrufbare Leitbilder

Es gibt Situationen, in denen Ihnen kaum Zeit bleibt, eine adäquate Strafe oder auch eine Korrekturmethode bewusst zu wählen. Sie werden unter Umständen hin und wieder aus einem Reflex heraus strafen oder korrigieren. Eine solche »Reflexkorrektur« kann durchaus richtig sein, wenn der richtige Reflex »antrainiert« wurde, denn sie kommt wirklich prompt.

Bedingte (antrainierte) Reflexe oder auch abrufbare »Leitbilder« können durch eigene Erfahrungen entstehen oder aber auch durch Beobachten und Analysieren des Verhaltens von anderen Reitern. Die Reaktionen des Pferdes auf die meisten kombinierten Hilfen sind im Prinzip auch antrainierte Reflexe.

Überlegen Sie in einer ruhigen Minute, wie Sie in bestimmten Situationen reagieren würden, welche Reaktion sinnvoll und richtig wäre und ob sich beides deckt. Versuchen Sie ein »Gedankenbild« von der richtigen Reaktion zu erzeugen und ordnen Sie es einem potenziellen Verhalten des Pferdes zu.

Eine von Wut und Schmerz gesteuerte Strafe, weil das Pferd Ihnen zum Beispiel gerade auf dem Fuß gestanden oder Sie heruntergebockt

hat, ist selten angemessen. Richtig wäre, sich diese Situation vorzustellen und daraus ein abrufbares Leitbild für die eigene richtige Reaktion zu entwickeln. Dies könnte in der langen, verbalen Form am Boden etwa so aussehen: Das Pferd tritt mir auf den Fuß – es verletzt damit meinen persönlichen Bereich. Ein ranghöheres Pferd würde ihm dafür einen Huftritt verpassen. Ich als Mensch kann ihm daher einen Tritt in die Rippen geben. Speichern Sie diesen Gedankengang als »Image«, so können Sie ihn als antrainierten Reflex sehr schnell abrufen – auch, wenn Ihnen bis zu diesem Zeitpunkt noch kein Pferd auf dem Fuß gestanden hat.

Unter dem Sattel könnte ein solcher antrainierter Reflex in der Langform etwa so aussehen: Das Pferd drängelt aus dem Zirkel heraus (siehe auch Kapitel 5) Ich stelle es in die Richtung, in die es drängelt (nach außen bezogen auf die Zirkellinie), nehme mein Gewicht deutlich in Richtung Zirkelmittelpunkt (jedoch auf die nun äußere, gedehnte Seite des Pferdes) und schaue in die Richtung, in die ich reiten will, nämlich auf die Zirkellinie. Der äußere Zügel (der auf der gedehnten Seite des Pferdes) steht an. Dieser Zügel plus der innere Schenkel (auf der hohlen Seite des Pferdes) plus das nach außen (in Bezug auf die Biegung des Pferdes) verlagerte Gewicht des Reiters halten das Pferd in Konterstellung auf der Zirkellinie. Das klingt in der Langform ganz schön verwirrend, nicht wahr? Ist aber halb so schlimm. Die bildhafte Reflexform der Korrektur lautet einfach: Alle Hilfen außer Gewichtsverlagerung und Blickrichtung umkehren. (Der innere Schenkel wird zum äußeren, der innere, stellende Zügel zum äußeren und das Pferd wird gegenläufig gestellt.)

Stimmungsprüfung vor der Arbeit

Manchmal ist es angebracht, die Laune seines Pferdes auszuloten, bevor man sich draufsetzt. Besonders bei jungen oder problematischen Pferden ist es sinnvoll, nicht zu reiten, wenn man explosive Reaktionen befürchten muss. In solchen Fällen bietet zum Beispiel Boden- und Longenarbeit eine sinnvolle Alternative.

G»Gute« Strafen erfolgen sofort, sind gerecht, dem »Vergehen« des Pferdes angemessen und frei von Emotionen.

Oft genug zeigen die Pferde schon beim Putzen, wie sie aufgelegt sind. Zappelt ein an sich gut erzogenes Pferd beim Putzen hektisch herum, so können Sie davon ausgehen, dass es an diesem Tag auch unter dem Reiter nicht besonders ausgeglichen sein wird. Wollen Sie ernsthaft und konzentriert arbeiten, werden Sie an einem solchen Tag nicht viel Erfolg haben.

Auch die Berührung mit einer Gerte kann zur »Stimmungsprüfung« am Anfang der Arbeit eingesetzt werden. Streichen Sie dem Pferd über Hals und Rücken hinunter bis zum Sprunggelenk, um es dazu zu bringen, seine Hinterbeine vorzusetzen. Reagiert das Pferd sehr stark auf dieses »Schließen«, so wird es bei der folgenden Arbeit meist sehr fleißig – womöglich zu eilig – sein. Reagiert es nicht, so ist es eher faul und muss aufgeweckt werden.

Lehren und Lernen

Kontaktfähigkeit –
emotionale Beteiligung – Distanz

Ein Ausbilder muss fähig sein, seinem Schüler das notwendige Wissen »schmackhaft« zu machen. Das gilt für den Reiter, der ein Pferd ausbildet, ebenso wie für den Reitlehrer, der Unterricht gibt. Für beides braucht der Lehrende natürlich erstens selbst ein fundiertes Wissen; er muss wichtige Zusammenhänge kennen und diese auch vermitteln können. Zudem braucht er »Kontaktfähigkeit« sowohl psychischer als auch körperlicher Natur. Er muss auf Signale der Schüler (egal ob Pferd oder Reitschüler reagieren) und seinen Unterricht, seinen Lernstoff an die jeweiligen Erfordernisse anpassen.

Der gute Ausbilder muss emotional beteiligt sein, darf sich jedoch nicht zu irgendwelchen Ausbrüchen oder Sentimentalitäten hinreißen lassen. Das heißt: Die Liebe zum Pferd muss sein, darf sich jedoch nicht in »Vermenschlichung« und in zu nachsichtiger, das heißt lascher Erziehung des Pferdes äußern. Für den Reitlehrer gehört auch eine gewisse »Menschenliebe« dazu. Wer jeden Reitschüler nur als Last für das Pferd sieht, der hat als Reitlehrer den Beruf verfehlt. Die Hauptsorge sollte natürlich immer dem Wohlergehen der Pferde gelten. Doch um das Los der Pferde langfristig zu verbessern, muss man den Reitschülern das notwendige Wissen und Können vermitteln – in einer Form, die sie auch verstehen und annehmen können. Also mit Verständnis für ihre Ängste, mit Einfühlungsvermögen und ohne militärischen Drill.

Trotz der oben geforderten emotionalen Anteilnahme sollte der Ausbilder immer eine gewisse Distanz zu Reitschülern und Pferden wahren. Diese Distanz zum Schüler ist notwendig für die korrekte Einschätzung von dessen Leistungen. Zu viel Liebe macht blind – und Fehler werden nicht mehr erkannt oder »schön geredet«.

Reaktionsvermögen

Pferde reagieren von Natur aus schneller als der Mensch. Der Reiter muss deswegen sein Reaktionsvermögen verbessern. Antrainierte Reflexe sind bildhafte Reaktionsmuster, die schnell abgerufen werden können. Sie ermöglichen eine Reaktion des Reiters, bevor es zu spät ist.

Lehrmethoden für Reiter und Pferde

Lehrmethoden dürfen nicht zu stark vereinfachen, denn so simpel ist das mit dem Reiten nicht. Es gibt keine »allgemeingültige Wahrheit« für jeden Reiter und jedes Pferd. Weisungen dürfen aber auch nicht von Anfang an zu kompliziert sein, weil sonst dem Anfänger der Überblick über die wichtigsten Grundsätze verlorengeht.

Für den fortgeschrittenen Reiter gibt es noch genug Anweisungen und Richtlinien, die auf den ersten Blick paradox erscheinen. Sie sollten sich aber mit etwas Überlegung auf die einfachen Grundsätze zurückführen und dort ohne

Wiedersprüche einpassen lassen. Andernfalls müssen sie verworfen werden, weil sie keine logische Berechtigung haben.

Am Anfang gilt jedoch sowohl für den Schüler Pferd wie auch für den Schüler Mensch: Keine Überfütterung mit Lerninhalten. Der Lerninhalt muss in mundgerechten Bissen aufbereitet sein und in sinnvoller Reihenfolge vermittelt werden. Kleine Erfolgserlebnisse jeden Tag sind sehr viel motivierender als ewiger Frust, weil das Tages- oder Wochenziel zu hoch gesteckt wurde und es immer noch nicht klappt. Verstandene, verinnerlichte kleine Fortschritte sind besser als schnelle, schlecht vorbereitete Ergebnisse, bei denen man nicht so genau weiß, wie sie eigentlich zustande kamen. Ein gutes Lernergebnis muss jederzeit wiederholbar, abrufbar sein – beim Pferd und beim Reiter.

Ins Konzept der leicht verdaulichen Stückchen gehört auch, einen ungeduldigen Reiter zu mäßigen und ihm keinen Galopp zu gestatten, wenn er sein Pferd im Trab schon nicht sauber steuern kann. Das Gleiche gilt für übereifrige Pferde: Wenn das Pferd den Hilfen vorgreifen will, müssen Lektionen, bei denen das passiert, eine Weile ausgesetzt werden, um wieder Ruhe ins Pferd zu bringen.

Lernerfolg durch gute Informationsverarbeitung

Informationen sind visuelle Eindrücke, ge-fühls-mäßige Erfahrungen und verbale Erklärun-gen eines Reitlehrers. Die Verarbeitung der vielschichtigen Infos läuft über den Verstand und das Gefühl ab. Beide Verarbeitungslinien müssen mit der Zeit zum gleichen Ergebnis kommen, einer pferdegerechten und effektiven Hilfengebung. Nun ist es leider so, dass beim Anfänger diese beiden Verarbeitungslinien nicht so schnell in Übereinstimmung gebracht werden können. Ängste, Missverständnisse und schlechte Gewohnheiten blockieren den Lernerfolg.

Die prozentuale Beteiligung der einzelnen Lernparameter ist zudem bei jedem Reiter etwas anders ausgeprägt. Der eine lernt gut und schnell auf der gefühlsmäßigen Ebene – aus dem Bauch heraus –, der andere muss erst genau verstanden haben, wie und warum etwas funktioniert, bevor er es umsetzen kann. Für beide Lerntypen muss der Lehrer Aha-Erlebnisse schaffen. Dieser »Blick ins gelobte Land«, wenn ein Signal erstmals als richtig, effektiv und harmonisch erkannt wurde, ist der stärkste Lernanreiz überhaupt. Aus solchen Aha-Erlebnissen kann ein »Bewegungsgedächtnis« entwickelt werden. Das Gefühl für die richtige Hilfenkombination und -intensität kann schließlich gespeichert und abgerufen werden.

Ein guter Ausbilder muss mit Menschen und Pferden umgehen können.

Oft muss dabei aber gegen alte Gewohnheiten gekämpft werden, die sehr schwer zu ändern sind. Bei eingefahrenen (Haltungs-)Fehlern fühlt sich eine berichtigte Bewegung oft falsch an, da ungewohnt. Der alte »Bewegungsspeicher« muss erst gelöscht werden, dann kann der Reiter »umprogrammiert« werden – was jedoch oft länger dauert als neu zu lernen (siehe auch Kapitel 5).

Aufnahmefähigkeit, Korrektur und Selbstkorrektur

Ein guter Ausbilder weiß, wann die Aufnahmefähigkeit seiner Schüler (ob Pferd oder Mensch) erschöpft ist. Folgende Richtwerte können einen Anhaltspunkt geben, wann es genug ist.

◆ In der Dressurausbildung kann der Reiter etwa zwei bis vier Informationen gleichzeitig verarbeiten, beim Springen oft nur noch eine. Anfänger können natürlich deutlich weniger aufnehmen als Fortgeschrittene. Das bedeutet für den Unterricht eine sinnvolle Staffelung und das Setzen von Prioritäten (siehe auch Kap. 2).

◆ Das Gleiche gilt fürs Pferd. Junge Pferde haben genug damit zu tun, sich unter dem Reiter auszubalancieren. Deswegen darf man sie nicht mit zu vielen Forderungen überfallen. Bei älteren Pferden sollte nach dem Lösen immer nur ein Schwerpunkt gesetzt werden, was neue Lektionen angeht. Fragen Sie immer mal wieder eine »Lieblingslektion« ab. Das schafft kleine Erfolgserlebnisse zwischendurch. Ein guter Ausbilder weiß auch, wieviel Eigenverantwortung er vom Reitschüler erwarten kann. Die Fähigkeit zum selbstständigen Reiten und zur Selbstkorrektur ist abhängig vom Ausbildungs- und Wissensstand des Reitschülers. Viele weit fortgeschrittene Schüler holen sich vom Lehrer (und auch von anderen Reitern) nur noch Impulse und setzen sie selbstständig um. Dazu ist es wichtig, dass das Hilfen-System verstanden wurde und die neuen Impulse ohne Widersprüche in das bestehende System eingepasst werden. Ein Anfänger jedoch braucht Full-Time-Betreuung, damit sich keine schwer zu korrigierenden Fehler einschleifen.

Tricks: Überdeutliche Stellung kann bei Pferden nützlich sein, die gegen den Schenkel gehen.

Die Verständigung mit dem Pferd

Werkzeugkiste und Trickkiste

Die harmonische Verständigung mit dem Pferd hat zwei Hauptkomponenten – eine physische und eine psychologische.

Der körperliche Aspekt ist im vorigen Kapitel ausführlich erläutert worden. Die physischen Gegebenheiten, vor allem die Schwächen von Pferd und Reiter, müssen dem Ausbilder immer gegenwärtig sein, damit er keinen »anatomischen Unfug« macht, keinen gesundheitlichen Schaden anrichtet. Der Körper des Reiters ist dabei die »Werkzeugkiste«, mit der er arbeitet. Der psychologische Aspekt der Verständigung arbeitet mit der »Trickkiste«. Für die Benutzung der Trickkiste braucht der Reiter »Köpfchen« und Know-How. Er muss folgerichtig (logisch) denken können. Und er muss Verhaltensmuster der Pferde im Allgemeinen und Eigenschaften seines Pferdes im Speziellen kennen. Mit einer gut überlegten, sinnvollen Staffelung von Lektionen und Übungen sowie dem Ausnutzen von natürlichen Verhaltensmustern erleichtert er sich die Arbeit und motiviert das Pferd zur Mitarbeit.

Zudem kann er viele äußere Hilfsmittel in seine Arbeit einbeziehen, die dem Pferd Ausweichmanöver erschweren. Eingezäunte Longierzirkel oder die Bande der Reitbahn gehören dazu. Bei problematischen, korrekturbedürftigen Pferden ist es oft schwierig, die Hilfen zu minimieren. Bei ihnen kann man sich mit ein paar

Harmonie

Harmonie zwischen Reiter und Pferd hängt maßgeblich vom logischen Zusammenwirken aller Signale und Hilfsmittel ab.

Tricks helfen, um »durchzukommen«, ohne sich auf einen Kampf oder unschönes Gezerre einzulassen. Die Bande leistet dabei unschätzbare Dienste. Will ein Pferd nicht anhalten und ignoriert Paraden, so kann man es einfach gegen die Bande laufen lassen – vor der Wand wird es schon stehen bleiben. (Es gibt allerdings auch »Spezialisten«, die sich mit einem gekonnten RollBack umdrehen und losdüsen).

Rennt ein Pferd davon, so wird es gebogen gearbeitet. Sie können es auch nach außen, schräg gegen die Bande stellen. Das verschafft Ihnen eine imaginäre Begrenzung nach vorn.

Buckelt ein Pferd gern seine überschüssige Kraft aus, so soll es dies gefälligst an der Longe oder frei im Roundpen tun – das spart Nerven, schont Ihre Bandscheiben und das Maul des Pferdes. Will das Pferd einen Schenkeldruck nicht annehmen, so können Sie es extrem nach der Seite stellen und biegen, auf der es gegen den Schenkel geht. Es weicht dann auf jeden Fall nach der anderen Seite aus.

Das Ganze ist mehr als die Summe seiner Teile

Harmonie zwischen Reiter und Pferd hängt maßgeblich vom Zusammenwirken aller Hilfen und Hilfsmittel ab. In der Auswahl der in der aktuellen Situation richtigen Hilfenkombination aus der Vielzahl aller Einwirkungsmöglichkeiten des Reiters liegt eine Hauptschwierigkeit. Dazu bedarf es einer realistischen Einschätzung der betreffenden Situation und des Ausbildungsstandes, in dem sich Reiter und Pferd gerade befinden. »Einzelne Hilfen«, wie ein einzelner Schenkeldruck, dem das Pferd weicht, oder eine Gewichtsverlagerung, der es folgt, sind in ihrer direkten Teilwirkung noch recht leicht einzuordnen. Die »einzelne Hilfe« gibt es jedoch fast nie. Hilfen wirken nicht isoliert, sondern immer im Kontext: Äußere Situation, Pferdeverhalten, Timing, Lektion und natürlich die anderen Hilfen, die zeitgleich gegeben werden, spielen eine Rolle. Der Reiter muss zur richtigen Zeit die richtige Hilfenkombination auswählen. Ist das Pferd aufmerksam und willig, wird es auf die richtige Kombination in gewünschter Weise reagieren. Eine ganze Liste von Voraussetzungen muss jedoch dafür erfüllt sein (siehe unten).

Keine Kraftverschwendung und keine halbherzigen Aktionen

Die Koordination aller Parameter ist eine diffizile Angelegenheit und lässt sich nicht von Heute auf Morgen erlernen. Oft müssen

Voraussetzungen für die richtige Reaktion des Pferdes

Das Pferd

- muss ausreichend gymnastiziert sein, um die Forderung des Reiters körperlich erfüllen zu können.
- Es muss die Forderung verstehen können.
- Es muss den Reiter als ranghöher respektieren und ihm vertrauen.
- Es darf weder Angst noch Schmerzen haben und soll seine volle Aufmerksamkeit auf den Reiter richten.

Der Reiter

- muss in allen Gangarten ausbalanciert sitzen und seine einzelnen Körperteile unabhängig voneinander bewegen können.
- Er muss die Intensität und vor allem die zeitliche Reihenfolge einzelner Teil-Hilfen steuern können. Seine Körpersprache und seine Hilfen müssen deutlich und unmissverständlich sein.
- Er darf keine widersprüchlichen Signale geben und muss darauf achten, nicht ein Signal mit einem anderen zu neutralisieren.
- Er muss locker genug sitzen, um Aktionen und Reaktionen des Pferdes (wie Spannungen oder einen beginnenden Widerstand) erfühlen zu können.
- Er darf sich nicht bei einer Hilfe verspannen.
- Und er muss schnell genug reagieren, um einer Absicht des Pferdes nötigenfalls zuvorkommen zu können.

Teilbereiche erarbeitet werden, die dann wieder auf eine höhere Ebene führen.

Die Ausbildung von Pferd und Reiter verläuft idealerweise in einer Aufwärtsspirale – auf ein immer höheres, harmonischeres Niveau. Beider Lernfortschritte verlaufen jedoch nicht geradlinig und gleichmäßig – es gibt Vorwärts-Sprünge und Rückfälle. Vielleicht stimmen Timing oder Intensität der Hilfen nicht. Ihre treibenden Hilfen sind zu schwach, die verhaltenden zu stark. Ein Signal kommt zu spät oder zu früh. Das Pferd versteht Sie nicht oder, oder, oder, ... Wenn allerdings alle Parameter stimmen, muss die Hilfengebung mit minimaler Krafteinwirkung möglich sein.

Hilfen müssen Sie nur dann geben, wenn Sie eine Veränderung bei dem wünschen, was das Pferd gerade tut. Die Intensität der Hilfen richtet sich nach der Maxime: So stark und so oft wie nötig – so wenig und so unsichtbar wie möglich. Wenden Sie nur so viel Kraft auf wie nötig ist, um eine Reaktion zu bekommen, und keinesfalls auch nur ein bisschen mehr. Nach erfolgter Reaktion hört jede Hilfengebung sofort auf. Mit dem Aussetzen der Hilfen bestätigen Sie dem Pferd die Richtigkeit seiner Reaktion und belohnen es durch »in Ruhe lassen«.

Junge oder steife Pferde müssen allerdings zuerst mit häufigeren und sichtbareren, »groberen« Hilfen geritten werden. Die Basis muss stimmen, auf der man aufbauen kann. Erst mit fortschreitender Ausbildung kommen Minimierung der Hilfen und Feinabstimmung.

Bei der Grundlagenarbeit gilt: Lieber einmal richtig und deutlich »zulangen« als mehrmals zaghaft »bitten«. Nerven Sie das Pferd nicht mit halbherzigen Signalen. Fordern Sie deutlich und erwarten Sie eine adäquate Reaktion vom Pferd. Kommt die nicht, so darfs auch mal richtig knallen. Jedoch nur dann, wenn Sie sicher sind, dass das Pferd sie verstanden hat und in gewünschter Form reagieren kann.

Reflexe – Chance und Risiko

Das Pferd ist ein Fluchttier und besitzt extrem schnelle Reflexe. Diese Reflexe des Pferdes stel-

Auf den seitwärts führenden Zügel reagieren die meisten Pferde von Anfang an.

len ein Problem für viele Reiter dar – ein fixes seitliches Wegspringen oder auch ein erschreckter Satz nach vorn bringen so manchen in »Wohnungsnot«. Doch genau diese Reflexe sind von unschätzbarem Wert bei der Ausbildung und Hilfengebung. Reflexhandlungen können nämlich sowohl ab- als auch antrainiert werden. Die Reaktion auf eine signalhafte, feine Hilfe ist im Prinzip ein Reflex, der dem Pferd antrainiert wurde. Die verschiedenen Hilfen selbst und ihre Kombinationen sind in ihrer Vollendung als »Kürzel« Reflexe, die dem Reiter antrainiert wurden. Korrekturen sowohl beim Reiter als auch beim Pferd sind deswegen schwerer und langwieriger als ein Neuanfang, weil ein alter Reflex »gelöscht« muss, bevor ein neuer etabliert werden kann. Dummerweise sind alte Verhaltensmuster ziemlich »anhänglich«. Wie man falsche Reflexe loswerden und richtige etablieren kann, wird in Kapitel 5 noch genauer erläutert.

Verständnis der Hilfen: Angelernte und natürliche Reaktionen

Jede Hilfe ist ein Signal, auf die das Pferd in einer Weise reagieren soll, die Sie als Reiter als erwünscht und »richtig« definiert haben.

Jede Reaktion, die Sie dem Pferd beibringen müssen, damit es in gewünschter Form agiert, ist eine angelernte Hilfe oder auch ein antrainierter Reflex. Es gibt allerdings einige Signale, die das Pferd von Natur aus versteht: Die Reaktion auf eine Gewichtsverlagerung des Reiters (siehe Kapitel 2) gehört dazu und die Reaktion auf den seitwärts wirkenden Zügel. Da das Pferd seine Balance unter dem Reiter erhalten will, folgt es der Gewichtsverlagerung des Reiters nach vorn, hinten oder zur Seite. Dem Zug eines direkt seitwärts wirkenden Zügels wird es durch seitliches Stellen von Hals und Kopf und schließlich durch Abwenden zur Seite nachgeben. Für einen – fälschlich – rückwärts wirkenden Zügel gilt jedoch der Grundsatz »Druck erzeugt Gegendruck« (siehe dort).

Alle anderen Hilfen, vor allem den Schenkeldruck an den verschiedenen »Druckpunkten«, die Reaktion auf den kontrollierenden äußeren Zügel, das Verstehen von Hilfenkombinationen für die Biegung und für die Versammlung muss das Pferd erst lernen. Beim Antrainieren der nicht von Natur aus verständlichen Hilfen unterscheiden sich die Methoden. Und hier scheiden sich auch die guten Lehrer von den schlechteren. Insbesondere im effektiven Zusammenspiel verschiedener Hilfen und in deren Dosierung für bestimmte Übungen,in der Reihenfolge der Lerninhalte und der dafür notwendigen Zeit liegen die Diskussionspunkte.

Das korrekte Zusammenwirken der Hilfen erfordert Fingerspitzengefühl, eine nicht zu hohe Grundspannung im Sitz des Reiters und eine gute Koordinationsfähigkeit. Auf einem problematischen, das heißt steifen oder unwilligen Pferd sind diese Fähigkeiten noch viel mehr erforderlich um »durchzukommen«. Reiter, die Probleme mit der Koordination haben und nicht völlig ausbalanciert und zügelunabhängig sitzen, sind deswegen auch nicht in der Lage, bestimmte Probleme vom Sattel aus zu bewältigen (vom Boden aus jedoch unter Umständen schon).

Die Reihenfolge der Lerninhalte für das Pferd ist ein weiterer, oft unterschiedlich gehandhabter Punkt. Der eine galoppiert ein junges Pferd, sobald es sich im Trab halbwegs mit dem Reitergewicht arrangiert hat, der andere wartet damit, bis alle Seitengänge im Trab sitzen. Logisch richtig ist das zweite Konzept, auch wenn das erste durchaus funktionieren kann.

Deutliche Signale durch temporäre Zusatzhilfen

Manches »gestörte Verhältnis« zwischen Reiter und Pferd entsteht durch Inkonsequenz und undeutliche Hilfengebung. Viele Signalkombinationen in der Hilfengebung liegen dicht beieinander. So können zum Beispiel Sitz und Einwirkung des Reiters beim Travers im Trab und beim Angaloppieren fast identisch sein. Ein gut auf die Hilfen des Reiters eingestimmtes Pferd kann aus dem Kontext der Arbeit unterscheiden, was der Reiter in diesem speziellen Augenblick von ihm will.

Bei jungen Pferden oder Korrekturpferden müssen Sie jedoch Hilfen oft überdeutlich geben und auch sehr klar gegeneinander abgrenzen um keine Missverständnisse zu provozieren. Ein zusätzliches Signal, welches kurzfristig die Unterscheidung zwischen ähnlichen Hilfenkombinationen klarer macht, ist oft hilfreich. Häufig wird dies eine Stimmhilfe – ein bestimmtes Wort oder ein Zungenschnalzen – sein. Es kann auch ein Anlegen der Gerte oder des Schenkels noch weiter hinten oder vorn als normal sein. Wenn das Pferd eine Signalkombination verstanden hat kann man diese »weit ausholenden« Hilfen wieder reduzieren (minimieren).

Auch bei der fortgeschrittenen Bodenarbeit (Trail, Arbeit am langen Zügel) sollte man sich

Minimierung der Hilfen

In der Grundlagenarbeit müssen Pferd und Reiter ein breites Hilfenrepertoire lernen. Die Minimierung der Hilfen zu Kürzeln ist die Folge einer guten Basisarbeit.

Das gut ausgebildete Pferd reagiert schließlich auf den Gedanken des Reiters, der sich in der Körpersprache manifestiert.

55

für jede Lektion ein anderes verbales Kommando ausdenken, das man zusätzlich zur Körpersprache benutzt. Doppelbedeutungen, bei denen das Pferd im Unklaren über die Forderungen des Menschen bleibt, können so ausgeschlossen werden.

Manchmal müssen Sie alte Hilfen auch modifizieren, damit sie nicht mit neueren Signalen in Konflikt geraten.

Hilfen modifizieren

Zum Thema Doppelbedeutungen und Deutlichkeit folgende Geschichte: Die Hilfen zum Rückwärtsrichten können auf verschiedene Weise gegeben werden. Ich habe immer folgende Version bevorzugt: Gewichtsverlagerung nach hinten, Schenkeldruck etwas hinter dem Gurt und Anheben der Hand mit leichtem Druckaufbau im Maul bzw. auf der Nase. Das funktionierte mit meinem Knabstrupper-Wallach auch so lange gut bis ich anfing, ihm den spanischen Schritt beizubringen. Meine Hilfengebung dafür sah folgendermaßen aus: Verlangsamung des Tempos und Taktes im Schritt, deutliches Vorschieben des Gesäßknochens mit dem gleichseitigen Hinterbein und wechselseitiges Annehmen des Zügels mit höherer Hand auf der Seite, auf der er das Vorderbein heben und strecken sollte.

Da dem Pferd der spanische Schritt mehr Spaß machte als das Rückwärtsrichten, hatte ich bald das Problem, dass es jedesmal den spanischen Schritt anbot, wenn ich im Halten die Hände anhob, den Druck am Zügel verstärkte und mehr Gewicht in den Sattel brachte. Um unnötigen Streit zu vermeiden, modifizierte ich deswegen meine Hilfen für das Rückwärtsrichten, um dieses deutlicher von den Hilfen für den spanischen Schritt abzugrenzen; Ich nahm mein Gewicht leicht aus dem Sattel statt mehr Druck auf den Pferderücken auszuüben und ließ alles andere beim Alten. Seitdem sind die Missverständnisse beseitigt.

Geheimsprache

Prinzipiell kann jeder Reiter mit seinem Pferd eine eigene Sprache entwickeln – das heißt ihm ein besonderes Verständigungssystem antrainieren. Das wird jedoch dann problematisch, wenn Ihr Pferd auch von anderen geritten wird. Jeder andere Reiter braucht dann eine Art »Bedienungsanleitung« für manche Lektionen.

Wenn Sie zum Beispiel Ihrem Pferd beibringen anzuhalten, sobald Sie Gewicht aus dem Sattel nehmen, dann ist das in Ordnung. Wenn Sie es das Gegenteil lehren, nämlich anzuhalten, wenn Sie mehr Gewicht in den Sattel bringen und dabei mit dem Schenkel treiben, ist das genauso in Ordnung. Sie müssen nur alle anderen Signale und Hilfenkombinationen in ein dazu passendes logisches System eingliedern. Natürlich ist jedes System nur so weit brauchbar, wie es Ihnen ermöglicht, das Pferd über den Rücken zu reiten, seine Hinterhand zu aktivieren und es sicher zu kontrollieren.

Motivation und Hilfengebung

Sie können Ihr Pferd nur zur Mitarbeit zu motivieren, wenn Sie seine Beweggründe kennen, etwas zu tun oder zu lassen. Mit roher Gewalt erzwingen Sie nie die Mitarbeit des Pferdes, wohl aber mit psychologischem Einfühlungsvermögen. Die lernpsychologisch sinnvolle Frage, die wir uns stellen müssen, lautet: Wie kann ich dem Pferd suggerieren, dass alles, was ich von ihm will, letztendlich seine eigene freie Entscheidung zwischen verschiedenen Alterna-

Natürliche Reaktionen:

- Auf die Gewichtsverlagerung,
- den seitwärts führenden Zügel,
- auf die Stimmlage.

Angelernte Reaktionen:

- Auf Schenkeldruck,
- auf den äußeren Kontrollzügel,
- auf alle Hilfenkombinationen,
- auf verbale Kommandos.

tiven ist. Wir helfen ihm als Ausbilder nur die »richtige« Entscheidung zu treffen.

Besondere Leistungen des Pferdes – egal, in welcher Sparte der Reiterei – sind nur möglich, wenn das Pferd von sich aus dazu bereit ist. Zwang oder Schmerz ringen dem Pferd allenfalls eine widerwillige Leistung ab und führen bei vielen Pferden eher zu Widersetzlichkeiten als zur Kooperation. Ein Pferd, welches schon Probleme bereitet, mit noch mehr Zwang und Druck von seinem unerwünschten Verhalten abzubringen, ist kaum möglich; die Resultate von immer schärferen Zwangsmaßnahmen reichen von einem resignierten, abgestumpften Pferd bis zum »Verbrecher«, der doch meist nur vehement darauf hinweist, dass er falsch behandelt wurde.

Spielerische Motivation

Je intelligenter ein Pferd ist, desto stärker sind sein Spieltrieb und seine Neugier ausgeprägt. Beides erleichtert die Arbeit mit dem Pferd, weil es an vielen Dingen interessiert ist und schnell lernt. Es erschwert die Ausbildung jedoch andererseits in gewisser Weise, weil sich das Pferd genauso schnell langweilt und nicht mehr auf die Punkte konzentriert, die gerade auf dem »Programm« stehen. Berücksichtigt der Ausbilder diesen Aspekt, so wird er sein Trainingsprogramm immer wieder abwandeln, wenn er merkt, dass das Pferd kein Interesse mehr zeigt. Ein intelligentes Pferd fordert den Ausbilder viel stärker als ein dummes, denn er muss sich immer wieder etwas Neues einfallen lassen, um das Pferd zu motivieren.

Motivieren können Sie Ihr Pferd auch, indem Sie mit ihm spielen. Dies wird zwar von manchen Ausbildern abgelehnt, weil sie der Meinung sind, dass das Spielen mit dem Pferd die Autorität des Ausbilders untergräbt. Betrachtet man jedoch das Herdenverhalten, so spielt der Ranghöhere durchaus mit dem Rangniederen – was ihn nicht daran hindert, ein paar Minuten später seinen Spielgefährten vom Futter wegzubeißen. Sein Rang ist mit diesem Spiel keineswegs in Frage gestellt. Das bedeutet also, dass auch der Mensch ohne Autoritätsverlust mit dem Pferd spielen kann. Im Spiel kann er viele Talente des Pferdes besser erkennen als in der Arbeit, die häufig nach einem bestimmten Grundmuster abläuft. Sie müssen jedoch während des Spiels das Pferd sehr genau beobachten, denn die Grenzen zwischen harmlosem Spiel und beginnender Aufsässigkeit des Pferdes sind fließend. Außerdem sollten Sie dem Pferd den Unterschied zwischen Arbeit und Spiel deutlich klarmachen. Zum Beispiel ist es denkbar, dass das Pferd zum Spielen immer völlig frei – ohne Halfter oder sonstiges Equipment – läuft und zur Arbeit immer mindestens ein Halfter trägt. Für manche Pferde ist diese Unterscheidung jedoch gar nicht nötig, denn sie erkennen sehr genau, was der Mensch von ihnen will. »Bewaffnen« Sie sich beim Spiel mit dem Pferd mit einer kurzen Longenpeitsche oder einer langen Gerte – für den Fall der Fälle, dass das Pferd einmal die Grenze zwischen Spiel und Ernst überschreitet. Machen Sie sich auch schon mal Gedanken über Ablenkungsmanöver für kritische Situationen. Überlegen Sie, wie Sie reagieren würden, wenn das Pferd aufsässig wird, ohne es unnötig weiter zu provozieren.

Eine Fülle von Möglichkeiten

Der Vorteil des Spiels besteht darin, dass es nicht zielgerichtet ist. Der normale Ausbilder formuliert bei der Arbeit mit seinen Pferden ein Ziel. Das Pferd soll zum Beispiel Dressur-, Western- oder Distanzpferd etc. werden. Nach diesem Ziel erarbeitet der Ausbilder vielleicht einen Trainingsplan. Ein formuliertes Ziel bedeutet jedoch immer eine Beschränkung der Fülle von Möglichkeiten. Dadurch können viele Talente des Pferdes brach liegen, weil sie nie zum Vorschein kommen. Legen Sie sich von vornherein nicht völlig auf ein enges Ziel fest – formulieren also Ihre Zielvorstellungen offener –, so verstellen Sie sich nicht den Blick für die Möglichkeiten, die das Pferd im Spiel anbietet. Die offene Zielvorstellung im Sinne dieses Buches könnte lauten: Ich will mit meinem Pferd besser und harmonischer zusammenarbeiten. Das lässt Raum für alle Möglichkeiten.

57

Unerwünschtes unbequem machen

Prinzipiell ist das Pferd faul – genau wie jeder Mensch wird es immer den einfachsten und bequemsten Weg suchen etwas zu tun, wenn es denn schon getan werden muss. Das bedeutet für die Motivationsarbeit des Menschen: Machen Sie ihm alle Aktionen unbequem, die Sie nicht wollen, und lassen Sie das Pferd den bequemeren Weg »wählen«. Das ist so ähnlich, wie wenn ein begnadeter Rhetoriker seine Zuhörer zum »einzig logischen Ergebnis« einer Erörterung führt. Ersetzen Sie die »verbale Kommunikation« des Redners durch die zeichenhafte »Körpersprache« des Reiters und überzeugen Sie das Pferd durch Ihre körperlichen Signale und durch ein konsequentes Lob- und-Tadel-System davon, was richtig (= bequem und angenehm) oder falsch (= unbequem und unangenehm) ist. Das funktioniert sowohl bei der Bodenarbeit als auch unter dem Sattel.

Abwechslungsreiche Arbeit durch Änderung der Strategie

Bei einem sturen Trainingsprogramm mit immer gleichen Übungen langweilen sich viele Pferde – ihre Reaktionen werden zäher, denn sie spulen bis zum Überdruss immer gleiche Lektionen ab, ohne einen Sinn darin zu sehen. Geben Sie Ihrem Pferd eine Aufgabe oder setzen Sie es oft neuen Reizen und Anforderungen aus. Im Gelände haben Sie dazu viele Möglichkeiten: Kleine Sprünge, Geschicklichkeitsübungen, Bachdurchquerungen oder Kletterpassagen bieten Ihnen und Ihrem Pferd ein weites Betätigungsfeld um das Gleichgewicht zu fördern und die Muskeln zu gymnastizieren. Auch der Wechsel zwischen der Arbeit unter dem Sattel und der am Boden, der freien Arbeit oder der an Longe, Doppellonge oder am langen Zügel bringt die nötige Abwechslung.

Bei schwierigen oder verdorbenen Pferden müssen Sie sich besonders häufig Motivations-Strategien einfallen lassen, um nicht erfolglos an Symptomen herumzukorrigieren. Oft kann man mit Strategie-Änderungen bei der Beseitigung von Missständen gute Ergebnisse erzielen.

Klammern Sie notfalls problematische Lektionen oder Gangarten eine Weile völlig aus. Eine Umerziehung des Pferdes kann gut durch Bodenarbeit erfolgen. Längere Reitpausen (mit Bodenarbeit, siehe auch Kapitel 4: Erziehung des Pferdes) oder auch eine vom Gewohnten abweichende Art des Reitens sind vor allem bei Pferden, die gelernt haben, sich den reiterlichen Hilfen durch allerlei Ausweichmanöver zu entziehen, sinnvoll.

Ein Beispiel: Das Pferd hat gelernt, dass sein Reiter machtlos ist, wenn es sich hinter dem Zügel verkriecht und rennt. Dieses Ausweichmanöver des Pferdes ist besonders gemein, denn die meisten Reiter versuchen, das Vorwärtsrennen des Pferdes durch Ziehen am Zügel zu bekämpfen. Das Pferd entzieht sich dem Zügelanzug ganz einfach, indem es sich überrollt. In diesem Fall wäre auch jede Art von Hilfszügel sinnlos. Das Pferd bleibt einfach immer hinter der Wirkung des Hilfszügels. Auch ein einfaches Abgaloppieren oder flottes Abtraben, um dem Pferd die überschüssige Energie zu nehmen, ist nicht von Nutzen, denn dabei brechen immer wieder die alten Verhaltensmuster durch: Das Pferd wird zu schnell, der Reiter korrigiert durch Annehmen des Zügels, das Pferd kommt zu tief und entzieht sich der Zügelhilfe. Zudem sollte man bei Pferden, die sich durch Rennen den Hilfen entziehen, nicht ausnahmslos davon ausgehen, dass sie nur zu viel Kraft haben. Das haben sie zwar oft auch, doch das wäre durch eine wenig freie Bewegung oder durch Ablongieren in den Griff zu kriegen. Die »Düsewinde« setzen jedoch ihre Energie gezielt dafür ein, sich einer Einwirkung durch den Reiter zu entziehen. Und sie haben Erfolg mit dieser Strategie. Es handelt sich deswegen nicht nur um ein »reittechnisches« Problem auf der körperlichen Ebene, sondern auch um ein Erziehungsproblem auf der psychischen Ebene (siehe auch Kapitel 4 und 5)

Dass der Reiter diese »Ausweichmanöver« meistens durch Fehler in der Ausbildung selbst verursacht hat, steht auf einem anderen Blatt. Er muss sich jedoch darüber im Klaren sein, dass er seine Strategie und sein Verhalten ändern muss, wenn er der Ausweich-Strategie des Pferdes begegnen will.

Bei solchen »schnellen« Pferden muss man erst einmal dafür sorgen, dass der Rücken wieder frei schwingt, denn der ist im Allgemeinen fest, wenn das Pferd hinter dem Zügel geht. Den Rücken bekommt man über die seitliche Biegung und über die Dehnungshaltung des Pferdes wieder (Übungen: siehe Kapitel 5 und 6).

Druck erzeugt Gegendruck

Pferde versuchen normalerweise, einem unangenehmen körperlichen oder psychischen Druck, dem sie sich nicht durch eine einfache Reaktion entziehen können, dadurch zu begegnen, dass sie Gegendruck aufbauen. (Menschen übrigens auch – deswegen dürfte diese Reaktion nicht schwer zu begreifen sein.) Besonders, wenn ein Druck länger andauert, fordert er die Gegenreaktion heraus. Das macht sich bemerkbar, indem das Pferd zum Beispiel gegen die Hand geht, sich auf den Zügel legt oder gegen den Schenkel drückt. Teilweise ist dieses Verhalten mit dem Fluchtinstinkt zu erklären, zum anderen Teil handelt es sich um eine Gegenreaktion auf zu viel Druck. Nötigen Druck sensibel zu dosieren und ein Pferd das Nachgeben auf Druck zu lehren gehört somit zu den grundsätzlichen Ausbildungsmaßnahmen – sowohl vom Boden aus als auch unter dem Sattel – und bietet einen der vielen Ansatzpunkte zur Minimierung der Hilfen.

Hilfen in der »Intervalltechnik«

Druck erzeugt Gegendruck, wenn das Pferd nicht gelernt hat, dem Druck auf adäquate Weise nachzugeben. Außerdem bedingt lang andauernder Druck eine Gewöhnung an den Druck. Wird lange hoher Druck ausgeübt, so wird geringerer Druck nicht oder kaum mehr wahrgenommen. Die Reizschwelle, die eine Reaktion auslöst, wird immer höher. Sie brauchen immer mehr Kraft, um einem Pferd mit hoher Reizschwelle ein Signal zu geben.

Geben Sie statt eines konstanten Druckes oder Zuges wiederholte kurze Impulse, so kann das Pferd keinen Widerstand aufbauen. Deswegen sollten alle Signale, die der Mensch dem Pferd gibt immer in Intervallen gegeben werden: Druck – Druck wegnehmen oder reduzieren – erneuter Druck – Druck wegnehmen etc.

Beispiel 1: Schenkelhilfen

Sie möchten das Pferd durch Druck des Unterschenkels dazu veranlassen, seitwärts zu treten. Dafür gibt es unterschiedliche Vorgehensweisen:

◆ Sie können den Schenkel andrücken und den Druck immer weiter verstärken, bis das Pferd

Abwechslung im Gelände – Entspannung für Pferde und Reiter.

endlich – vielleicht – dem Druck nachgibt. Bei einem sensiblen, gut ausgebildeten Pferd mag das gehen, denn es weicht dem Druck schnell aus. Bei jungen Pferden, die den Schenkel noch nicht kennen, oder bei abgestumpften Pferden bräuchten Sie jedoch eine enorme Kraft im Schenkel, um immer mehr verstärken zu können. Ihr Pferd lernt dabei aber nur, sich gegen den Druck zu lehnen (gegen den Schenkel zu gehen) oder ihn zu ignorieren. Seine Reizschwelle wird höher. Das Reiten wird zum Kraftsport. Mit Harmonie und Leichtigkeit hat das nichts mehr zu tun.

◆ Sie können aber auch den Schenkel in kurzen Impulsen einsetzen. Also: Druck – Loslassen – Druck – Loslassen – so lange, bis das Pferd dem Schenkeldruck weicht. Brauchen Sie am Anfang noch viele solcher kurzen Impulse, bis das Pferd sich bequemt, darauf zu reagieren, so genügen später immer weniger. Das Pferd weiß, dass die Schenkelimpulse mit der Zeit zur Plage werden und reagiert immer früher darauf. Die Reizschwelle wird niedriger. Impulslänge und -häufigkeit der Hilfe nehmen mit zunehmender Feinabstimmung fast von selbst weiter ab. Kann allerdings der Reiter seinen Schenkel im Normalsitz nicht ruhig halten (weil er nicht ausbalanciert sitzt), so funktioniert die Intervallmethode natürlich nicht. Der Reiz mit dem Schenkel hört ja auch dann nicht auf, wenn das Pferd reagiert hat. Pferde, die einen solchen Reiter (er)tragen müssen, stumpfen immer weiter ab.

◆ Es gibt zudem noch einen ganz einfachen kleinen Trick, der dem Pferd das Ausweichen auf den Schenkel noch schneller schmackhaft macht: die starke seitliche Abstellung. Angenommen, Sie wollen das Pferd mit dem linken Schenkel treiben, so dass es nach rechts ausweicht (z. B. für Schenkelweichen oder Schulterherein oder eine Vorhandwendung). Stellen Sie das Pferd einfach stark nach links – durch weites seitliches Herausführen der linken Hand. Irgendwann wird dem Pferd diese Biegung zu viel (auch wenn nur der Hals abgestellt wird) und es weicht mit der Hinterhand nach außen (rechts) aus. Dazu setzen Sie den linken Schenkel in der Inter-

valltechnik ein. Das Pferd »weicht dem inneren Schenkel«, ohne dass Sie sich mit dem Schenkeldruck besonders anstrengen mussten.

Auf solche Weise bringt man auch junge Pferde »zum Laufen«, wenn sie nach dem ersten Aufsitzen unter dem Reiter stockst steif stehen bleiben. (Die starke Abstellung ist natürlich nur eine kurzfristige Zusatzhilfe zur Verdeutlichung. Später muss die Gleichmäßigkeit der Längsbiegung beim Pferd wieder hergestellt werden.)

Beispiel 2: Zügelhilfen

Der Zügel wird seitwärtswirkend zum Abwenden und Stellen des Pferdes eingesetzt. Er kommt jedoch auch begrenzend, verhaltend zum Einsatz. Sie möchten eine Bewegung oder das Tempo des Pferdes mit einem Annehmen des Zügels begrenzen. Das kann sowohl ein Zuviel an »Vorwärts« sein, wenn das Pferd Ihnen zu schnell wird; es kann aber auch ein unerwünschtes seitliches Ausweichen sein, wenn das Pferd sich Ihren Hilfen seitlich entziehen will.

In der verhaltenden Wirkung des Zügels liegt ein immenses »Fehler-Potenzial« hinsichtlich Minimierung und Harmonisierung der Signale. Viele Reiter setzen den Zügel zu starr und zu lange ein und geben damit dem Pferd die Möglichkeit, dagegen anzurennen. Das führt zu einem unverhältnismäßig langen »Brems- und Reaktionsweg« des Pferdes und zu einem unerwünschten Training der Oberarmmuskeln des Reiters.

Im Grunde gibt es für die Zügeleinwirkung mit dem Fernziel »Minimierung« jedoch ganz einfache Richtlinien:

◆ Der Zügel darf nicht rückwärts wirken.

◆ Lassen Sie einen oder beide Zügel früh genug wieder los! Auch, wenn das Pferd rennt! Dem Druck im Maul begegnet das Pferd auf ähnliche Weise wie dem Schenkeldruck. Einem kurzen Impuls gibt es normalerweise problemlos nach: Nehmen Sie nur einen Zügel an, so folgt das Pferd dem einseitigen Zug mit Kopf und Hals, stellt sich erst in die angegebene Richtung und wendet schließlich – meistens – in Richtung des Impulses ab.

Ziehen Sie jedoch zu lange am Zügel, ohne zwischendurch nachzugeben, so kann es auch bei der einseitigen Zügelhilfe geschehen, dass das Pferd Gegendruck aufbaut, weil es ihm zu anstrengend wird, immer in einer engen Wendung zu laufen, oder weil es noch nicht genug im Gleichgewicht ist, um eine engere Wendung länger durchzuhalten. Es versucht dann, den Hals wieder geradezustellen und spannt die innere, hohle Halsseite an. Es drückt gegen den seitwärts wirkenden Zügel.

Schwieriger wird die Sache noch, wenn Sie Ihr Pferd verlangsamen oder anhalten wollen. Ziehen Sie einfach nur an beiden Zügeln, zieht Ihr Pferd dagegen. Es legt sich aufs Gebiss bzw. auf Ihre Hand. Es »beißt sich fest«. Besonders Pferde, die noch nicht gelernt haben, ihre Hinterbeine zum Anhalten unterzuschieben, legen sich gerne aufs Gebiss, um dort eine Stütze zu suchen. In diesem Ziehkampf können Sie nur der Verlierer sein, denn Ihr Pferd hat einfach mehr Kraft als Sie.

Zügelhilfen mit ABS statt Tauziehen

Nehmen Sie einen Zügel an und geben sofort wieder nach, so spürt das Pferd zwar kurz den unangenehmen Druck im Maul und hat die Möglichkeit darauf zu reagieren – zum Beispiel durch Langsamer-Werden. Es hat jedoch keine Gelegenheit, sich auf die Hand zu lümmeln und dort ein »fünftes Bein« zu suchen. Es ist ja nichts mehr da, worauf es sich abstützen kann, denn Ihre Hand hat schon nachgegeben.

Sie können allerdings nicht erwarten, dass jedes Pferd auf das erste leichte Zügelsignal schon reagiert. Wiederholen Sie also das Annehmen-Nachgeben bis das Pferd sein Tempo oder seine Gangart geändert hat. Arbeiten Sie nach dem Prinzip der Stotterbremse – immer, wenn das Pferd durch Spannung im Hals blockieren will, lassen Sie los.

Das Loslassen des Zügels im Stil eines Anti-Blockier-Systems verhindert zudem, dass der Reiter sich selbst durch »Festziehen« in der Schulter verspannt und durch die damit erhöhte Grundspannung schlechter sitzen kann.

Um erfolgreich zu verhindern, dass ein Pferd Gegendruck aufbaut, sollten Sie zudem niemals beide Zügel mit gleicher Intensität annehmen. In unregelmäßigen kurzen Intervallen und mit unterschiedlicher Intensität angenommene Zügel berauben das Pferd völlig der Möglichkeit, Gegendruck aufzubauen. Die Zügelhilfen müssen gleichsam vibrierend kommen – immer dann und dort, wo sie nötig sind, und möglichst dann, wenn das Pferd sie gerade nicht vermutet. Das darf nicht mit dem falschen »Riegeln« verwechselt werden, bei dem der Reiter rechts

Maßnahmen für die Minimierung der Hilfen

- Lassen Sie Ihr Pferd aus mehreren Alternativen den »bequemeren« Weg wählen.

- Sorgen Sie bei Korrekturmaßnahmen immer zuerst dafür, dass das Pferd den Rücken loslässt.

- Einfache Druckverstärkung erhöht die Reizschwelle beim Pferd. Sie brauchen mit der Zeit immer stärkeren Druck, um eine Reaktion zu erhalten. Druck in der Intervalltechnik setzt die Reizschwelle herab und ermöglicht die Hilfenminimierung.

- Bringen Sie dem Pferd bei, einem Druck nachzugeben statt mit Gegendruck zu reagieren.

- Ein Zügel darf nie rückwärts wirken. Nehmen Sie nie beide Zügel mit gleicher Intensität länger an.

– links – rechts – links wechselseitig annimmt. Dieses Riegeln ist für das Pferd vorhersehbar. Es stellt sich auf die Frequenz der abwechselnd ziehenden Reiterhände ein und gibt meistens nicht richtig nach. Die vibrierenden Zügelhilfen sind jedoch für das Pferd immer unerwartet und ohne erkennbares Wiederholungsmuster. Sie sind nur abhängig davon, ob und wieviel Widerstand das Pferd dem Zügeldruck entgegensetzt. Im Idealfall reicht ein »Zucken« im Handgelenk oder im kleinen Finger für diese Hilfe.

Eine solche Zügelhilfe erfordert natürlich eine sehr unabhängige und gefühlvolle Hand. Diese ist wiederum nur mit einem ausbalancierten Sitz möglich. Zudem müssen Sie erfühlen, welche Seite des Pferdes gerade stärker verspannt ist und dort zuerst loslassen. Fällt Ihnen das noch schwer, so können Sie auch »vorsorglich« immer ein wenig das Gebiss im Maul des Pferdes bewegen. Das ist auf jeden Fall besser, als die Hand stur »stehen zu lassen«.

Auch der lose Zügel der Westernreiter wird auf diese Art erreicht. Wenn auf den losen Zügel hingearbeitet wird, bedeutet jedes Annehmen eine kurze Korrektur. Die Phasen, in denen ein Zügel korrigierend ansteht, werden mit zunehmender Ausbildung und Gymnastizierung des Pferdes immer kürzer, bis die Zügel nur über ihr Eigengewicht Verbindung zum Maul des Pferdes haben: Zügelimpulse werden dann nur noch benötigt, um Richtung, Tempo oder Gangart zu ändern.

Beispiel 3: Dosierte Gewichtshilfen

Bei den Gewichtshilfen geht es nicht nur um Druck und Gegendruck, sondern gleichzeitig ums Gleichgewicht des Pferdes (siehe auch Kapitel 2). Zu lang andauernde seitliche Gewichtsverlagerung kann zu Gleichgewichtsproblemen beim Pferd führen.

Das Pferd sollte normalerweise unter das Gewicht des Reiters laufen, um das gemeinsame Gleichgewicht von Reiter und Pferd zu erhalten. Verlagern Sie beispielsweise Ihr Gewicht nach rechts, so folgt das ausbalancierte Pferd, indem es seitlich nach rechts unter Ihr Gewicht tritt und

nach rechts abwendet. Ein steifes Pferd oder ein Pferd, welches kein Vertrauen zu Gewichtshilfen des Reiters und in seine eigene Balance hat, setzt der Gewichtsverlagerung jedoch einen Widerstand entgegen. Im obigen Beispiel blockiert es die innere (rechte) Schulter und schiebt sich diagonal über die äußere linke Schulter nach außen (links). Es läuft aus der beabsichtigten Rechtswendung heraus, weil es nicht nach innen kippen will. Dies können Sie nun nicht damit korrigieren, dass Sie Ihr Gewicht immer stärker und weiter nach rechts »hängen«, am rechten Zügel ziehen und darauf warten, dass es sich das Pferd anders überlegt und doch noch Ihrem Gewicht folgt. Statt dessen setzen Sie sich wieder gerade, stellen das Pferd eventuell sogar kurz in die Gegenrichtung, damit es die rechte Seite wieder entspannt und versuchen die Rechtswendung von neuem. (Näheres siehe auch in den folgenden Abschnitten und in Kapitel 5).

Gewichtshilfen dürfen besonders bei noch unvollkommen ausbalancierten Pferden nie zu lange dauern, weil sie sonst zu Gleichgewichtsängsten, Spannungen und Widerständen führen. Bei schweren Reitern verstärkt sich naturgemäß dieses Problem.

»Zurechtsetzen«

Je besser Pferd und Reiter im gemeinsamen Gleichgewicht sind, desto länger kann eine Übung dauern, die mit seitlicher Gewichtsverlagerung eingeleitet wird.

Eigentlich ist die Gewichtsverlagerung auch nur jeweils bei die Einleitung einer Übung problematisch. Reagiert das Pferd richtig auf die Verlagerung des Gewichtes, so befinden sich Reiter und Pferd während der Lektion, die mit der Verlagerung eingeleitet wurde, wieder im gemeinsamen Gleichgewicht.

Als Beispiel der Zirkel: Zum Abwenden auf den Zirkel verlagern Sie das Gewicht in Richtung der Wendung. An diesem Punkt hat das Pferd die Chance, sich gegen die Gewichtsverlagerung zu wehren. Folgt es jedoch dem Gewicht und biegt sich dabei, stellt sich also in seiner Längsachse auf die Zirkellinie ein, so liegen die Schwerpunkte von Reiter und Pferd wieder übereinander. Verändern Sie nun nichts mehr an Ihrem Sitz, so wird das Pferd in der vorgegebenen seitlichen Biegung – und damit auf der Zirkellinie – bleiben. Einem jungen Pferd wird jedoch unter Umständen diese Biegung nach einer Weile zu viel. Also kreisen Sie mit ihm nicht Runde um Runde auf dem Zirkel.

Ändern Sie jedoch Position und Ausrichtung im Sitz, so versucht das Pferd seinen Schwerpunkt wieder unter Ihren zu bringen. Tun Sie das bewusst, dann ist das gut so. Ändern Sie jedoch unbewusst – zum Beispiel durch unabsichtliches stärkeres Verdrehen im Oberkörper, so tut das Pferd etwas, was Sie nicht beabsichtigt haben. Das Pferd wird korrigiert oder schlimmstenfalls bestraft – obwohl es nur so reagiert, wie Sie es ihm durch Ihren Sitz vorgeben. Solche unbewussten Fehler sind ein großes Hindernis auf dem Weg zu mehr Harmonie.

Achten Sie nach jeder Übung mit seitlicher Gewichtsverlagerung bewusst darauf, beide Gesäßknochen gleichmäßig zu belasten, wenn Sie geradeaus reiten wollen.

Ausbalanciert sitzen – dann ist die richtige Dosierung der Gewichtshilfen kein Problem.

Systemsteuerung

Das TOTE-Modell (**T**est – **O**peration – **T**est – **E**xit) aus der Steuerungstechnik eignet sich auch als Modell für das Verständnis der Hilfengebung beim Reiten, bei der »Steuerung« des Pferdes. Die Minimierung der Hilfen wird erleichtert, wenn man dieses System verstanden hat. Hier der Ablauf:

1. Test: Feststellung eines Handlungsbedarfs.

2. Operation: Handlung/Korrektur des Reiters (und kurzes Abwarten, was passiert).

3. Erneuter Test: Überprüfen, ob der gewünschte Erfolg oder eine Änderung im Verhalten des Pferdes eintritt.

4. Exit: Nichts mehr tun, wenn man mit dem Ergebnis zufrieden ist.

Wenn Punkt 3 nicht zufriedenstellend verläuft, müssen Sie erneut zu 2 zurückgehen, das heißt eine erneute Korrektur veranlassen. Unter Umständen wird das Modell am Anfang zum TOTOTOTOTE-Modell.

Je besser die Wahrnehmung des Reiters geschult ist, um so schneller merkt er, dass etwas aus dem Ruder läuft (Test 1), umso schneller kann er eingreifen (2) und umso weniger stark muss er eingreifen. Obwohl eine schnelle Reaktion wichtig ist, sollte der Reiter dabei nicht hektisch werden. Besonders vor dem zweiten Test muss er einen Moment warten und dem Pferd genug Zeit geben, überhaupt zu reagieren. Korrigiert er zu schnell nach, so nimmt er dem Pferd die Möglichkeit, durch seine Reaktion der zweiten Korrektur zu entgehen. Lassen Sie das Pferd ruhig einmal einen deutlichen Fehler machen, dann können Sie auch deutlich und verständlich korrigieren.

Besser ist es, die Punkte 2 und 3 (Operation und Test 2) mehrfach zu wiederholen, statt von vornherein zu hart oder zu lange mit einer Handlung einzugreifen. Die Vorgabe, alle Hilfen in der Intervalltechnik zu geben, die für die spätere Minimierung absolut unumgänglich ist, ist nichts anderes als die Anwendung dieses Steuerungsmodells.

63

Beispiel: Der Reiter möchte abwenden: (Er will etwas verändern … = **1. Test**)

2. Operation: Gewichtsverlagerung nach innen in die beabsichtigte Wendung hinein und warten, was passiert.

3. Test: Biegt das Pferd ab?

Ja – dann zu 4: Nichts mehr tun (aber wieder gerade hinsetzen, nach dem Ende der Wendung).

Nein – dann zurück zu

2. Operation: Seitliches Annehmen des inneren Zügels + Gewichtsverlagerung und warten, was passiert.

3. Test: Biegt das Pferd ab?

Ja – dann zu 4: Nichts mehr tun (aber wieder gerade hinsetzen, nach dem Ende der Wendung).

Nein – dann zurück zu

2. Operation: Seitliches Annehmen des inneren Zügels + Gewichtsverlagerung + äußeren Zügel zur Begrenzung der Schulter einsetzen und warten, was passiert.

Das Ganze erfolgt so lange, bis die gewünschte Reaktion eintritt.

Nicht übersteuern

Sie müssen als Reiter für eine gute Systemsteuerung Ihre Fähigkeiten und Möglichkeiten realistisch einschätzen, Ihr Hilfenrepertoire (Ihre Werkzeuge) gut beherrschen und eine Idee haben, welche Verzögerungszeit in der Reaktion des Pferdes angemessen ist. Steuern Sie zu schnell nach, so wird das Ergebnis undeutlich.

Beispiel: Sie haben eine Temperaturvorgabe für einen Raum und sollen eine Heizungsanlage entsprechend regeln. Angenommen es ist zu warm in dem Raum. Wenn Sie nun die Heizung herunterregeln, dann können Sie nicht erwarten, das innerhalb einer Minute die Temperatur im Raum deutlich fällt. Sie müssen eine angemessene Zeit warten. Drehen Sie die Heizung gleich am Anfang zu weit herunter, weil Sie zu ungeduldig sind und nicht lang genug auf die Reaktion warten, kann es später zu kalt werden und sie müssen wieder nachregeln, um die Temperatur zu erhöhen.

Genauso ist es bei der Steuerung des Systems Reiter-Pferd. Wenn Sie eine Hilfenkombination übertreiben, so müssen Sie hinterher möglicherweise wieder gegensteuern. Wenn Sie zum Beispiel zum Trab durchparieren wollen und geben die Paraden zu stark, dann wird das Pferd statt in den Trab in den Schritt fallen oder anhalten. Gewöhnt sich das Pferd an die übertriebenen Hilfen für die Parade in den Trab, weil Sie oft genug »nachgeregelt« haben (d. h. Sie sind wieder angetrabt, wenn es zu weit »heruntergeschaltet« hat), dann brauchen Sie später übertrieben starke Hilfen für eine ganze Parade und müssen immer mehr Kraft aufwenden. Damit wird eine Minimierung der Hilfen und ein Kraft sparendes, elegantes Reiten unmöglich.

Ständige Beobachtung

Der Reiter muss sein Pferd ständig, das heißt vor, während und nach der Arbeit beobachten. Nur dann kann er beurteilen, ob er gut gearbeitet hat. Das Pferd muss während der Arbeit »besser« werden. Besser im Sinne von beweglicher, schwungvoller, elastischer aber auch zufriedener und konzentrierter.

Eine Minimierung der Signale ist für jede Reitweise wünschenswert.

Dosierung der Hilfen

Zu lang dauernde und zu extrem auslenkende Gewichtshilfen bringen das Pferd aus der Balance.

Übertreiben Sie Ihre Hilfen nicht, sonst müssen Sie hinterher möglicherweise gegensteuern.

Wird das Pferd während einer Übung nervös und verspannt sich, was bei neuen Lektionen passieren kann, so muss der Reiter es bis zum Abschluss der Arbeit wieder beruhigt und gelöst haben. Wird das Pferd während der Arbeit lustlos und matt, so darf der Reiter es nicht bis zur völligen Erschöpfung weiter fordern. Immer muss eine Arbeitsstunde mit einem ruhigen, entspannten Pferd beendet werden. Andernfalls wird sich das Pferd negativ an die Arbeit »erinnern«.

Sie werden Ihr Pferd nie zu einem freiwilligen Mitarbeiter ausbilden können, wenn Sie ihm durch falsche oder zu hohe Anforderungen die Freude an der Mitarbeit verderben. Vor allem dann nicht, wenn es jede Art von Arbeit mit Aufregung und körperlicher Überlastung (= Unbehagen) verbindet.

Zuständigkeitsbereiche

Der Reiter ist für einen dem Ausbildungsstand des Pferdes angemessenen Aufbau der Übungseinheiten zuständig, des Weiteren für unmissverständliche Signale/Hilfen und für sein eigenes Gleichgewicht und seine Stabilität. Zudem darf er natürlich das Pferd in seinem Gleichgewicht nicht stören – was er dann nicht tut, wenn sein eigenes Gleichgewicht in Ordnung ist.

Außerdem muss er noch dafür sorgen, dass sein Pferd sich auf seine Signale und die Aufgabe (z. B. einen Sprung oder ein Trailhindernis) konzentriert. Und er muss die uneingeschränkte Aufmerksamkeit des Pferdes besitzen.

Das Pferd ist dafür verantwortlich, dass es aufpasst, wohin es läuft oder springt und wie es dafür die Beine sortiert. Das gilt uneingeschränkt jedoch nur dann, wenn es auch wirklich nicht vom Reiter behindert wird. Und wenn es »bei der Sache« ist, das heißt nicht abgelenkt. Das Pferd ist nicht dafür verantwortlich, wenn es den Reiter nicht versteht.

Das bedeutet, dass der Reiter dafür sorgen muss, sich dem Pferd auf pferdegerechte Weise verständlich zu machen. Bei einem jungen Pferd ist dies sehr viel schwerer als bei einem ausgebildeten. Und bei einem Korrekturpferd ist es noch schwerer, vor allem dann, wenn man nicht unnötig Gewalt anwenden will.

Ein guter Lehrer findet einen Weg, sich verständlich zu machen. Er arbeitet mit Einfühlungsvermögen und notfalls auch auf Umwegen oder mit Ablenkungsmanövern, um vermeidbare Auseinandersetzungen und Strafen auszuschließen. Es nutzt selten etwas, das Pferd gegen sich aufzubringen. Wenn erst einmal eine schlechte Grundstimmung in der Arbeit herrscht, eskaliert oft eine an sich harmlose Kleinigkeit zu einem Kampf mit ungewissem Ausgang. Besonders intelligente und charakterstarke Pferde finden sehr schnell heraus, dass sie dem Reiter überlegen sind, wenn der es auf einen offenen Kampf ankommen lässt. Das bedeutet allerdings nicht, dass der Reiter nicht ab und zu energisch auf die Ausführung eines Kommandos bestehen muss – dann, wenn er sicher ist, dass das Pferd ihn verstanden hat, und körperlich in der Lage ist, in gewünschter Form zu reagieren. In diesem Fall muss er einen Weg finden, sich durchzusetzen, ohne in Gefahr zu geraten, dass das Pferd die Auseinandersetzung gewinnt.

Sinnvolle Arbeitskonzepte

Störfaktoren
Absichtliche und unabsichtliche Störungen des psychischen und physischen Gleichgewichts

Manche Störungen sind vom Reiter gewollt und er setzt sie gezielt ein, um eine erwünschte Reaktion vom Pferd zu bekommen. Dazu gehört die kurzfristige seitliche Störung des Gleichgewichts des Pferdes, um es zu einer Wendung

zu veranlassen. Dazu gehört auch das »Aufregen-Lassen«, wenn Sie Pferde an angstbe-
setzte Dinge gewöhnen wollen (siehe Kapitel 4,
Erziehung des Pferdes). Andere Störungen sind
ungewollt und oft auch unbewusst und richten
beim Pferd Verwirrung an, weil es durch eine
Reaktion die Störung nicht beseitigen kann.

Eine Störung oder Verunsicherung des Pferdes
muss nicht unbedingt körperlicher Natur oder
umgebungsbedingt sein. Auch ein ängstliches
Zögern des Reiters kann das Pferd aus dem
Konzept bringen.

Bewusste Störungen sind immer kurzfristig und
haben ein Ziel. Wenn dieses erreicht ist, muss die
Störung aufhören. Jede Hilfe ist im Prinzip eine
kleine Störung für das Pferd, der es durch eine
»richtige«, vom Reiter erwünschte Reaktion begegnen kann. Deswegen sollen auch Hilfen immer nur in der Intervalltechnik gegeben werden.
Und deswegen soll jede Art von Hilfe aufhören,
wenn das »Ziel« mit dieser Hilfe erreicht ist.

Bei längerfristigen Störungen kann man immer
davon ausgehen, dass sie der Reiter unbewusst
verursacht. Einer länger andauernden Störung
des Gleichgewichts begegnet das Pferd mit
Spannungen und vermehrter Schiefe. Es kom-
pensiert das schiefe Gewicht des Reiters durch
vermehrtes Abstützen auf der stärker belaste-
ten Seite, bewegt sich steif oder lässt sich einseitig nicht biegen.

Hat es dauerhaft Schmerzen (die auch aus der
Störung des körperlichen Gleichgewichts entstehen können) oder Angst oder bekommt ständig
widersprüchliche Signale vom Reiter, so baut es
im ganzen Körper nervöse Spannung auf, rennt,
klemmt oder bockt. Und verursacht so auch bei
den meisten Reitern Unsicherheit und Angst.

So bringen sich Pferd und Reiter in einer ab-
wärtsführenden Spirale gegenseitig körperlich
und psychisch aus dem Gleichgewicht. Um aus
dieser Spirale auszubrechen und wieder einen
Weg zur harmonischeren Zusammenarbeit zu
finden, muss immer eine einschneidende Veränderung vorgenommen werden. Das kann
durch eine völlig veränderte Reitweise geschehen oder durch ein Herunterschrauben der Leis-

Arbeitskonzepte

**Definieren Sie den Status Quo und
setzen Sie sich ein Endziel. Formulieren Sie dann einen Maßnahmen-
katalog und legen Zwischenziele
fest. Das verhindert, dass Sie während der Arbeit die Orientierung
verlieren.**

tungsanforderungen bis auf ein Maß, das noch
ohne Probleme zu bewältigen ist. Das kann eine
Weile Biegearbeit im Schritt bedeuten (was den
ungeduldigen Reitern sehr schwer fallen wird)
oder auch eine Weile Bodenarbeit, bis Pferd
und Reiter ihre Ängste und Spannungen langsam vergessen.

Die Festlegung von Start und Ziel

Definieren Sie den Status Quo, den Sie mit
Ihrem Pferd erreicht haben. Seien Sie ehrlich
und beschönigen nichts. Wenn Ihr Pferd zäh
reagiert, nervös gespannt oder einseitig steif
ist, dann ist das eben der Status Quo. Setzen
Sie sich dann ein Ziel und diverse Zwischenziele. Sie wollen zum Beispiel im ersten Monat
die Reaktion auf die Schenkelhilfen verbessern.
Oder Sie wollen, dass das Pferd besser vorwärts geht. Überlegen Sie, welche Übungen dafür in Frage kommen können und bauen Sie ein
folgerichtiges Trainingsprogramm auf (siehe
Kapitel 6). Beantworten Sie sich ganz ehrlich,
was Ihnen am Status Quo nicht gefällt. Und fragen Sie sich genauso ehrlich, was Sie selbst verursacht haben könnten. Wo es an konsequenter
Erziehung fehlt, wo Ihre eigene körperliche
Konstitution oder Ihr Wissen über Zusammenhänge Mängel aufweisen könnte, aber auch, wo
das Pferd Exterieurprobleme hat, die der Korrektur bedürfen, um mehr Harmonie zu erreichen.

Ein einfaches Beispiel: Wenn ein Pferd beim
Aufsteigen nicht stehen bleiben will, dann kann
das daran liegen, dass es Ihre Wünsche und
damit auch Sie nicht ernst nimmt. Es interes-

Das Pferd folgt der Ausrichtung des Reiterkörpers – hier in der Traversale.

siert sich nicht dafür, was Sie tun, und setzt sich in Bewegung, weil es am anderen Ende der Reitbahn ein Hälmchen Gras entdeckt hat. Es ist einfach schlecht erzogen (siehe Kapitel 4).

Es kann aber auch sein, dass Sie ungeschickt aufsteigen, dem Pferd dabei in den Rücken plumpsen oder die Stiefelspitze in die Seite pieksen. Oder dass das Pferd mit dem Gerittenwerden an sich etwas Unangenehmes verbindet und sich durch Weglaufen entziehen will. Im ersten Fall ist die Ursache (und der Startpunkt für die Arbeit) ein anderer als im zweiten und dritten. Es geht im ersten Fall hauptsächlich darum, dem Pferd zu klar zu machen, dass es Ihrem Wunsch, beim Aufsteigen stehen zu bleiben, Folge zu leisten hat. In den beiden anderen Fällen müssen Sie Ihr Verhalten im Sattel ändern um dem Pferd das Aufsteigen und Gerittenwerden angenehmer zu machen.

Der rote Faden

Der rote Faden in Ihrer Arbeit ist im Rahmen von »Start und Ziel« ein wichtiger Erfolgsfaktor. Legen Sie ein Konzept für Ihre Arbeit fest – nicht um sich sklavisch daran zu halten, sondern um schnell reagieren und improvisieren zu können, wenn etwas während der Arbeit aus dem Ruder läuft. Der rote Faden verhindert, dass Sie in einem unbedachten Moment in einer Weise rea-

Sinnvolle Arbeitskonzepte

gieren, die Ihnen später leid tut, weil diese Reaktion einen schon erreichten Teilerfolg vielleicht wieder zunichte gemacht hat. Ein durchdachtes Konzept für eine Abfolge von Lektionen innerhalb einer Arbeitseinheit verhindert zudem, dass Sie Ihr Pferd einseitig ausbilden oder bestimmte ungeliebte Übungen auf Dauer »vergessen«.

Legen Sie fest, welche Maßnahmen nötig sind um dieses spezielle Pferd zu gymnastizieren und gehorsam zu machen, und setzen Sie ein paar Verhaltensweisen auf die »schwarze Liste«. Auf diese schwarze Liste gehören alle Reaktionen Ihrerseits, die etwas schon Erreichtes gefährden könnten: Ungerechtfertigte Strafen, Wutausbrüche, mangelnde Konsequenz, Überforderung oder Langeweile. Wann Sie sich durchsetzen müssen und wann Sie ein Pferd überfordern, sagen Ihnen Ihr Verstand und Ihr Gefühl. Überlegen Sie immer, wie viel Sie sich und Ihrem Pferd zumuten können. Lernen Sie vor allem sich zu beherrschen, wenn etwas nicht klappt.

Richtungsverlust

Pferd und Reiter können sowohl körperlich als auch psychisch die Orientierung verlieren.

Hat der Reiter kein klares Konzept, keine Idee davon, wo er hinwill, so verliert auch das Pferd die Orientierung – an wem oder was sollte es sich auch orientieren, wenn nicht an seinem Ausbilder. Eine klare Zielorientierung verhilft dem Reiter zu mehr Konsequenz und dem Pferd zu mehr Sicherheit. Das Pferd fühlt sich besser aufgehoben, besser geführt, wenn der Reiter weiß, was er will und das auch deutlich mit seiner Körpersprache zum Ausdruck bringt.

Auch die Orientierung im Raum, die sich zum Beispiel im zielgenauen Anreiten von Sprüngen oder im Reiten von exakten Bahnfiguren äußert, gibt dem Pferd Stabilität und Sicherheit. Der Reiter macht deutlich: »Ich will dorthin und daran gibt es nichts zu rütteln.« Lässt er das Pferd die Ecken abrunden, obwohl er sie eigentlich ausreiten möchte, so weiß das Pferd: Das ist alles nicht ernst gemeint, das kann ich ignorieren. Lässt er das Pferd unkorrigiert am Sprung vorbeirennen, **67** obwohl er eigentlich springen will, so weiß das Pferd, dass es sich vor den Forderungen des Reiters drücken kann.

Hinschauen, wohin man reiten möchte, das Ziel ins Auge fassen, heißt die Devise. Das Hinschauen wirkt sich auf den gesamten Körper des Reiters aus (sofern der Sitz in Ordnung ist) und führt das Pferd fast automatisch in die richtige Richtung. Das »Ziel ins Auge fassen« gilt also sowohl körperlich als auch psychisch – das Pferd folgt der Ausrichtung des Reiters auf allen Ebenen. Zur psychischen Ausrichtung des Reiters gehört auch ein klares Rollenverhalten. Der Reiter muss seine Rolle als Ranghöherer ausfüllen und darf sich nicht immer mal wieder »daneben benehmen«, also etwas zulassen, was ein ranghöheres Pferd geahndet hätte. Tut er das, so lädt er das Pferd geradezu ein, seine Forderungen und Signale immer öfter in Frage zu stellen.

Führen und Folgen

Stellen Sie sich die Kombination Reiter-Pferd als Tanzpaar vor. Einer von beiden muss die führende Rolle übernehmen. Das ist der Reiter. Der Folgende, der Geführte, ist das Pferd. Wie beim Tanzen muss der Führende deutlich führen und darf nicht »antäuschen«. Uhd er muss auch auf Impulse und körperliche »Antworten« des Folgenden achten und darf dessen Signale (wie »kann ich gerade nicht ausführen – ich steh' auf dem falschen Fuß« oder »ich habe dich nicht verstanden«) nicht einfach ignorieren.

Der gute Tänzer führt wie der gute Reiter immer mit dem aufgerichteten Körper, über eine Drehung des Oberkörpers, nicht mit Kraft in den Armen. Er schubst die Partnerin nicht grob in die gewünschte Richtung, tritt ihr nicht auf die Füße und bringt sie nicht aus dem Gleichgewicht. Versetzen Sie sich in die Rolle des Führenden und handeln sie Ihrem Pferd gegenüber wie oben beschrieben. Manchmal ist es auch sinnvoll die Rolle des Geführten auszuprobieren. Dann wissen Sie, was Sie mit schlechter Führung anrichten können. Lassen Sie sich zum Beispiel von einem anderen dirigieren. Den besten

Führungsverhalten

Der Reiter darf nicht aus der Rolle fallen. Er muss sich immer wie ein Leittier benehmen.

Die optische Führung ist für die Bodenarbeit von Bedeutung, die Körperführung für das Reiten.

Das Pferd folgt der Ausrichtung des Reiters auf allen Ebenen.

Vergleich für eine effektive Körperführung bekommen Sie tatsächlich über das Tanzen in der geführten Rolle. Am besten mit geschlossenen Augen, so dass Sie sich voll auf die Körpersignale des Partners konzentrieren können. Dazu gehört etwas Vertrauen, nicht wahr? Das Pferd muss in der geführten Rolle ebenfalls dieses Vertrauen dem Reiter gegenüber entwickeln. Auch für Tänzer gibt es einen Spannungsbogen, der das gesamte Tanzpaar umfasst. Wie bei der Reiter-Pferd-Kombination darf die Gesamtspannung im geschlossenen System nicht unterbrochen sein, sonst funktioniert die Führung nicht. Das können Sie sich wie zu viel Spiel in der Lenkung beim Autofahren vorstellen. Die Gesamtspannung braucht nicht hoch, muss aber gleichmäßig sein.

Ein Verfechter der strafferen Zügelanlehnung könnte jetzt folgendes Argument bringen: Wenn die Spannung nicht unterbrochen werden darf, dann dürfte man auch den Zügel nicht über Gebühr nachgeben und ein loser Zügel würde gar nicht funktionieren. Das stimmt jedoch nur bedingt. Die Gesamtspannung des Reiter-Pferd-Systems wird ja nur zum kleinsten Teil durch den Zügel aufrecht erhalten. Das Pferd soll sich selbst tragen und idealerweise nur minimale Anlehnung an die Hand des Reiters suchen. Das Reiter-Pferd-Paar erhält seine Gesamtspannung hauptsächlich über die Aufrichtung des Reiters und die Selbsthaltung des Pferdes mit intaktem

Spannungsbogen. Der Zügel ist später nur ein klitzekleines Korrekturinstrument, um ab und zu »nachzuspannen«. Das kann auch der lose Zügel, der ganz kurz angenommen wird, leisten.

Optische Führung

Bei offenen Tanzfiguren gibt es auch eine »optische Führung«. Sie verhindert, dass der Geführte »aus der Führung« läuft, funktioniert jedoch nur, wenn der Geführte sich voll auf den Führenden konzentriert. Diese optische Führung kommt bei der Bodenarbeit mit dem freien Pferd zum Tragen. Das Pferd fixiert seine Aufmerksamkeit auf den Menschen und folgt dessen Bewegungen. Es richtet sich mit seiner Längsachse so aus, dass es immer in einem Winkel von 90° zur Schulterachse des Menschen steht, also frontal vor ihm. Auf diese Weise können Sie es vorwärts, seitwärts und rückwärts zentimetergenau dirigieren (siehe Kapitel 4 und 6).

Die richtigen Entscheidungen treffen

Der fortgeschrittene Reiter muss zum Verursacher werden und darf nicht, wie der lernende Anfänger, Reagierender bleiben.

Der Verursacher ist immer auch der Entscheidende. Bleibt der Reiter Reagierender, so ist er »Reiter von Pferdes Gnaden« und den Launen und Ängsten bzw. der Gutmütigkeit seines Reittieres ausgeliefert. Der Reiter, der von seinem

Rückwärts durch das »L« – »optische Führung« bei der Bodenarbeit in Hindernissen.

Richtige Entscheidungen sind:

- **Artgerecht und für das Pferd verständlich,**
- **zeitlich richtig koordiniert,**
- **sicher, so dass keiner von beiden sich dabei verletzen kann,**
- **machbar, ohne die Möglichkeiten des Pferdes zu überschreiten,**
- **durchsetzbar, so dass der Reiter sein »Gesicht nicht verliert«.**

Pferd respektiert werden soll, muss jedoch Führungsqualitäten besitzen. Dazu muss in der Lage sein, souverän und schnell die richtigen Entscheidungen zum richtigen Zeitpunkt zu treffen. Zu den »richtigen Entscheidungen« gehört die Hilfengebung in der richtigen zeitlichen Koordination und das schnelle Erkennen, ob das Pferd gerade nicht kann oder nicht will, wenn es auf ein Signal nicht in gewünschter Weise reagiert. Deswegen müssen Sie immer die anatomischen Gegebenheiten im Hinterkopf haben. Und Sie müssen Nervenkostüm und Lernverhalten Ihres Pferdes gut einschätzen können, um Ihre Anforderungen an sein Aufnahmevermögen anpassen zu können. Haben Sie alles bedacht, dann können Sie entscheiden, ob Sie das Pferd energisch korrigieren, ob Sie einen Patzer ignorieren und es einfach in modifizierter Form noch einmal versuchen, ob Sie das Pferd vor dem Neuversuch beruhigen müssen oder aufwecken. Oder ob Sie selbst einen Fehler gemacht haben, zu viel verlangt oder die Hilfen undeutlich gegeben haben. Diese Entscheidungen laufen bei jedem guten Reiter dauernd automatisch im Hintergrund ab. Sie erfordern viel Erfahrung, Einfühlungsvermögen und vor allem eine gute Selbstkontrolle.

Sind Sie nicht sicher, wer einen Fehler verursacht, suchen Sie ihn immer zuerst bei sich selbst. Mit dieser Einstellung können Sie nicht viel falsch machen. Strafen Sie das Pferd jedoch für einen Fehler, den Sie gemacht haben, so verliert es das Vertrauen. **69**

Direkte Verbindungen

Das Pferd kann immer nur direkt (und sofort) eine Aktion seinerseits mit einer Reaktion des Reiters (Lob oder Strafe) verbinden. Kommen Lob oder Strafe zur falschen Zeit, so stellt das Pferd falsche Verbindungen her (im Sinne der Ausbildung bzw. hinsichtlich der Wünsche des Reiters falsche Verbindungen) und ist verwirrt. Diese Verwirrung untergräbt das Vertrauen in den Reiter als Ranghöheren.

Das Pferd kann sich dem menschlichen reflektierten Denken nicht anpassen. Es kann keine Wenn-dann-Beziehung herstellen, wenn Aktion und Reaktion nicht direkt aufeinander folgen. Es stellt möglicherweise andere Wenn-dann-Verknüpfungen her, als der Reiter annimmt. Das passiert, wenn der Reiter seine eigenen Denkmuster auch für das Pferd zugrunde legt.

Strafen Sie Ihr Pferd zum Beispiel mit der Gerte, weil es einen Sprung verweigert, so stellt es durchaus nicht zwingend die Verbindung her: »Wenn ich nicht springe, dann setzt es was« sondern unter Umständen die Verbindung: »ich habe Angst vor dem Ding, es tut weh, wenn ich in seine Nähe komme, also gehe ich nicht mehr in seine Nähe.« Das gleiche kann geschehen, wenn Sie dem Pferd über dem Sprung in den Rücken plumpsen, oder wenn es sich anderweitig beim Springen wehtut.

Die Logik des Misslingens

Es ist völlig sinnlos, eine misslungene Übung in genau gleicher Manier immer wieder zu verlangen, und sich einzubilden, dass es das Pferd endlich kapieren müsste. Wenn eine Lektion misslingt, gibt es drei Hauptgründe dafür:
1. Die Übung ist nicht gut genug vorbereitet. Die Voraussetzungen stimmen nicht. Das Pferd ist körperlich noch nicht in der Lage, dem Wunsch des Reiters nachzukommen. Verlangen Sie zum Beispiel ein Anhalten oder auch nur Schritt aus dem Galopp, so muss das Pferd schon in der Lage sein, sehr viel Gewicht mit der Hinterhand aufzunehmen. Es muss also versammelt sein. Ein junges Pferd in der Grundausbildung ist das noch nicht und kann dementsprechend auch die

Drei Hauptgründe für misslungene Übungen:

- Die Übung war nicht gut genug vorbereitet.

- Der Mensch hat nicht die volle Aufmerksamkeit des Pferdes.

- Der Mensch gibt undeutliche oder missverständliche Hilfen.

Parade aus dem Galopp zum Halten oder zum Schritt nicht ausführen. Verlangt der Reiter sie trotzdem, so endet die Parade schlimmstenfalls in einem Ziehkampf und auf der Vorhand.
2. Der Reiter hat nicht die volle Aufmerksamkeit des Pferdes. Es ist damit beschäftigt, in der Gegend herum zu schauen und nur halb bei der Sache. Oft bieten unaufmerksame Pferde auch irgendwelche Lektionen an, weil sie sich nicht völlig auf die Hilfen konzentrieren.
3. Der Reiter gibt undeutliche oder missverständliche Hilfen und verwirrt damit das Pferd. Oft verursacht der Reiter auch das berüchtigte Vorgreifen des Pferdes in einer Lektion durch unbewusste Signale. Er setzt sich unbewusst schon für einen fliegenden Wechsel zurecht und straft dann das Pferd auch noch, wenn es »zu früh« umspringt.

Alle drei Punkte machen eigentlich deutlich, dass immer gleichartige Wiederholungen einer misslungenen Übungen psychologischer Unfug sind und nicht zum Erfolg führen können. An irgendeiner Stelle muss etwas verändert werden, um eine Verbesserung zu erzielen.

Bei Punkt 1 ist die Sache noch recht einfach. Mit ein wenig logischer Überlegung und anatomischem Grundwissen kann jeder Reiter sich fragen, ob er nicht zu viel von seinem Pferd verlangt hat und einen Schritt zurückgehen (sich zum Beispiel mit einer sauberen Parade vom Galopp zum Trab und nach ein paar Trabtritten erst zum Schritt zufriedengeben.)

Bei Punkt 2 wird es da schon schwieriger: Um die volle Aufmerksamkeit des Pferdes zu erlangen, müssen Sie sich etwas einfallen lassen. Das können Hindernisse verschiedener Art sein, auf die sich das Pferd notgedrungen konzentrieren muss (Trailhindernisse, Stangen, Sprünge etc.). Schalten Sie notfalls solche Hindernis-Lektionen dazwischen, wenn das Pferd sich mehr für die Außenwelt als für Ihre Signale interessiert. Und verlangen Sie später nochmals die misslungene Lektion.

Punkt 3 ist ohne Beobachter von außen nicht in den Griff zu bekommen. Der Reiter weiß schließlich nicht, was er unbewusst tut. Gänzlich falsch ist es aber auf jeden Fall, dem Pferd die Schuld zuzuweisen und es mit der gleichen Lektion immer und immer wieder zu traktieren. Damit erreichen Sie nur, dass es Angst vor der Übung bekommt und sich ihr entziehen will.

Die Logik des Gelingens

Wenn alles stimmt, sieht man von außen nicht mehr, wie es geht, und das Ziel, die harmonische Verständigung, ist erreicht. Für eine spätere Minimierung der Hilfen müssen zuerst alle Komponenten gelehrt, alle Verständigungsmöglichkeiten ausgeschöpft werden. Sie müssen als Reiter das volle Hilfenrepertoire erlernt haben und auch ihrem Pferd beibringen. Erst dann können Hilfenkombinationen zu Hilfenkürzeln verschmelzen, kann die Intensität der Hilfen verringert werden. Andernfalls gibt es immer nur eine Sparversion der Verständigung, eine halbe Sache. Vergleichen Sie die Hilfengebung mit einer Symphonie: Nur wenn viele Einzelinstrumente gekonnt beherrscht und aufeinander abgestimmt werden, klingt das Gesamtwerk gut.

Analyse und Intuition

Gute Hilfen sind immer logisch, das heißt folgerichtig und eindeutig. Die linke Gehirnhälfte und die rechte Körperhälfte sind für die Logik zuständig. Für die Analyse eines Problems mit all seinen möglichen Facetten ist die Logik in Verbindung mit einem umfassenden Wissen das geeignete Instrument.

Eine gute Kommunikation ist jedoch auch intuitiv. Für die Intuition ist die rechte Gehirnhälfte und die linke Körperhälfte zuständig. Die Intuition sagt dem Reiter z. B., wann es genug für das Pferd (und für ihn selbst) ist.

Zum harmonischen Reiten, zur guten Verständigung mit dem Pferd gehört immer beides: logische Analyse und intuitives Feeling.

Aussetzen, Vertagen, Verschieben

Wann ist es genug – das ist eine der wichtigsten Fragen bei der Ausbildung von Reitern und Pferden. Bei beiden ist irgendwann die Aufnahmekapazität und Konzentrationsfähigkeit erschöpft und sie brauchen Pausen oder eine »Vertagung« der Arbeit.

Kleine, kurze Trainingseinheiten bringen deutlich mehr Erfolg als langes Gewürge. Weder Pferd noch Reitschüler dürfen einem zu hohen Leistungsdruck ausgesetzt werden, weil damit nur falsche Spannung erzeugt wird. In den meisten Fällen (in etwa mittlerem Ausbildungsniveau) halte ich eine volle Stunde intensiven Reitunterricht bzw. intensives Training für das Pferd für zu lang. Drei Stunden im Gelände bummeln ist natürlich etwas anderes …

»Mach mal Pause« – zum Beispiel bei einem Bummel im Gelände.

Wiederholtes Abfragen: Korrektur und Selbstkorrektur

Sinnvoll ist es, während des Trainings bzw. des Unterrichts immer wieder beim Reiter bestimmte Parameter abzufragen: Haltung, Druckintensität bei den Hilfen, Konzentration, Kondition etc. Fortgeschrittene Reiter können sich auch selbst abfragen und damit eine ständige Selbstkorrektur über das Körpergefühl vornehmen. Für Reiter, die oft allein reiten, ist dies besonders wichtig.

Auch bei den vierbeinigen Schülern ist eine solche Abfrage möglich, natürlich nicht verbal. Doch Pferde sagen auch recht deutlich, wenn es ihnen zu viel wird. Man muss nur hinhören bzw. »hinfühlen«. Viele Pferde fordern nach einiger Zeit in Versammlung geradezu das Strecken und Langmachen dürfen – und man sollte es Ihnen gewähren. Gerade bei jungen Pferden sind Konzentrationsfähigkeit und Durchhaltevermögen sehr begrenzt und meist deutlich geringer als meist vom Menschen angenommen.

Viele Modifikationen sind möglich.

Aufmerksamkeit, Wille, Konzentration

Der Reiter muss sich kon-**zen**-trieren, sich auf seine Mitte besinnen, sich einstimmen auf das Pferd und die Wechselbeziehung Pferd-Reiter.

Die richtige Konzentration darf jedoch nicht zu Spannungen führen. Finden Sie die »goldene Mitte« zwischen zu viel und zu wenig »Wollen«. Zu viel bzw. falsche Konzentration führt meist zu verbissenem Reiten. Die Harmonie geht verloren, wenn Sie etwas »mit aller Kraft« erreichen wollen – wobei sich Kraft hier nicht nur auf die körperliche Kraft bezieht. Versuchen Sie immer wieder, innerlich loszulassen, tief durchzuatmen, Ihre Mitte zu spüren, um nervöse Energie loszuwerden. Behalten Sie Ihr gesetztes Ziel im Hinterkopf, lassen aber Modifikationen zu. (Nicht nur das Pferd muss innerlich und äußerlich loslassen, auch der Reiter).

Konzentrieren Sie sich zu wenig, träumen vor sich hin oder schweifen mit den Gedanken ab, so nutzt das Pferd dies im besten Fall, indem es sich »das Leben leicht macht« und nur mit halber Kraft arbeitet, im schlechteren Fall, indem

es eigene Wege geht. Bleiben Sie also bei der Sache und schenken Sie dem Pferd so viel Aufmerksamkeit, wie Sie von ihm erwarten.

Konzentration nach innen und außen

Der Reiter muss seine Aufmerksamkeit gleichermaßen nach innen und nach außen richten.

Die Konzentration nach innen bezieht sich auf die Wechselbeziehung Pferd-Reiter, vor allem im Bereich des Schwerpunkts und im Beckenbereich. Und sie bezieht sich auf die Signale, die Ihnen das Pferd über seine Rückenbewegung mitteilt. Schwingt der Rücken frei? Können Sie sitzen oder werden geworfen? Geht das Pferd zu wenig oder zu viel vorwärts? Lässt es sich beidseitig gut biegen? Zudem sollten Sie immer wieder in sich hineinhorchen und im Geiste einige andere Haltungsparameter abfragen: Habe ich Spannung in der Schulter, was fühlt meine Hand, ziehe ich das Knie hoch, lasse ich den Kopf hängen? Damit haben Sie die Selbstkorrektur par excellence. Natürlich geht das nur, wenn Sie nicht gerade all Ihre Energie dazu brauchen, Ihr Pferd von einer unerwünschten Aktion abzuhalten. Nur dann haben Sie genug »Konzentrationsenergie« frei, um sich selbst zu überprüfen. Die Konzentration nach innen erfordert ein bestimmtes Maß an Energie, die Sie von Ihrer Konzentration auf das Äußere, auf die Umgebung, abziehen müssen. Doch außer beim Springen, in schwierigem Gelände oder bei der Ranch-Arbeit brauchen Sie eigentlich gar nicht so viel Konzentration für außen. Für eine effektive Dressurarbeit ist die Konzentration nach innen wichtiger.

Die Konzentration nach außen bezieht sich auf die Orientierung im Raum, sprich in der Reitbahn. Diese Orientierung brauchen Sie für korrekte Bahnfiguren, zum Beispiel für saubere gerade Linien und kreisrunde Zirkel. Mit der richtigen Konzentration nach außen, auf die zu reitenden Linien, richten Sie Ihren Körper automatisch richtig aus. Und das Pferd folgt dieser Ausrichtung – es sei denn Sie haben irgendwo einen Bruch in Ihrer Körperspannung, knicken in der Hüfte ein oder machen sonst einen »gleichgewichtstechnischen Unfug«. Um das zu vermeiden, sollen Sie sich ja auch immer wieder auf Ihr »Innenleben« konzentrieren.

Die Konzentration nach außen bezieht sich jedoch nicht darauf, die (Kopf-)Haltung des Pferdes optisch zu überprüfen, indem sie zum Beispiel dauernd hinunterschauen. Durch das Hinunterschauen wird die Sitzspannung unterbrochen, die Gesamtspannung des Systems Reiter-Pferd leidet darunter.

Oft muss der Reiter bewusst seinen Fokus, seine Ausrichtung, von innen nach außen und wieder zurück verändern. Läuft ihm zum Beispiel das Pferd über die Schulter aus dem Zirkel heraus muss er schnell »innerlich« abfragen. Stimmt meine Körperposition in Bezug zur Zirkellinie oder verdrehe ich mich zu stark? Ist meine innere Hüfte zu weit vorn, zu weit hinten? Ziehe ich etwa im inneren Zügel? Ist der äußere Zügel zu lose? Dann muss er umschalten auf die äußere Ausrichtung auf die Zirkellinie, um seine Richtung beizubehalten. Das alles passiert in Sekundenbruchteilen. Und diese Reaktion kann hinsichtlich Schnelligkeit und Effektivität trainiert werden (siehe auch Kapitel 5).

Gerichtete Aufmerksamkeit

Wohin Reiter oder Pferd ihre Hauptaufmerksamkeit richten, worauf sie sich konzentrieren, ist sehr stark abhängig von der Reitweise. Hier liegen die hauptsächlichen Unterschiede zwischen der Gebrauchsreiterei (Western, Doma Vaquera aber auch zum Beispiel Polo, Springen und Geländereiten) als Ziel der Ausbildung und der Dressur als künstlerischem Selbstzweck. In der reinen Dressur können sich Pferd und Reiter ganz aufeinander und auf die Vervollkommnung der Bewegung miteinander konzentrieren. In allen gebrauchsorientiert ausgerichteten Reitweisen ist das Endziel immer eine nach außen orientierte Leistung: Rinder treiben, Hindernisse überwinden, auf den Weg achten, in einem Team spielen.

In den gebrauchsorientierten Ausbildungssystemen muss es das Ziel der Ausbildung sein, schnelle Reaktionen und eine gestreute Aufmerksamkeit des Pferdes zu erreichen: Es muss sofort auf Signale des Reiters reagieren, sich aber auch der äußeren Aufgabe widmen. In extremer Form kann man das zum Beispiel beim Aussondern eines Rindes aus einer Herde, dem Cutting, sehen. Dabei gibt der Reiter dem ausgebildeten Pferd nur ein Signal, welches Rind gemeint ist und wann das Pferd beginnen soll bzw. aufhören soll – alles andere muss das Pferd selbstständig erledigen, denn jedes Signal des Reiters während des Cuttens käme zu spät.

Grundausbildung gleich – Modifikationen erlaubt

Nun ist es jedoch nicht so, dass die Grundausbildung solcher Arbeitspferde sich extrem von der eines Dressurpferdes unterscheidet. Jedes gute Arbeitspferd, Springpferd, Geländepferd braucht eine dressurmäßige Grundausbildung, die es unter dem Reitergewicht ins Gleichgewicht bringt, es dadurch beweglich und reaktionsschnell macht und die die Kommunikationsgrundlagen zwischen Reiter und Pferd schafft. Im Gegenzug tut es auch dem Dressurpferd gut, wenn der Reiter, die Hilfeintensität minimiert und Elemente aus der Gebrauchsreiterei hinzufügt: Eine Vorgehensweise, die bei den alten Meistern durchaus bekannt war, in der modernen Dressur jedoch leider oft nicht mehr.

ERZIEHUNG
UND ANGSTBEWÄLTIGUNG

Erziehung ist nichts anderes als Eingliederung in ein bestehendes soziales System. In der Natur ist für die Erziehung des jungen Pferdes die Herde zuständig – insbesondere sind es die ranghöchsten Pferde. Beim Reitpferd ist der Reiter bzw. Ausbilder gefordert. Er muss sich dem Pferd glaubhaft als Alphatier, als ranghöchstes Leittier, präsentieren. Nur dann kann er das Pferd erziehen und in der Folge dessen Ängste kontrollieren.

In der Herde gibt es relativ einfache Grundregeln, die das Zusammenleben ermöglichen und vor allem die Sicherheit der Gruppe gewährleisten sollen. Nur, wenn Sie als Reiter das Beziehungsgeflecht in der Herde sowie die Kommunikation der Pferde untereinander und deren Grundregeln verstehen, können Sie ein Pferd artgerecht erziehen – nämlich so, dass es Ihre Erziehungsversuche auch versteht. Nur dann können Sie auch ein erfolgreiches »Angstbewältigungsprogramm« durchführen und eine harmonische Verständigung mit dem Pferd erreichen.

Artgerechte Erziehung

Erziehung muss Respekt und Vertrauen erzeugen. Richtige Erziehung muss zur Folge haben, dass das Pferd den Menschen als ranghöher akzeptiert und respektiert. Es muss genau wissen, was es darf und was nicht, es muss seine Grenzen kennen. Und diese Grenzen legen Sie als der Ranghöhere fest.

Wie ein Kind testet jedes junge Pferd jedoch die ihm auferlegten Grenzen aus – das liegt in seiner Natur, denn es muss sich seinen eigenen Rang in

Eine gute Erziehung des Pferdes muss Respekt vor und Vertrauen zum Menschen zur Folge haben.

der Herde erobern. Und es testet sie auch beim Menschen aus. Sie müssen nun sehr genau wissen, was Sie dem Pferd erlauben wollen (und da gibt es einen kleinen Spielraum, der für jede Mensch-Pferd-Beziehung leicht modifiziert werden kann) und was auf jeden Fall strikt verboten ist. Entscheiden Sie aber immer vorher, was Sie zulassen und was nicht, und bleiben Sie auch bei Ihrer Entscheidung. Wenn Sie einmal »Nein« gesagt haben, dann muss das ein »Nein« bleiben, darf nicht zum »Vielleicht« werden und schon gar nicht zum »Na schön, dann bekommst du eben deinen Willen, ist ja nicht so wichtig«. Diese Inkonsequenz merkt sich das Pferd und versucht bei anderen Gelegenheiten auch, sich durchzusetzen. Schließlich hat es ja einmal geklappt.

Es gibt allerdings auch Verhaltensweisen des Pferdes, die so deutlich Ihre ranghohe Position verletzen, dass Sie sie auf keinen Fall durchgehen lassen dürfen. Da haben Sie dann keinen Ermessensspielraum mehr. Dazu gehört zum Beispiel das »Anrempeln« beim Führen. Drückt das Pferd mit der Schulter gegen Sie? Tritt es Ihnen auf den Fuß? Läuft es Ihnen in die Hacken, wenn Sie plötzlich stehen bleiben? Rennt es an Ihnen vorbei, weil es andere Ideen von Richtung und Geschwindigkeit hat? Dann können Sie davon ausgehen, dass es Sie nicht respektiert. Das dürfen Sie nicht zulassen – auf gar keinen Fall.

Und hier – beim simplen Führen – setzt die Erziehung des Pferdes an, die Ihnen später auch beim Reiten seine volle Aufmerksamkeit auf Ihre Hilfen und zudem sein Vertrauen sichert.

Verhaltensmuster in der Herde

◆ Ein rangniederes Pferd darf ein ranghohes nicht überholen. Das ranghohe Pferd wird seine Position mit einem drohend nach hinten gerichteten Zähneblecken und Ohrenanlegen oder einem gezielten Huftritt verteidigen, wenn es das

für nötig hält. Ein rangniederes Tier kann sowohl direkt hinter dem ranghohen laufen als auch schräg versetzt mit seinem Kopf in Höhe der Schulter des Vorderpferdes. Weiter darf es sich jedoch nicht mehr vorwagen, will es sich nicht den Angriffen des anderen aussetzen.

◆ Das rangniedere Pferd läuft einem ranghohen normalerweise auch in Gefahrensituationen hinterher, weil das ranghöhere Pferd gleichzeitig eine Schutzfunktion ausübt. Dieses Verhalten führt dazu, dass die Mitglieder der Herde bei einer Bedrohung nicht in alle Windrichtungen auseinander laufen, sondern auch auf der Flucht den Schutz, den die Gruppe bietet, wahrnehmen können. Besonders das Fohlen läuft bedingungslos hinter der schützenden Mutter her. Die ranghohen Pferde geben also die Richtung der Flucht bzw. der Bewegung an.

◆ Das ranghöchste Tier/der Leithengst kann jedes andere Tier der Gemeinschaft von hinten und von der Seite treiben. In jede beliebige Richtung – auch kurzfristig von der Herde weg. Er hält damit einerseits seine Herde zusammen und diszipliniert andererseits dreiste Jungtiere.

◆ Leitstute und Leithengst existieren nebeneinander in der Herde. Sie stehen normalerweise nicht in Konkurrenz zueinander, sondern haben eigene Aufgabengebiete. Setzt sich die Herde in Bewegung, so geht meistens die Leitstute voran. Der Leithengst gibt Rückendeckung. Er kann auch die Leitstute von hinten treiben, wenn er mit der Richtung nicht einverstanden ist.

Wichtige Grundregeln

■ Rangniedere Pferde dürfen ranghöhere nicht überholen.
■ Rangniedere Pferde müssen ranghöheren ausweichen.
■ Daraus folgen die Grundsätze der Erziehung: Das Pferd darf den Menschen nicht überholen und muss ihm ausweichen.

Führtraining: Verhaltensmuster für die Erziehung des Pferdes nutzen

Wie oft kann man sehen, dass nicht der Mensch ein Pferd führt, sondern umgekehrt das Pferd den Menschen. Der Mensch wird mehr oder weniger »elegant« mitgezogen. Von Kontrolle über das Pferd kann keine Rede sein. Andere Pferde schlurfen hinter dem Menschen her, schauen in der Weltgeschichte herum und rennen ihn um, wenn er unvermittelt stehenbleibt. Beide Pferde haben keinen Respekt vor dem Menschen. Sie tun unter dem Sattel schlecht und recht, was von ihnen verlangt wird. Befindet sich aber der Reiter auf dem Boden, so wird der mangelnde Respekt durch solch rüpelhaftes Verhalten deutlich. Es hat auch einen plausiblen Grund, warum die meisten Menschen mit ihren Pferden noch mehr oder weniger zurechtkommen, solange sie oben sitzen, jedoch Schwierigkeiten haben, wenn sie mit dem Pferd vom Boden aus umgehen sollen: Sitzt der Reiter auf dem Pferd, so imitiert er in etwa die Position des Leithengstes, der es treibt – er befindet sich hinter dem Gesichtskreis des Pferdes. Insofern besitzt er durch seine Position eine gewisse Autorität.

Autorität sollten Sie immer – auch und speziell am Boden – haben. Sie können dann das Pferd sehr viel einfacher und sicherer kontrollieren. Besonders in der Ausbildung fürs Wanderreiten oder für Trailprüfungen ist das mit dem Führtraining erreichbare Grundvertrauen des Pferdes in den Reiter von unschätzbarem Wert.

Im einzelnen kann man die verschiedenen Positionen für das »Führtraining« folgendermaßen nutzen:

Überholverbot: das Pferd darf nicht am Menschen vorbeilaufen

Angenommen, Sie führen im Schritt. Die Nase des Pferdes soll sich dabei hinter Ihrer Schulter befinden. Macht es Anstalten, diesen Platz zu verlassen, so geben Sie ihm mit dem Halfter einen kräftigen Ruck auf die Nase.

Reagiert es darauf nicht, so können Sie ihm den Ellbogen vor die Nase halten oder auch stehenbleiben und ihm das lose Führstrickende oder die

A

C

E

B

D

F

Gerte gegen die Brust klatschen, wenn es an Ihnen vorbeidrängeln will. Hilft alles nichts, so wird mit Führkette geführt. Ein kurzer Ruck an der Führkette zeigt mit einiger Sicherheit Wirkung. Wenn nicht der erste Ruck, dann ein zweiter oder dritter.

Auf keinen Fall dürfen Sie sich jedoch auf einen Ziehkampf mit dem Pferd einlassen – den gewinnt das Pferd allein durch seine Körperkraft. Wie eigentlich immer im Umgang mit Pferden ist die Intervalltechnik angesagt. Sie müssen also den Führstrick immer wieder locker lassen (die Westernreiter nennen dies treffend die Pull-and-Slack-Methode) und durch wiederholtes kurzes, hartes Annehmen dem Pferd seine Aktionen unangenehm machen. Hat das Pferd akzeptiert, dass sein Platz schräg hinter dem Menschen ist, so können sich weitere Übungen anschließen.

Aufmerksamkeit fordern

Sie können nun mehr Aufmerksamkeit des Pferdes auf Ihre Bewegungen fordern: Bleiben Sie zum Beispiel abrupt stehen. Läuft das Pferd einfach weiter (an Ihnen vorbei), so gibt es wieder einen Ruck auf die Nase. Anfangs können Sie Ihr Stehenbleiben mit einem verbalen Kommando wie »Halt« ankündigen (eine temporäre Zusatzhilfe). Später soll das Pferd nur auf Ihre Bewegung bzw. »Nichtbewegung« reagieren.

Das Gleiche können Sie im Trab trainieren. Laufen Sie vor dem Pferd her und stoppen abrupt. Zu Anfang können Sie das Pferd mit der Stimme vorwarnen oder ihm Ihren erhobenen Ellbogen vor die Nase halten. Später muss das Pferd ohne Vorwarnung reagieren.

Führen:
A: Das Pferd darf nicht versuchen zu fressen, wenn es geführt wird.
B: Dieses Pferd ist nicht gut erzogen – es überholt den Menschen.
C, D, E: Führen von hinten in verschiedenen Varianten: mit Doppellonge, mit dem freien Pferd und mit einem einfachen Führstrick.
F: Bei diesen Größenverhältnissen wird klar, warum eine gute Erziehung notwendig ist.

77

Mit dieser Übung können Sie Ihre Autorität dem Pferd gegenüber festigen und als angenehmen Nebeneffekt auch die Hinterhand des Pferdes trainieren. Klappt auch diese Lektion, so können Sie durch Rückwärtsgehen nach dem Anhalten das Pferd dazu veranlassen, nach hinten auszuweichen (rückwärts zu gehen).

Vorwärts treiben

Wollen Sie noch mehr tun, so führen Sie das Pferd schräg von hinten. Sie treiben es dabei wie der Leithengst. Dazu brauchen Sie ein langes Führseil oder die so genannten langen Zügel, so dass Sie selbst schräg hinter der Hinterhand des Pferdes laufen können. Später können Sie auch das freie Pferd »führen«.

Durch Wegtreiben der Hinterhand und mit Wellenschlägen des Führseils oder mit einer Gerte, deren Knauf in Richtung Kopf oder Schulter des Pferdes weist, können Sie es dirigieren.

Benutzen Sie nur einen Führstrick oder arbeiten mit dem freien Pferd, so sind Sie auf Ihre unmissverständliche Körpersprache angewiesen. Bei Verwendung der langen Zügel oder der Doppellonge haben Sie mehr Einwirkung auf Kopf und Vorhand und damit auf die Bewegungsrichtung des Pferdes. Die Handhabung von beidem ist jedoch nur für Leute mit viel Erfahrung zu empfehlen, denn die Unfallgefahr durch »Verwicklungen« in den Longen oder Leinen ist recht hoch.

Das Führen von hinten ist an Engstellen von Vorteil. Das gebräuchliche »normale« Führen des Pferdes mit Position vor dem Pferd ist in Engpässen nicht besonders empfehlenswert, da eine eventuell panische Reaktion, ein »Losschießen« nach vorn, für den Führenden recht gefährlich werden kann.

Reagiert das Pferd auf das Treiben von hinten, so ist völlig klar, wer von den beiden Beteiligten das Sagen hat, denn die damit imitierte Position des Leithengstes wird nicht so schnell vom getriebenen Pferd in Frage gestellt.

Drängeln verboten

Drängelt das Pferd seitwärts gegen Sie, so lehnen Sie sich nicht einfach dagegen, um es wegzuschieben. Gegen die Kraft des Pferdes haben Sie keine Chance. Drängt das Pferd gegen den Menschen, so ist dies ein deutlicher Verstoß gegen die Rangfolge, die auch einen gewissen Freiraum, eine Privatsphäre des Ranghöheren beinhaltet. Schnicken Sie mit der Gerte oder dem Führseilende gegen Nase oder Schulter des Pferdes. Das wird es von Ihnen fernhalten.

Stellung und Biegung bei der freien Arbeit …　　*… und mit der Doppellonge.*

Das Pferd seitwärts ausweichen lassen.

Ausweichübungen

Nach den Grundsatzübungen im Führen können sich die Ausweichübungen am Boden anschließen. Dabei steuern Sie Vor- und Hinterhand des Pferdes unabhängig voneinander. Lassen Sie das Pferd Vorhandwendungen, Hinterhandwendungen und Seitengänge an der Hand ausführen. Dazu gehen Sie ganz gezielt in straffer, aufrechter Haltung auf den Körperteil des Pferdes zu, der ausweichen soll. Damit fixieren Sie es auf Ihre Körpersprache und können es gleichzeitig schon am Boden gymnastizieren. Trailübungen am Boden, bei denen Sie das Pferd zentimetergenau seitwärts, rückwärts und vorwärts dirigieren, zeigen Ihnen den Erfolg der Übungen.

Longenarbeit, Arbeit am langen Zügel und die Ausbildung des Kutschpferdes bauen auf den Ausweich- und Führübungen auf.

Respekt und Vertrauen sind untrennbar miteinander verbunden

Haben Sie den Respekt Ihres Pferdes und erkennt es Sie als den Ranghöheren an, so vertraut es Ihnen auch. Denn in der Herde ist das ranghöchste Pferd für die Sicherheit zuständig. Wenn es »Flucht« signalisiert, wird keiner aus der Herde allein zurückbleiben wollen, wenn das Leittier jedoch angesichts einer beunruhi-

genden Situation ruhig und gelassen bleibt, so bleibt auch die Herde am Platz. Bleiben Sie als Respekts- und Vertrauensperson nun in einer beängstigenden Situation ruhig und souverän, so wird sich auch das Pferd nicht über Gebühr aufregen. Mit einer guten, artgemäßen Erziehung legen Sie gleichzeitig den Grundstein für die Angstbewältigung.

Die Erziehung des Pferdes zu einem vertrauensvollen Partner beginnt also nicht erst, wenn Sie oben sitzen. Sie beginnt viel früher und umfasst eigentlich jede Art von Umgang mit dem Pferd. Ob Sie es führen, putzen, füttern – eine gute Erziehung sollte alle Bereiche abdecken. Das eigentliche Reiten ist nur ein kleiner Ausschnitt aus dem Gesamtprogramm.

Eine gute »Kinderstube« erleichtert allerdings das Reiten, vor allem die Problembewältigung und Hilfenminimierung, ungemein. Das Pferd hat prinzipiell gelernt, sich zu »benehmen«. Es hat den Menschen (hoffentlich auch seinen speziellen Besitzer/Reiter) als ranghöher und damit »weisungsbefugt« anerkannt. Es stellt deswegen Forderungen des Menschen nicht mehr grundsätzlich in Frage, wie das zum Beispiel ein »ungezogenes« Pferd tut.

Fixierung auf Signale des Menschen: Das Pferd will den Ausbilder im Auge behalten.

Autorität und Führungsqualitäten

Der Mensch braucht im Umgang mit dem Pferd ein großes Maß an Autorität. Autorität ist an sich nichts Schlechtes, auch wenn das die Vertreter der antiautoritären Erziehung nicht so sehen mögen. Autorität muss jedoch echt im Sinne von souverän sein, nicht vorgetäuscht.

Aufgesetzte «Möchtegern-Autorität» mit forschem Auftreten nützt beim Reiten nichts, denn Pferden kann man nichts vormachen. Sie »durchschauen« den menschlichen »Papiertiger« sofort, weil sie die Körpersprache des Menschen lesen. Sie lassen sich nicht durch Statussymbole und dummes Geschwätz täuschen.

Dummerweise (oder glücklicherweise?) verrät sich jeder über seine Körpersprache. Jedes Zögern, jede unausgesprochene Frage »Geht das auch, kriege ich das hin?« teilt sich dem Pferd über Haltung, Stimmlage, Gestik mit. Und es reagiert entsprechend.

Haltung bewahren

Für die richtige, weil effektive Haltung macht es keinen Unterschied, ob der Mensch auf dem Pferd sitzt (reitet) oder unten steht (bei der Bodenarbeit).

In beiden Positionen gilt als Hauptforderung: Immer schön aufrecht bleiben und Kopf hoch. Sowohl innerlich als auch äußerlich, könnte man ergänzen. Denn die äußere Haltung ist immer nur das Spiegelbild der inneren Haltung. Und die Haltung der Pferde spiegelt die des Menschen. Deswegen liegt es auf der Hand, dass sich bei schlechter – äußerlich sichtbarer – Haltung auch etwas an der inneren Haltung ändern muss, will man eine Verbesserung erzielen (siehe auch Kapitel 5).

Die aufrechte, souveräne (für Signale und Hilfen effektive) Haltung definiert sich über ein paar Grundkriterien. Diese gelten sowohl für den Reitersitz (siehe auch Kapitel 2) als auch für die Haltung am Boden. Im Wesentlichen lassen sich drei Punkte herauskristallisieren:

◆ **Aufrichtung**

Richten Sie den Oberkörper aus dem Becken senkrecht auf. Knicken Sie nicht an irgendeiner

H

Haltung bewahren

Die Kriterien für die effektive und richtige Haltung am Boden und für die Arbeit im Sattel sind gleich: Aufrichtung, Grundspannung und deutliche, zielgerichtete Bewegungen.

Stelle Ihre Wirbelsäule ab, indem Sie zum Beispiel den Kopf hängen lassen, schief legen oder in der Hüfte einknicken. Dadurch gewinnen Sie eine straffe Grundhaltung. Das Prinzip ist kein anderes als das für den korrekten Spannungsbogen in der Wirbelsäule des Pferdes. Auch das Pferd darf nicht im Hals abknicken, weil es damit seine straffe, gespannte, »tragfähige« Haltung ruiniert (siehe Kapitel 1- Anatomie Spannungsbogen).

◆ **Gezielte deutliche Bewegungen**

Am Boden: Benutzen Sie Ihre Arme und Beine dazu, dem Pferd gezielt den Weg zu zeigen.

Auf dem Pferd: Für Bewegungen auf dem Pferd gilt das Gleiche. Jedoch haben ausladende Bewegungen der Arme und Hände hauptsächlich für junge Pferde Bedeutung. Ihnen wird zum Beispiel durch weites Herausführen der inneren Hand der Weg in eine Wendung gewiesen. Und ein Schenkel darf auch schon mal »anklopfen«, bis das Pferd seine Bedeutung verstanden hat. Diese überdeutliche Gestik wird in der späteren Ausbildung wieder reduziert.

◆ **Ausrichtung des Oberkörpers und Blickrichtung**

Am Boden: Richten Sie Ihren Oberkörper so aus (z. B. durch Drehung), dass sich das Pferd an ihm orientieren kann. Das Pferd soll bei bestimmten Übungen in der Bodenarbeit immer senkrecht vor dem Menschen bleiben (zum Beispiel bei der »Rückwärtssteuerung« des Pferdes – siehe Kapitel 6, Bodenarbeit zur Vorbereitung), sich immer wieder auf seine Schulterlinie einrichten.

Auf dem Pferd: Für die Ausrichtung auf dem Pferd sind wiederum die Blickrichtung, die Kopfdrehung und schließlich die daraus resultierende Beckendrehung des Reiters ausschlagge-

Geradeaus rückwärts: Bleibt der Mensch im Oberkörper gerade und frontal vor dem Pferd, geht auch das Pferd gerade rückwärts.

bend. Damit wird die Druckverteilung auf dem Pferderücken gesteuert und das Gleichgewicht des Pferdes beeinflusst. (siehe Kapitel 1, Gleichgewicht) Auch hier richtet sich das Pferd nach dem Oberkörper des Reiters aus. Dreht der Reiter nach links, wird sich auch das Pferd nach links wenden, sofern nicht Störfaktoren wie Steifheit oder widersprüchliche andere Signale des Reiters diese Reaktion beeinträchtigen.

Nur drei Hauptpunkte – eigentlich ganz einfach – oder etwa nicht?

Die Praxis zeigt etwas anderes. Ängste und Blockaden, Verkrampfungen, Konzentrationsmangel, Orientierungsverlust auf Seiten des Menschen behindern dieses einfache Konzept. Und nur, wer sich selbst körperlich und psychisch

Unsicherheit

Wer schreit, hat unrecht – wer herumzappelt, wirkt unglaubwürdig: Hektisches Herumzappeln deutet sowohl beim Pferd als auch beim Menschen auf Unsicherheit und Orientierungsverlust hin.

im Griff hat, kann die Klarheit des Erforderlichen auch erkennen. Das Richtige zu tun ist immer nur dann einfach, wenn man weiß, was das Richtige ist. Nach dem »Aha-Erlebnis« ist es immer einfach, dann nämlich, wenn man verstanden hat, warum etwas richtig ist und das erste Mal eine prompte Reaktion auf eine einfache Aktion gespürt hat.

Ruhe bewahren

Auch eine ruhige, souveräne Entschlossenheit drückt sich in der (aufrechten) Haltung des Menschen aus. Eine echte Autoritätsperson hat es nicht nötig herumzubrüllen. Da unterscheiden sich Pferde nicht von Menschen. Ein souveränes, anerkanntes Leittier kommt mit minimalen Drohgebärden aus, um alle rangniederen sofort im Griff zu haben. Die menschliche »Führungspersönlichkeit« hat es nicht nötig, laut – und hektisch – zu werden und mit wilden Gebärden herumzufuchteln. Lautstärke überspielt oft nur Unsicherheit und Angst. Wer schreit, hat oft nicht nur unrecht, sondern zeigt damit auch, dass er Angst hat. Wer herumzappelt, zeigt, dass er nicht so recht weiß, wie er seinen Körper gezielt einsetzt. Das hektische Zappeln zeigt sowohl beim Menschen als auch beim Pferd Orientierungsverlust und Unentschlossenheit. Beide wissen nicht, wohin mit sich und ihrer nervösen Energie.

Angstüberwindung: Schlüssel für harmonischeres Reiten

Die Angst von Pferd und Reiter – Angstübertragung

Nicht nur die Angst des Pferdes ist zu berücksichtigen, sondern auch die des Reiters. Probleme entstehen nicht nur durch ängstliche Pferde, sondern auch durch ängstliche Reiter, die ihre Angst auf das Pferd übertragen. Der Reiter denkt, dass das Pferd Angst haben könnte oder müsste – und prompt hat das Pferd Angst und scheut. Das fällt in den Bereich der »sich selbst erfüllenden Prophezeihung«. Pferde sind sehr sensibel, was die Stimmungen und Einstellungen ihrer Reiter

81

betrifft. Entschlossenheit und Ruhe teilen sich ihnen genauso schnell mit wie Angst oder Zaghaftigkeit – und sie reagieren entsprechend. Das hat nichts mit Telepathie oder Gedankenlesen zu tun, denn der Mensch drückt seine Gemütsverfassung mit vielen kleinen Gesten, seiner Haltung oder Muskelspannung aus.

Bei Problemen mit ängstlichen Pferden überlegen Sie also am besten erstmal, ob nicht Sie als ängstlicher Reiter das Problem verursachen, und machen sich dann Gedanken über die eigene Angstbewältigung.

Im Würgegriff der Angst – oder die Angst im Griff?

Wer sich seiner selbst nicht sicher und ängstlich ist, hat keine Chance, seinem Pferd ein Sicherheitsgefühl zu vermitteln. Autorität und Sicherheit hängen eng zusammen. Wer ängstlich ist, kann nie autoritär sein, weil ihm die Souveränität fehlt, sich und seine Forderungen auch durchzusetzen. Ohne Autorität können Sie ein Pferd nicht erziehen und sein Vertrauen nicht gewinnen.

Leider sind die meisten Ängste unbewusst oder werden gern verschämt unter den Tisch gekehrt. Erstere müssen Sie sich bewusst machen, damit Sie sie überwinden können. Letztere sollten Sie zugeben, denn nur dann können Sie sie bewältigen. Schlechterdings hat auch das Pferd einen ganzen »Sack voll Ängste«, die angeboren sind und uns als Reiter das Leben schwer machen bzw. unsere eigenen Ängste verstärken.

Aus Sicherheitsgründen und auch, um mehr Harmonie in der Reiterei zu erreichen, muss man die Ängste des Pferdes in den Griff bekommen. Das jedoch geht nur, wenn man vorher die eigenen im Griff hat.

Freiräume und Entscheidungsmöglichkeiten

Obwohl das Pferd ein Herdentier und kein Einzelgänger ist, benötigt es »persönlichen Freiraum«. Es braucht diesen, um frei beweglich und notfalls fluchtbereit zu sein. Diesen Freiraum müssen Sie auch bei der Arbeit mit Pferden beachten, wenn Sie panische Reaktionen des Pferdes und damit

Sicherheit und Autorität

Wenn Sie ängstlich sind, fehlt es Ihnen an Autorität. Ohne Autorität können Sie ein Pferd nicht erziehen und sein Vertrauen nicht gewinnen.

Das Pferd muss sich bei Ihnen als Reiter, Ausbilder, Mensch sicher fühlen. Dann wird es ruhig und kontrollierbar und Sie können sich auf seinem Rücken sicher fühlen.

unkontrollierbare Situationen weitestgehend ausschließen wollen. Lassen Sie dem Pferd Entscheidungsmöglichkeiten und einen Ausweg. Machen Sie ihm jedoch alle Aktionen, die sich nicht mit Ihren Wünschen decken, unbequem. (siehe auch Motivation des Pferde, Kapitel 3).

Ein Beispiel am Boden: Sie wollen, dass das Pferd seitwärts nach rechts ausweicht: »Ärgern« Sie es dazu auf der linken Seite, indem Sie es mit dem kreisenden Seil oder einer vibrierenden Gerte an Hinterhand und Rippen berühren. Verhindern Sie eine Vorwärtsbewegung durch wiederholtes Rucken am Halfter. Kurz: Machen Sie alle Richtungen (vorwärts, rückwärts, seitwärts-links sowie das Stehenbleiben auf der Stelle) unangenehm für das Pferd. Prinzipiell kann sich das Pferd auch für eine der unangenehmen Richtungen entscheiden – Sie haben es ja nicht festgebunden. Das Ausweichen nach rechts ist in diesem Fall aber die einzig wirklich bequeme Lösung. Belohnen Sie jeden Schritt in die richtige Richtung mit ruhigem Stehenlassen.

Ein Beispiel unter dem Sattel: Wollen Sie Ihrem Pferd vom Sattel aus ein Schulterherein schmackhaft machen, gehen Sie ähnlich vor. Sie machen ihm alle Richtungen und Stellungen, die Sie nicht haben wollen, durch wiederholte deutliche Korrekturen mit Schenkel, evtl Gerte und Zügel, unangenehm. Jeden Schritt in der richtigen Abstellung und Biegung belohnen Sie durch Nachgeben des jeweils angenommenen Zügels bzw. durch Aussetzen der Schenkelhilfen.

Bringen Sie das Pferd in eine entspannte Grundhaltung. Nur dann kann es sich auf Ihre Signale konzentrieren. In der Fresshaltung ist das Pferd z. B. völlig entspannt.

Eine aufnahmebereite Haltung des Pferdes erreichen

Achten Sie auf die Alarmstellung des Pferdes mit hochgerissenem Kopf. In dieser Stellung sind »explosive Ausbrüche« des Pferdes zu befürchten. Bevor Sie mit einem so erregten Pferd weiterarbeiten, müssen Sie es dazu bringen, Kopf und Hals zu senken, sich zu entspannen. Die anatomisch richtige Dehnungshaltung ist gleichzeitig die richtige Entspannungshaltung des nicht aufgeregten, aufnahmebereiten Pferdes. Nur das entspannte Pferd kann seine Aufmerksamkeit auf Ihre Signale richten.

Entscheidungsfreiheit

Lassen Sie das Pferd entscheiden, was es tut. Machen Sie aber alle Richtungen unbequem, von denen Sie nicht wollen, dass das Pferd sie einschlägt.

Angstüberwindung

Sowohl bei der Bodenarbeit als auch unter dem Sattel dürfen Sie das Pferd nicht zu sehr »einzwängen«. Am Boden sollten Sie vor allem bei angstbesetzten Übungen Abstand zum Pferd halten, auf Distanz arbeiten. Unter dem Sattel dürfen Sie das Pferd nicht über Gebühr »zusammenschrauben«. Erzeugen Sie zu viel Spannung im Pferd, so entlädt sich diese manchmal in einer Form, die Sie in Schwierigkeiten bringt. Eines meiner Ausbildungspferde hat mich bei einer solchen Gelegenheit einmal unsanft in den Dreck gesetzt. Im Travers wollte das Pferd sich auf der rechten Hand nicht angemessen biegen. Ich wollte die Biegung mit stärker angenommenem Zügel verstärken und »überspannte damit den Bogen«, was letztendlich einen kapitalen Bocksprung des Pferdes verursachte.

Das gleiche kann am Boden passieren: Dirigieren Sie das Pferd in eine Richtung, vor der es deutlich Angst hat und sind zum Beispiel in einer Engstelle alle Ausweichmöglichkeiten von vornherein blockiert, so vermeiden Sie auf jeden Fall, zu dicht an das Pferd heranzugehen. Damit verhindern Sie, dass es als letzten Ausweg nur noch die Möglichkeit sieht, Sie umzurennen, um der Situation zu entkommen. Bei solchen Panikreaktionen ist die Verletzungsgefahr für Pferd und Mensch sehr groß.

Arbeiten auf Distanz, hier beim Rückwärtsdirigieren im Zickzack um Pylone.

Ein Abstand von etwa einem Meter sollte meist genügen, damit sich das Pferd nicht bedrängt fühlt. Sein nötiger Freiraum ist gewahrt. Zwar kann die Übung sich eine Weile hinziehen, bis sich das Pferd entscheidet, in die gewünschte, »gefährliche« Richtung auszuweichen, aber es wird nicht versuchen, »durch die Wand zu gehen«, weil es sich nicht bedroht fühlt.

Vertrauensbildende Maßnahmen

Angst erzeugende Übungen, bei denen sich das Pferd schließlich aus eigenem Antrieb für die gewünschte Richtung entscheidet, weil es zu seinem natürlichen Verhalten gehört, den Signalen des ranghöheren Ausbilders Folge zu leisten, sind ungemein vertrauensbildend. Das Pferd merkt schnell, dass alles, was Sie als Vertrauensperson verlangen, ungefährlich ist, und wird Ihnen zunehmend mehr Vertrauen schenken, was wiederum Ihre ranghohe Position stärkt.

Wer bei der grundsätzlichen Erziehung des Pferdes Fehler macht, muss später beim Reiten viel öfter auf technische Zwangsmittel zurückgreifen, um sein Pferd zu kontrollieren, weil es keinen Respekt und damit auch kein Vertrauen hat und deswegen Wünsche und Signale des Reiters immer wieder in Frage stellen wird.

Eine strenge Erziehung bedeutet auf keinen Fall Brutalität gegenüber dem Pferd, sondern immer nur ruhige, beherrschte Unnachgiebigkeit, eine lächelnde Sturheit seitens des Ausbilders nach dem Motto: »Lass dir Zeit, soviel du willst – am Ende machst du doch das, was du sollst.«

Übungen zur Angstbewältigung

Abhärten

Eine Art der Angstüberwindung ist das Aussacken, das die Westernreiter anwenden, um ihre Pferde an »gefährliche« Dinge und an laute Geräusche gewöhnen. Damit härten sie sie praktisch ab. Beim Aussacken lassen Sie dem Pferd die Freiheit, im Bereich des langen Strickes oder der Longe (oder auch frei innerhalb des Roundpen) wegzuspringen und zu flüchten, wenn es

Angstbewältigung: Über eine Plane laufen. Das Pferd schaut genau hin.

mit einer Plastiktüte, einem Sack oder Ähnlichem berührt wird. Binden Sie das Pferd jedoch unter keinen Umständen dabei irgendwo fest an.

Um die Reichweite des eigenen Armes zu verlängern, können Sie Tüten, Decken oder Luftballons auch an einem Stock befestigen und das Pferd damit berühren. Oder Sie rollen Gymnastikbälle oder andere Gegenstände ohne scharfe Kanten auf das Pferd zu. Es wird eine Weile mit allen Anzeichen des Schreckens (Alarmhaltung) hin und her springen und das »Spiel« mit der Zeit satt bekommen, wenn es merkt, dass auch das knisternde Plastik oder der klappernde Sack ihm nichts anhaben können.

Um noch etwas mehr Kontrolle über das Pferd zu haben, können Sie statt eines Halfters am Pferdekopf auch die War Bridle, ein dünnes

Abstand halten

Bleiben Sie auf Distanz, wenn Sie mit dem Pferd an angstbesetzten Übungen arbeiten.

Flatterbänder können ein desensibilisiertes Pferd kaum noch schrecken.

Strick-Halfter, die Führkette oder den Kappzaum benutzen – auf keinen Fall jedoch die Trense oder eine andere Art von Gebiss.

In ähnlicher Form können Sie das Pferd an Peitsche, Gerte oder die Berührung von Seilen an den Hinterbeinen gewöhnen. Für die Arbeit mit der Doppellonge ist letzteres besonders wichtig. Bleiben Sie bei solchen Übungen immer souverän und ruhig, auch wenn das Pferd noch so hektisch um Sie herumkreiselt. Das stärkt das Vertrauen des Pferdes in Sie als Alphatier.

Desensibilisieren – Aufregen und wieder ruhig werden lassen

Im Prinzip machen Sie bei vertrauensbildenden Übungen nichts anderes, als das Pferd bewusst Stress auszusetzen und ihm dann durch Ihr eigenes Verhalten zu signalisieren: »Kann nichts passieren, ist alles ganz harmlos.«

So mancher, der ein aufgeregtes Pferd bei den Desensibilisierungs-Übungen um seinen Reiter herumhopsen sieht, meint fälschlicherweise, dass der Mensch zu hart mit dem Pferd umspringen würde. Doch schauen Sie sich einmal an, wie Pferde miteinander umgehen – wie oft es da

richtig knallt, wenn ein rangniederes Pferd nicht tut, was das ranghöhere will. Danach sind jedoch die Fronten klar, jeder weiß genau, wo er steht, was er darf und was nicht. Das muss auch zwischen Mensch und Pferd geregelt sein.

Wer insgeheim denkt: »Ach, das arme Pferdchen hat Angst« verhält sich nicht wie ein ranghohes Tier: Dem ranghohen Tier ist es völlig egal, ob das rangniedere Angst hat. Wenn es nicht tut, was es soll, wird es dafür mit Zähnen und Hufen bestraft. Das einzige, was man vom Menschen als Alphatier in seiner Funktion als Ausbilder des Pferdes fordern muss, ist, dass er genau wissen sollte, was das Pferd natürlicherweise leisten und verstehen kann und was nicht. Das bedeutet, dass er auch weiß, welche Forderungen er stellen kann und welche für das Pferd schlicht unverständlich oder körperlich nicht ausführbar sind.

Alle Forderungen, die sich auf ein Ausweichen am Boden, auf das Respektieren der persönlichen »Privatsphäre« des Menschen beziehen, kann jedes Pferd immer problemlos erfüllen. Und sie können mit aller Härte und Konsequenz von Seiten des Menschen durchgesetzt werden. Auch wenn das einen Fußtritt in die Rippen bedeutet – zum Beispiel wenn das Pferd Sie fast umgerannt hat. Jedes ranghohe Pferd reagiert genauso – und das Pferd versteht es richtig.

Der unbedarfte Zuschauer, der keine Ahnung von der Verhaltensstruktur der Pferde hat, wird jedoch möglicherweise »Tierquälerei« schreien. Viel qualvoller ist jedoch ein ständiger Kleinkrieg mit dem Pferd, ausgelöst durch nicht pferdegerechtes Verhalten des Menschen: Wenn das Pferd

Aufregen lassen

In den Angstbewältigungsübungen darf sich das Pferd ruhig aufregen. Das Prinzip Aufregen-Lassen und wieder Ruhig-Werden-Lassen ist ein Grundprinzip der Desensibilisierungsübungen.

beziehungs- und orientierungslos bleibt und seinen Reiter nicht einschätzen kann. Wenn der Reiter dauernd mehr oder weniger stark am Pferd »herumkorrigieren« muss, weil nicht ein für allemal am Anfang klar ist, wer das Sagen hat. Wenn das Pferd kein Vertrauen zum Reiter hat und deswegen das Reiten ein immerwährender Kampf bleibt. Das alles ist Tierquälerei – nicht jedoch, dem Pferd einmal artgerecht klarzumachen, woran es sich zu halten hat.

Positive Rückkopplung: Vertrauen bringt Sicherheit

Neben der Vertrauensgrundlage für alle aufbauenden, harmonisierenden Feinheiten in der Hilfengebung bietet eine gute Grunderziehung des Pferdes auch einen immensen Sicherheitsfaktor, weil das Pferd deutlich besser kontrollierbar wird. Natürliche Reaktionen wie Scheuen, Durchgehen, Wegspringen bekommt der Reiter schneller und besser in den Griff, wenn er Angst erzeugende Situationen gezielt trainiert hat.

Dieser Sicherheitsfaktor reduziert gleichzeitig den Angstfaktor beim Reiter. Dessen zusätzlich gewonnene Sicherheit und Souveränität spürt

Nicht revidieren

Setzen Sie eine einmal gestellte Forderung mit aller Konsequenz durch. Das Pferd muss wissen, dass es sich nicht drücken kann. Erlauben Sie ihm nicht, seine Aufmerksamkeit vom Gegenstand seiner Angst abzuziehen.

wiederum das Pferd und fühlt sich noch besser aufgehoben, sicherer, bei seinem Reiter. Die positive Spirale aus Ruhe und Sicherheit ist in Gang gesetzt, die schließlich auch zu einem deutlich harmonischeren Reiten führt.

Entscheidungen nicht revidieren

Wichtig bei allen Angstbewältigungs- und Desensibilisierungs-Übungen ist, dass Sie eine einmal getroffene Entscheidung nie revidieren: Wenn Sie entschieden haben, dass das Pferd über eine Wippe laufen soll, dann muss es drüber – egal in welcher Form und egal, wie lange es dauert. Sie können eine Forderung abschwächen,

Erfolgreiche Erziehungs- und Angstbewältigungsprogramme machen Pferde verkehrssicher.

so dass das Pferd eventuell schräg oder quer über die Wippe läuft, doch es muss drüber und wenn es sich noch so sehr aufregt. Geben Sie nicht auf! Und vor allem: »Regen Sie sich nicht auf.« Für Übungen aus dem Angstbewältigungs-Sektor brauchen Sie Zeit und Geduld. Beginnen Sie Lektionen, von denen Sie erwarten, dass das Pferd Schwierigkeiten macht, nie, wenn Sie nicht unbegrenzt Zeit zur Verfügung haben. Manche Dinge können viele Stunden dauern, bis sie durchgefochten sind. Bleiben Sie stur und ruhig, schreien Sie das Pferd nicht an, schlagen Sie es nicht, sorgen Sie jedoch dafür, dass es tut, was Sie wollen.

Die Aufmerksamkeit des Pferdes fixieren

Erlauben Sie dem Pferd nicht, seine Aufmerksamkeit von der Aufgabe, die Sie ihm stellen, abzuziehen. Es darf sich keine Entspannungspause verschaffen, indem es in der Gegend herumschaut und den Angst erzeugenden Gegenstand oder die Situation einfach »ausblendet«. Halten Sie das Pferd durch Fixieren seiner Aufmerksamkeit unter psychischer Spannung. Diese Spannung ist ihm unangenehm. Es möchte sich gern entspannen, muss aber lernen, dass die Entspannung nur erlaubt wird, wenn es tut, was der Mensch von ihm will und wenn es seine Angst überwindet.

Beispiel: Wenn das Pferd nicht in den Hänger will, stellen Sie es vor diesen und bringen es dazu, immer ins Hängerinnere zu schauen. Will es den Kopf wegdrehen, stören Sie es beispielsweise durch hartes Rucken am Halfter, so dass es beständig hinschaut und sich mit dem »scheußlichen Ding« auseinandersetzen muss. Machen Sie alle Richtungen, in die es nicht schauen soll, unbequem.

Um halbwegs gefahrlos an angstbesetzten Hindernissen zu arbeiten, muss das Pferd jedoch eine gute »Vorbildung« in Sachen Respekt und Vertrauen haben:

Grundübungen, wie das Folgen und das Ausweichen seitwärts und rückwärts, am besten auch das Führen von hinten, müssen sitzen, sonst ist die Arbeit für den Menschen zu gefährlich. Das Pferd muss ganz genau wissen, dass es absolut verboten ist, Sie als Ranghöheren in irgendeiner Form anzurempeln oder gar umzurennen. Sie haben nichts davon, wenn das Pferd als letzten Ausweg die Möglichkeit in Betracht zieht, gegen Sie zu springen, wenn Sie gerade im Weg stehen. Also bereiten Sie Desensibilisierungsübungen gut über die Boden-Grundausbildung vor.

Schatten der Vergangenheit

Wenn Sie Ihre eigenen Ängste leugnen und die Ihres Pferdes nicht in den Griff bekommen, werden diese wie »böse Geister« immer wieder zurückkommen und Ihnen das Reiterleben schwer machen. Das Pferd wird streckenweise unkontrollierbar bleiben, und Sie selbst werden immer (wenn vielleicht auch unterschwellig) Angst vor seiner Unkontrollierbarkeit haben.

Ängste erzeugen Spannung und verhindern die Losgelassenheit von Reiter und Pferd – so wird das nichts mit dem harmonischen Reiten.

Im Gelände sind gut erzogene Pferde deutlich sicherer als unerzogene. Die Reiterin lässt das Pferd am losen Zügel gelassen hinschauen. Das zeigt gegenseitiges Vertrauen.

MINIMIERUNG DER SIGNALE
DURCH RICHTIGE KONZEPTE

Minimierung der Signale bedeutet Sensibilisierung – In den Übungen zur Angstbewältigung muss das Pferd weitgehend desensibilisiert, abgestumpft, werden – Für alle anderen Bereiche auf dem Weg zu mehr Harmonie muss jedoch die Sensibilität erhöht werden, sowohl die des Reiters als auch die des Pferdes – Körperbewusstsein, Konzentration, souveräne Beherrschung aller Verständigungsmittel und die Kenntnis der Wirkungsweise der Ausrüstungsgegenstände sind dafür notwendig.

Vom Reiter erfordert dies Konzentration auf das Pferd, um schnell zu erkennen, worauf man reagieren muss und was man getrost auf sich zukommen lassen kann. Desweiteren gehört die Konzentration auf die Abläufe im eigenen Körper dazu, die Entwicklung von richtigen Reflexen und Hilfenkürzeln sowie die Minimierung der Anstrengung durch bewussteres Handeln, wie nachfolgend beschrieben. Und schließlich gehört das durchdachte und anatomisch richtige körperliche Training des Pferdes dazu.

Ein Lob der Faulheit:
Weniger ist mehr

Nicht »ackern«, sondern losgelassen, mit möglichst wenig Energieaufwand reiten, heißt die Devise.

Um mehr Harmonie zu erreichen, muss das Reiten weniger anstrengend werden. Weniger anstrengend vor allem hinsichtlich der Kraft, die für die Hilfen, also für das Lenken und Beherrschen des Pferdes, aufgewendet werden muss. Und weniger anstrengend hinsichtlich der Energie, die man zum reinen Sitzen braucht.

Durchdachte Faulheit ist nicht die schlechteste Voraussetzung, um diese Kraftminimierung zu

Minimierung der Hilfen

- Durch Verbesserung der Bewegungstechnik bei Reiter und Pferd,
- durch Vermeiden von Kompetenzstreitigkeiten,
- durch psychologisch sinnvolle Lern- und Lehrmethoden.

erreichen. Ich selbst bezeichne mich auch als faule Reiterin. Ich habe keine Lust mich unnötig anzustrengen. Ich will mich nicht verausgaben beim Reiten und so überlege ich lieber, was ich tun kann, um das zu vermeiden.

In jedem Sport ist es so, dass eine Verbesserung der »Bewegungstechnik«, der Koordination, eine deutliche Krafteinsparung bedeutet. In der Reiterei kommt noch hinzu, dass man durch das richtige Training seines Pferdepartners, einen zweiten Ansatzpunkt auf der körperlichen Ebene zur Verbesserung der Bewegungstechnik bekommt.

Echte Autorität, die sich in deutlicher Hilfengebung und kompromissloser Durchsetzung der Forderungen statt dauernder Belästigung des Pferdes mit halbherzigen Signalen zeigt, ist der auf der psychologischen Ebene richtige Weg zur Hilfenminimierung.

Bildhafte Vorstellungen

Bildhafte Vorstellungen erleichtern das Verständnis komplizierter Sachverhalte. Und sie lassen sich leichter und schneller abrufen als verbale Zusammenhänge. Jedes Konzept – ob bildhaft oder verbal formuliert – muss folgerichtig aufgebaut sein und darf keine logischen Fehler aufweisen. Diese Vorgabe macht es überprüfbar.

Bessere Koordination durch bildhafte Ideen

Koordination bedeutet, zum richtigen Zeitpunkt das Richtige in der richtigen Reihenfolge und mit möglichst geringem Kraftaufwand zu tun. Manchmal bedeutet es auch, mehrere Dinge gleichzeitig zu tun.

Es gilt zudem, das Wesentliche vom Unwesentlichen zu unterscheiden und das Unwesentliche notfalls wegzulassen oder erst zu einem späteren Zeitpunkt zu integrieren. Die Arbeit mit Gedankenbildern kann bei der Koordination von gleichzeitigen Signalen helfen.

Die notwendige »Gleichzeitigkeit« bei vielen Hilfen des Reiters ist über bildhafte oder auch gefühlsmäßige Vorstellungen viel besser zu erreichen als über lange, kausal verbundene Gedankengänge oder gar Worte. Wie im Traum, in dem manche Bilder parallel und gleichzeitig erscheinen, manche Handlungen gleichzeitig ablaufen, muss der Reiter durch »Gedanken-Bilder« eine Gleichzeitigkeit von verschiedenen Einzelhandlungen bzw. eine nur um Sekundenbruchteile versetzte Handlungskette erzeugen.

Die Idee geht der Bewegung voraus

Wie die Idee, zu einem bestimmten Ziel zu laufen immer der Bewegung dorthin vorausgeht, so muss auch die Idee, eine bestimmte Haltung einzunehmen, vorhanden sein bevor die Muskeln darauf reagieren können.

Wenn Sie von einem Stuhl aufstehen, denken Sie auch nicht jedesmal darüber nach, welche Einzelbewegungen Sie ausführen. Sie geben nicht einzeln an Ihre Muskel- und Nervensystem durch: Oberkörper nach vorn neigen, Oberschenkel anspannen, mit den Füßen vom Boden abdrücken etc. Sie wollen aufstehen – das reicht. Sie haben ein Ziel und Ihre Muskeln reagieren ohne explizite Einzelanweisungen auf Ihr Vorhaben. So muss das schließlich auch beim Reiten funktionieren. Sie haben die Idee, das Bild einer Haltung, einer Bewegung, einer Richtung im Kopf und Ihre Muskeln reagieren automatisch über einen antrainierten Reflex. Sie wollen zum Beispiel angaloppieren: Stellen Sie sich die Bewegung des Pferdes vor: Der Galopp ist eine Aneinanderreihung von einzelnen Sprüngen. Das äußere Hinterbein beginnt die Bewegung, das innere Vorderbein führt optisch. Richten Sie Ihren

Körper entsprechend aus: Lassen auch Sie Ihr inneres Bein führen, indem Sie die innere Hüfte vorschieben. Geben Sie mit dem äußeren Bein einen Impuls etwas weiter hinten, das Zurücklegen des äußeren Schenkels. Damit bekommen Sie die Sitzdiagonale, die der Galoppbewegung entspricht. Haben Sie als Idee die Diagonale im Kopf, so fällt es Ihrem Körper leichter, diese Idee aufzunehmen, als wenn die Einzelanweisungen: »innerer Schenkel, innere Hüfte und innere Hand vor, äußerer Schenkel und äußere Hüfte zurück, Kontrolle am äußeren Zügel« zusammengesetzt werden müssen.

Die antrainierten Reflexe sind vergleichbar mit der Kurzschrift. Sie entwickeln sich als eine Art Stenografie bei der Minimierung von komplexen Hilfen. Statt mit einzelnen Buchstaben arbeiten Sie mit Zeichen für ganze Silben und Worte. Natürlich muss zuerst die Langform gelernt werden bevor man abkürzen kann. Deswegen muss auch immer die Kenntnis des vollen Hilfenrepertoires bei Pferd und Reiter vorhanden sein, bevor man ans Abkürzen geht.

Danach erleichtern Kürzel allerdings das Zusammenspiel der Hilfen ungemein und vermeiden Fehler und Reaktionen, die einfach zu spät kommen, weil der Reiter zu lange nachgedacht hat.

Das »führende« innere Vorderbein im Galopp.

Vermeidungsbilder und Kommandokürzel

Bildhafte Vorstellungen können auch bei der präzisen und schnellen Korrektur des Reiters helfen. Wenn negative Vorstellungsbilder erzeugt werden, die es zu vermeiden gilt, kann der Ausbilder in Sekundenbruchteilen den Reiterschüler, der in dieses negative Verhaltensmuster fällt, daran erinnern. Das funktioniert über Kommandokürzel, über deren Bedeutung sich Schüler und Lehrer einig sein müssen – wie auch bei den Hilfenkürzeln.

Ein negatives Bild könnte zum Beispiel das »Wasserskifahren« sein. Es bezeichnet jemanden, der dem Pferd im Maul hängt, sich vorn in den Steigbügeln abstützt und den Oberkörper nach hinten aus der Senkrechten wirft. Ein weiteres zu vermeidendes Bild könnte der »Klammeraffe« sein für jemanden, der im Oberkörper zusammengesunken auf dem Pferd hockt.

Mit jedem Reitschüler können unterschiedliche Kommando-Kürzel vereinbart werden, so dass die Kommunikation zwischen Reitlehrer und Schüler bildhaft schnell und trotzdem präzise ist. Bei einer Schülerin war zum Beispiel das Kürzel »Pass auf die Hand auf« ein gängiger Terminus. Lehrer wie Schüler war durch die Vorgeschichte und diverse Erklärungen klar: Die Korrektur lautet in Langform » Entspanne die Schultern, achte auf den losgelassenen Sitz und halte die Hand unabhängig vom Sitz und von den Bewegungen des Pferderückens.«

Das Bewegungsgedächtnis

Der gute Reiter weiß, wie sich eine richtige Bewegung anfühlen muss. Über eine Reihe von Aha-Erlebnissen hat er das Feeling dafür entwickelt. Er hat zum Beispiel eine Idee, wie »ausbaufähig« bestimmte Bewegungen bei verschiedenen Pferden noch sein können. Oder um wieviel bequemer und weicher ein Pferd mit viel Rückenbewegung noch werden könnte, wenn man es stärker versammelt oder mehr entspannt. Erfahrene Reiter haben ein Bewegungsgedächtnis und können ein Vergleichs-Feeling abrufen. Dieses können sie sowohl zur Selbstkorrektur als auch zur Korrektur des Pferdes einsetzen. Und sie können es langfristig als Ziel vor Augen haben. Solche »Vergleichsgefühle« betreffen die Kombination Reiter+Pferd; Nennen wir sie »Pferd-Körper-Gefühle« Sie müssen analytisch vorbereitet und bildhaft abrufbar sein. Nur dann sind sie schnell verfügbar.

Ihren Sitz und die Hilfen(kürzel) können Sie über dieses Pferd-Körper-Gefühl kontrollieren. Sie können sich damit selbst abfragen: zu viel oder zu lange Druck ausgeübt, Muskel zu lange angespannt, verkrampft, zu viel Zügelspannung?

Grundlage für Kürzel: Bewegungsbilder und abrufbares Feeling

Integrierte Bewegungsbilder und Hilfen-Kürzel können nur entwickelt werden, wenn die ausführlichen Vorgänge, die Hilfen-Kombinationen für einzelne Lektionen und die anatomischen Gesetzmäßigkeiten verstanden und verinnerlicht worden sind. Nur dann können auch die richtigen Muster abgespeichert werden. Genau, wie eine mathematische Formel in der ausführlichen »Langform« erarbeitet werden muss, damit sie später sinnvoll und richtig verwendet werden kann. Die ausführliche Bewegungsanalyse (mit einem Lehrer) geht deswegen immer dem »integrierten Bewegungskürzel« voraus. Nur dann kann man ein Kürzel zur Not auch wieder auf seine ursprüngliche Länge auseinanderziehen wenn es zur Korrektur von Pferd oder Reiter notwendig ist. Vergleichen Sie die ausführliche Analyse mit dem langsamen Fahren im ersten Gang und das integrierte Kürzel mit dem Fahren im 5. Gang.

Zerlegen und Analysieren einer Bewegung: Trockenübungen

Der erste (langsame) Gang zerlegt eine zusammengesetzte Bewegung in viele Einzelteile. In der Körperarbeit nach Feldenkrais geschieht dies durch eine extreme Verlangsamung des Bewegungsablaufes mit Abfragen: Was passiert dabei im Körper? Welche Muskeln sind an einer Bewegung beteiligt? Bis in welchen Körperteil wirkt sich eine Bewegung oder eine Muskelspannung aus? Wann geht zum Beispiel die Hüfte vor, wie

Reiterfahrung gründet sich auf ein gutes Bewegungsgedächtnis und viele abrufbare Vergleichsgefühle. Beides können Sie zur Selbstkorrektur und der des Pferdes einsetzen.

bewegt sich das Becken, in welche Richtung kippt der Beckenkamm? Wo ist die Schulter?

Da das Pferd meist nicht so stark zu verlangsamen ist, muss man manche Übungen ohne Pferd simulieren. Ein Holzpferd kann dafür verwendet werden, wenn vorhanden. Viele Übungen lassen sich auch auf einer dicken, stabilen Papp- oder Kunststoffrolle ausführen. Darauf können Sie gut die Druckverteilung auf den Sitzknochen erspüren und die Gewichtsverlagerung sowie Dreh- und Kippbewegungen des Beckens simulieren. Wenn Ihnen die Rolle zu hart ist, können Sie ein gefaltetes Handtuch über diese legen.

Setzen Sie sich zum Beispiel quer auf die beschriebene Rolle und balancieren Sie mit den Gesäßknochen darauf. Lassen Sie die Knie in einer Art modifiziertem Schneidersitz nach außen zeigen. Kippen Sie das Becken nur so viel, dass Sie nicht von der Rolle herunterrutschen. Überprüfen Sie, welche Teile Ihres Körpers an der Kippbewegung beteiligt sind.

Setzen Sie sich längs auf die Rolle, so dass Sie sie zwischen den Beinen haben, und balancieren Sie sich so aus, dass Ihre Sitzknochen gleichmäßig belastet sind. Schieben Sie einen Sitzknochen vor den anderen (Sitzdiagonale). Probieren Sie verschiedene Möglichkeiten aus, das zu tun. Bei welcher Bewegungsauslenkung müssen Sie aufpassen, nicht von der Rolle zu fallen?

Stellen Sie sich vor, die Rolle wäre das Pferd. Ab einer bestimmten Auslenkung bei Ihrer Gewichtsverlagerung sind Sie vom langen Rückenmuskel des Pferdes »heruntergefallen«. Es erfolgt kein Druck mehr auf den Muskel. Ihre Gewichtsverlagerung geht ins Leere. Die Rolle kippt unter Ihrer Gewichtsverlagerung weg.

Hier einige praktische Übungen zum Selbststudium. Die folgenden Übungen können Sie **91** auch ohne Rolle auf dem Boden oder auf einem Stuhl sitzend machen:

◆ Drehen Sie den Kopf und spüren Sie dabei, wie sich dadurch die Druckverteilung auf Ihren beiden Gesäßknochen ändert. Achten Sie bei der Kopfdrehung auch auf die Hüftstellung. Wie reagiert die Hüfte, wenn Sie den Kopf immer weiter drehen, bis Sie hinter sich schauen.

◆ Spannen Sie ein Bein an und spüren Sie bewusst, was dabei mit den Gesäßknochen passiert. Achten Sie auf Unterschiede rechts oder links.

◆ Lassen Sie eine Schulter fallen (= in der Hüfte einknicken) und überprüfen Sie die Druckverteilung auf den Gesäßknochen.

◆ Kippen Sie mit beiden Schultern nach vorn ohne das Becken zu kippen.

Merken Sie, wie schwer es ist, eine Bewegung von der anderen abzukoppeln? Jede Bewegung wirkt sich in viele Bereiche Ihres Körpers aus.

Jeder Reiter ist mehr oder weniger stark asymmetrisch. Mit den obigen Übungen können Sie asymmetrische Druckverteilung im Sitz aufspüren und bewusst machen. Dann verstehen Sie vielleicht auch, warum Ihr Pferd immer nach rechts kippt oder immer links aus der Spur läuft. Viele Reiter und Pferde sind in der Lage, körperliche Asymmetrien zu kompensieren. Am einfachsten ist das mit der Links- bzw. Rechtshändigkeit bei Pferden und Reitern. Die meisten Pferde biegen sich links leichter, die meisten Reiter sind Rechtshänder und deswegen rechtsseitig stärker und besser koordiniert. Das gleicht sich ideal aus – bis auf die seltenen Fälle, bei denen Reiter und Pferd die gleiche »schlechte« Seite haben.

Ein anderes Beispiel: Wenn jemand eine seitlich schiefe Wirbelsäule hat, kann er trotzdem die Druckverteilung auf den Gesäßknochen gleichmäßig halten. Er nimmt in diesem Fall leichte Anpassungen im Oberkörper vor. Er muss jedoch gelernt haben zu erfühlen, wie stark seine Sitzknochen überhaupt drücken.

Analyse und Integration

Bei der Zerlegung einer Bewegung in Einzelteile kann es jedoch passieren, dass man »vor lauter Bäumen den Wald« nicht mehr sieht. Bei kompli-

I

Idealbilder

Das Idealbild einer Bewegung kann nie ein starres, sondern muss immer ein bewegtes Bild sein.

Ein Idealbild ist nur möglich, wenn Sie wissen, wo Sie hin wollen.

zierten Bewegungen kann das Puzzle von Einzelkomponenten oft kaum noch sauber zusammengesetzt werden. Dafür brauchen wir den vorher erwähnten 5. Gang, das Bewegungskürzel, die zusammengesetzte, integrierte Bewegung, die nur über das Einfühlen in die Pferdebewegung erlernt werden kann.

Der gute Reiter muss beide Gänge schalten (sprich die Muster abrufen) können. Den ersten Gang braucht er, um bei langfristigen Problemen herauszufinden, was und an welcher Stelle etwas schiefläuft, den 5. Gang, um nötigenfalls schnell und ohne nachzudenken, »automatisch«, reagieren zu können.

Schnelle Reaktionen haben jedoch auch etwas mit der richtigen Konzentration des Reiters zu tun und sind ohne diese nicht möglich.

Konzentration und Reaktion

Richtige Konzentration und gute, schnelle Reaktionen stehen in direkter Beziehung zueinander. Eine schnelle Reaktionen kann nur erfolgen, wenn der Reiter frühzeitig merkt, was das Pferd vorhat. Nur dann kann er rechtzeitig »gegensteuern«.

Als Fluchttier muss ein Pferd schnell reagieren und beweglich sein. Für den Menschen erfolgen seine Reaktionen deswegen oft zu schnell. Das bedeutet, wenn das Pferd zu einer unerwünschten Aktion ansetzt, kommt manche Gegen-maßnahme schon zu spät. Eine potenzielle Korrektur muss deswegen schon eingeleitet werden, wenn das Pferd seine Absichten andeutet. Dies tut es fast immer rechtzeitig, Sie müssen nur die Zeichen erkennen. Das bedeutet, dass Sie Ihre ungeteilte Aufmerksamkeit auf das Pferd richten, mit voller Konzentration bei der Sache sein müssen. Für die Bodenarbeit gilt das noch mehr als beim Reiten, denn auf dem Pferd sitzend kann man Absichten des Pferdes mit einiger Erfahrung schnell erfühlen.

Konzentriert sich das Pferd voll auf Sie, so hat es normalerweise auch nicht mehr genug »freie Aufmerksamkeit«, um sich einen Grund zum Erschrecken und Wegspringen zu suchen.

Konzentrations- und Lernhilfen

Wenn Sie die Aufmerksamkeit Ihres Pferdes nicht haben, können Sie ihm nichts beibringen und natürlich keine Hilfe minimieren. Wie ein Schüler, der im Unterricht träumend aus dem Fenster sieht, wird das Pferd nichts lernen, wenn es Ihnen während der Arbeit nicht die volle Aufmerksamkeit schenkt.

Aufmerksamkeit durch geklärte Rangordnung

Sie und Ihre Handlungen bzw. Forderungen müssen das Pferd interessieren. Andernfalls wird es Ihre Signale ignorieren oder mit Verzögerung zäh reagieren. Sie müssen sich und Ihre Handlungen also für das Pferd interessant machen. Das gelingt Ihnen nur, wenn das Pferd Sie als ranghöher eingestuft hat (s. Kap. 4, Erziehung), denn nur auf den Ranghöheren muss es achten und ihm gegebenenfalls aus dem Weg gehen. Einem Rangniederen muss es keine Aufmerksamkeit schenken, denn der wird keine Forderungen stellen.

Aufmerksamkeit des Pferdes spielerisch erreichen

Im Spiel ist die Aufmerksamkeit des Pferdes freiwillig auf den Ausbilder gerichtet. Das Pferd hat das Gefühl, aus eigenem Antrieb zu handeln. Dies motiviert das Pferd ungemein. Wenn es Ihnen gelingt, etwas von dieser Motivation und Aufmerksamkeit in die Arbeit hinüberzuretten, so haben Sie schon fast gewonnen (s. Kap.3, Motivation). Damit haben Sie eine Grundvoraussetzung für effektives Arbeiten mit dem Pferd geschaffen.

Spielen können Sie im Sattel in Form von verschiedenen Ballspielen. Ein Fußballspiel mit einem großen Gymnastikball macht zum Beispiel vielen Pferden Spaß und sie reagieren viel schneller und leichter auf Hilfen des Reiters,

Sie können dem Pferd nur etwas beibringen, wenn Sie seine Aufmerksamkeit haben.

wenn sie einen Sinn in dessen Manövern sehen. (Bei der Angstbewältigung und mit Trailübungen können Sie das Pferd an solche Bälle gewöhnen.) Oder Sie spielen am Boden mit dem Pferd. Dazu müssen Sie jedoch einige Sicherheitsvorkehrungen treffen. Pferde gehen im Spiel manchmal ganz schön rüde miteinander um. Deswegen können Sie diese Art des Spielens natürlich nicht auf die Konstellation Mensch-Pferd übertragen. Der Mensch verträgt es nun einmal nicht besonders gut, wenn ihn das Pferd spielerisch in den Hals zwickt. Bleiben Sie also beim Spiel mit dem Pferd auf Distanz. Starten Sie einen Scheinangriff auf Ihr Pferd, indem Sie schnell auf es zulaufen und es von seinem Platz vertreiben. Ihr Pferd wird es mit einem Satz zur Seite und einem

> **S**ind Sie bereit, sich voll aufs Pferd zu konzentrieren, wird auch das Pferd sich auf Sie konzentrieren.

Schütteln von Kopf und Hals quittieren oder es macht kehrt und galoppiert in vollem Tempo eine Runde. Immer jedoch wird es nach kurzer Zeit stehen bleiben und den »Spielgefährten« fragend anschauen »Und was kommt nun?«

Die Aktivität im Spiel sollte weitgehend von Ihnen ausgehen, damit Sie das Pferd immer gut auf Abstand halten können.

Auch im Spiel kann das Vertrauen des Pferdes trainiert werden. Es werden beispielsweise »gefährliche« Gegenstände auf dem Platz verteilt, mit denen das Pferd während des Spiels »ganz zufällig« Kontakt bekommt. So können Sie den eingangs beschriebenen großen Gymnastikball auf das Pferd zurollen. Auch bei Pferden, die erstmal sofort flüchten, siegt bald die Neugier und sie nähern sich von allein wieder dem Angst erzeugenden Gegenstand.

Die Freiheit, bei Angst erzeugenden Situationen erst einmal wegzuspringen und später aus eigenem Antrieb wieder zu kommen und das gefährliche Ding zu prüfen, hat einen sehr wohltuenden Effekt auf die Beziehung Mensch-Pferd. Das Pferd besiegt seine Angst, ohne dass Sie es direkt bedrängen. Dies führt später dazu, dass allein die Anwesenheit des Ausbilders das Pferd in kritischen Situationen beruhigen kann, wenn er selbst nur ruhig und gelassen bleibt.

Schmerzfreiheit und Angstfreiheit

Angst oder Schmerz schränken die Aufnahme- und Lernfähigkeit des Pferdes ein, denn sie verhindern, dass es sich auf die jeweilige Übung

Spielerische Gleichgewichtsübungen.

konzentriert. Angst wirkt vorwiegend auf der psychischen Ebene, Schmerz vorwiegend auf der körperlichen, die Angst vor einem zu erwartenden Schmerz (z. B. als Strafe) wirkt auf beiden Ebenen.

Wenn Sie sich auf eine schwierige Denkaufgabe konzentrieren sollen und jemand steht hinter Ihnen und schlägt Sie alle zwei Minuten mit der Peitsche, weil Sie schneller denken sollen, dann fördert das Ihre Konzentration auf die Aufgabe nicht. Sie lösen sie mit Sicherheit nicht schneller, sondern eher langsamer, weil die Angst vor dem Peitschenhieb einen Teil Ihres Denkens beherrscht.

Wenn Sie ein Pferd mit Peitschenhieben an einer Sache vorbeiprügeln wollen, vor der es Angst hat, werden Sie seine Angst damit nur noch vergrößern, weil Sie ihm zusätzlich Schmerz zufügen: Das Pferd lernt nichts dabei und wird bei der nächsten »gefährlichen Stelle« wieder scheuen oder stehen bleiben. Angstüberwindung funktioniert im Gegenteil nur auf der Basis von Verstehen und »Einsicht«. Das Pferd muss lernen, dass sein Reiter nichts Lebensgefährliches von ihm verlangt, dass es in jeder Situation Vertrauen zum Reiter haben kann. Und es muss lernen, seine Angst zu kontrollieren, weil der Reiter es möchte.

Schmerz und Angst

Hat das Pferd Angst oder Schmerzen, kann es sich nicht auf eine Aufgabe konzentrieren.

Auf Dauer verhindert ein Schmerz oder auch ein erwarteter Schmerz, dass eine Verbesserung der Situation eintritt.

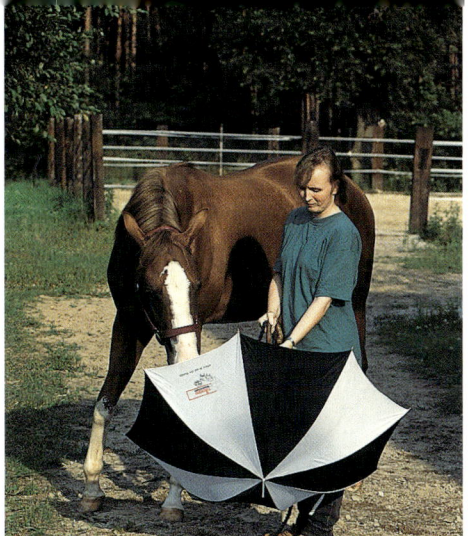

Spielerische Angstbewältigung.

spruchte Muskelgruppen wieder geschmeidig zu bekommen. Dabei muss sich auch einen leichten Widerstand des Pferdes, dem diese Arbeit ja unangenehm ist, überwinden.

Die Kunst dabei besteht dann darin, beim Pferd nicht noch mehr Widerstand zu provozieren. Zwangsmaßnahmen wie starkes Ausbinden oder das »Zusammenschnüren« des Pferdes mit anderen mechanischen Hilfsmitteln können in diesen Fällen völlig kontraproduktiv sein, denn das Pferd verspannt sich durch den Zwang und den dadurch verursachten Schmerz in den steifen Muskeln nur noch mehr und wird sich möglicherweise durch panische Reaktionen zu entziehen versuchen.

Konzentration durch Atemtechnik

Versuchen Sie immer, regelmäßig und tief zu atmen, wenn Sie nichts Spezielles von Ihrem Pferd wollen. Tiefes Durchtamen entspannt und macht aufnahmebereit für Signale des Pferdes. Vergessen Sie das Ausatmen nicht. Wenn Sie den Atem anhalten, erhöht sich die Grundspannung in Ihrem Körper. Atmen Sie ruhig und langsam aus, dann verringert sich die Spannung wieder. Atmen Sie jedoch forciert und stoßweise aus, dann ist das wie eine gemilderte Form des Schreiens. Ein solches Ausatmen versetzt Sie erst in die Lage, die Bauchmuskulatur anzuspannen, wie Sie es für eine blockierende oder verlangsamende Gewichtshilfe (»Kreuz anspannen«, siehe Kapitel 2 und 3) brauchen. Haben Sie Probleme beim Ausatmen und halten die Luft an,

Auf der körperlichen Ebene haben Schmerzen, hervorgerufen durch Verspannungen, durch Überlastung, Muskelkater oder noch nicht vollständig ausgeheilte Verletzungen, eine ähnliche Wirkung. Der Schmerz verhindert eine anatomisch richtige Reaktion. Haben Sie eine Zerrung in einem Bein, dann werden Sie dieses Bein schonen. Schonen Sie es längere Zeit, weil Sie erwarten, dass es wieder schmerzen wird, wenn Sie es voll belasten, dann werden die Muskeln dieses Beins mit der Zeit schwächer. Jeder Versuch eines erneuten Muskelaufbaus in dem schwächeren Bein ist dann mit Überwindung und Angst vor Schmerzen verbunden. Belasten Sie nun längere Zeit Ihre Beine ungleichmäßig, dann stellen sich aufgrund dieser ungleichmäßigen Belastung weitere Schmerzreaktionen an ganz anderen Körperteilen ein, zum Beispiel im Rücken.

Beim Pferd bedeutet das, dass eine alte Verletzung oder auch nur eine Spannung auf seiner von Natur aus steiferen Seite unter Umständen auf lange Sicht größere Probleme verursachen kann, wenn man als Reiter nicht behutsam an der Gymnastizierung und dem Aufbau der Muskulatur arbeitet. Der Reiter muss dabei manchmal wie bei der Krankengymnastik vorsichtig über einen leichten Schmerz hinweg arbeiten, um steife oder lange Zeit unbean-

A Atmung

- Tiefes Durchatmen entspannt und macht aufnahmebereit.
- Stoßweises, forciertes Ausatmen wirkt wie ein Schrei und verschafft Ihnen kurzfristig viel Kraft.
- Das Anhalten den Atems erhöht die Grundspannung im Körper bis hin zur Blockade.

dann bekommen Sie Probleme, den Oberbauch anzuspannen, wie Sie es für diese Gewichtshilfe brauchen.

Bei vielen Kampfsportarten atmet man durch einen kurzen Schrei extrem forciert aus und spannt damit fast krampfhaft den Oberbauch an (der Bauchmuskel wird nach vorn außen gedrückt). Dadurch bekommt man Zugang zur eigenen Muskelkraft.

Versuchen Sie es einmal und konzentrieren sich darauf, was sich dabei in Ihrem Beckenbereich und in den Bauchmuskeln abspielt. Sie spannen die Bauchmuskeln an, Ihre Rippen nähern sich dem Becken, der Beckenkamm kippt nach hinten, die Sitzknochen kommen nach vorn – nicht wahr? Das ist die verhaltende (in der starken Form die blockierende) Gewichtshilfe par excellence. Die Stimmhilfe der Westernreiter das »Whoa« (das deutsche Ho oder Halt tut's auch) trägt dem Rechnung, auch wenn sich die meisten Reiter, die sie anwenden, des Zusammenhangs nicht bewusst sind. Dieses verbale Kommando ist eine Art Schrei, ein stoßweises Ausatmen, auch wenn es leise geäußert wird. Und es wirkt nicht nur als antrainierbares verbales Kommando für das Pferd, sondern auch auf der körperlichen Ebene des Reiters.

Konzentration durch gelöste Grundhaltung

Betreiben Sie das Reiten nicht todernst. Ernst im Sinne von verbissen und sauertöpfisch. Reiten soll Spaß machen, auch wenn man sich manchmal mit seinem pferdischen Partner durchaus streiten kann. Lächeln Sie beim Reiten. Das wollen die Richter bei jeder Dressurprüfung sehen. Lächeln entspannt nicht nur die Gesichtsmuskulatur, sondern darüber hinaus den ganzen Körper. Und die Psyche.

Mit einer unverkrampften Grundhaltung kann Sie ein Pferd viel weniger ärgern und aus der Reserve locken. Ein verbissenes »das muss heute einfach klappen« setzt Sie und das Pferd unter Druck und fördert Auseinandersetzungen. Eine lockere Grundhaltung verhindert auch, dass Sie mit Ihren Hilfen festklemmen und das Gebot

Reiten soll beiden »Beteiligten« Spaß machen.

der Intervalltechnik bei der Hilfengebung missachten. Konzentrieren Sie sich durch Entspannung, durch Loslassen der Muskelspannung, aufs Pferd und Ihren Sitz. Träumen Sie dabei aber nicht vor sich hin, denn dann trifft Ihr Pferd die Entscheidungen, weil Sie es ohne Führung lassen.

Bewusst machen

Beim Reiten laufen viele Vorgänge unbewusst ab. Schwierigkeiten werden oft von unbewussten Ängsten und durch widersprüchliches Verhalten des Reiters verursacht. Wüsste er um die Zusammenhänge, wäre er sich der Ängste bewusst und könnte gezielt etwas dagegen tun.

Bewusst und unbewusst

Aus diesem Grund ist es wichtig, sich die unbewussten Vorgänge ins Bewusstsein zu holen (bzw. von einem Lehrer ins Bewusstsein holen zu lassen, denn das funktioniert selten allein).

Dazu gehört auch, die eigene Wahrnehmung »nach innen zu richten« und Gefühle und Empfindungen abzufragen. Und es gehört dazu, unangenehme Antworten zuzulassen. Viele Menschen, vor allem Männer, geben zum Beispiel nicht gerne zu, dass sie vor bestimmten Dingen Angst haben. Doch wer sich die Angst nicht eingesteht, kann auch nichts dagegen unternehmen (siehe Kapitel 4). Auch eingefahrene Bewegungsmuster und Gewohnheiten gehören in die Kategorie »unbewusst«.

Gewohnheiten

Alte Bewegungsmuster und Gewohnheiten passen wie ein gut eingelaufener Schuh. Man trennt sich ungern davon, denn es ist unbequem, einen neuen Schuh einzulaufen – auch wenn er sich später als der bessere, bequemere erweist. Von alten Gewohnheiten kann man sich selten ohne fremde Hilfe, ohne Anstöße von außen trennen. Im alten Bewegungsmuster fühlt man sich zuhause – ein neues ist fremd. Aus diesem Grund fühlt sich eine anatomisch richtige Bewegung für einen Reiter, der sich jahrelang anders bewegt hat, falsch an.

Hier mag als Beispiel das Aufsteigen von rechts dienen. Wer nie von der rechten Seite auf ein Pferd aufgestiegen ist, hat Probleme, überhaupt das richtige Bein in den Steigbügel zu setzen, weil er darauf programmiert ist, immer das gleiche Bein (das linke für das Aufsteigen von links) zu benutzen. Ich steige immer wieder mal von rechts auf – doch wenn ich das länger nicht gemacht habe, muss ich auch überlegen, welcher Fuß denn nun in den Bügel kommt. Und meine Koordination ist beim Aufsteigen von dieser Seite meist schlechter.

Einseitig – Eingleisig – Eingefahren

Eingefahrene Verhaltensmuster sind bequem, weil man nicht mehr darüber nachdenken muss, was man tut. Sie haben aber den Nachteil, den Reiter einseitig werden zu lassen. Sowohl was

die körperliche Einseitigkeit betrifft als auch, was die geistige »Eingleisigkeit«, die Gewohnheit, angeht. Gerade das Aufsteigen von der »falschen Seite« ist eine Übung, die eingefahrene Gewohnheiten ohne großen Aufwand deutlich machen kann und den Grundstein für die Sensibilisierung des Reiters hinsichtlich nicht hinterfragter »Altlasten« legen kann.

Ungewohnt ≠ Falsch

»Ungewohnt« bedeutet also nicht »Falsch«, wie Sie oben gelesen haben. Objektiv positive Veränderungen im Reitersitz wirken für den, der diese Veränderungen vornimmt, zwar irgendwie »unrichtig«. Doch das kommt allein daher, dass der Körper nicht so schnell bereit ist, von den Gewohnheiten abzufallen. Der Mensch ist ein »Gewohnheitstier«. Sein Körper nimmt bei Veränderungen nur einen Unterschied zum Vorher wahr und »beschwert« sich über das Ungewohnte. Der Körper bewertet den Unterschied nicht sofort. Erst, wenn er durch ein positives »Aha-Erlebnis« eine Erleichterung bei der Aufgabe, das Pferd zu beeinflussen, spürt, ist er bereit, sich umzugewöhnen.

Um eine Verän-derung schon vor dem Aha-Erlebnis zuzulassen muss nicht nur die äußere Haltung verändert werden, sondern auch die innere Einstellung. Der Reiter muss für eine Veränderung bereit sein. Er muss einem Vorschlag zur Veränderung zustimmen, weil er mit dem Status Quo nicht zufrieden ist.

Untertreiben – Übertreiben

Der festgefahrene Reiter neigt dazu, ein neu angebotenes Bewegungsmuster nur zögernd anzunehmen. Er verändert unter Umständen nicht genug an seinem Sitz, um eine deutliche Verbesserung zu erfahren und das Aha-Erlebnis zu erreichen.

Andere Reiter übertreiben das neue Bewegungsmuster – und schaffen sich damit ein neues Problem. Als Beispiel mag eine Reitschülerin dienen, die Schwierigkeiten hatte, die Hände ruhig zu halten. Diese Schwierigkeiten resultierten aus einem verspannten Sitz mit

Durchbrechen Sie bewusst eingefahrene Verhaltensmuster.

hochgezogenen Schultern. Auf die Anweisung, die Schultern »fallen« zu lassen, nach unten (nicht nach vorn) hängenzulassen und dabei den gesamten Sitz etwas zu »entspannen«, reagierte sie übersteigert, indem sie die Schultern herunterdrückte. Damit wurde natürlich nur eine falsche Spannung durch die andere ersetzt. Sie war sich der zu starken Spannung im Sitz und im Schulterbereich so wenig bewusst und wusste nicht, wie die Entspannung sich überhaupt anfühlen sollte, dass sie einfach das Gegenteil von vorher tat – und damit vom Regen in die Traufe kam.

In solchen Fällen ist normalerweise eine Sitzschulung an der Longe mit gymnastischen Übungen wie Armkreisen und Koordinationsübungen für ein Vermindern der Grundspannung im Sitz vonnöten. Besagte Reitschülerin löste das Problem jedoch – ganz zufällig – anders. Sie nahm neben ihren Reitstunden auch Gesangsunterricht. Über diesen kam sie zur Alexandertechnik. Die Übungen der Alexandertechnik beschäftigen sich, grob vereinfacht, mit der Stellung der Wirbelsäule, besonders der Halswirbelsäule und deren Auswirkungen auf die Entspannung des Kehlkopfbereichs beim Sprechen und Singen. Der Kopf muss dafür frei beweglich sein, darf nicht in den Nacken gelegt aber auch nicht nach vorn gekippt werden. Andernfalls wird der Kehlkopf »eingeklemmt« und die Stimme versagt. Die Aufrichtung in der Halswirbelsäule mit der freien Beweglichkeit des Kopfes aus der Schulter heraus ist jedoch auch für den Reiter enorm wichtig. Und ein Spannungsproblem in der Schulter wird über eine Aufrichtung ohne unnötige Spannung gleich mit gelöst.

Ein souveräner Reiter besitzt meist sowohl unbewusste als auch bewusste Kompetenz.

Damit sind wir beim nächsten Thema: der Übertragung von Bewegungsideen und Aha-Erlebnissen aus anderen Bereichen, aus anderen Sportarten oder aus dem ganz normalen Alltag.

Transfer von Erlebnissen

Manchmal ist es einfacher, ein Bewegungsmuster losgelöst vom eigentlichen Problem in einem anderen Bereich zu verändern oder neu zu erlernen und es erst dann auf das Reiten zu übertragen, wie wir oben gesehen haben.

Das Führen und Folgen beim Tanzen stellt eine solche Übertragungsmöglichkeit dar. Sie können dabei die richtige Art der Konzentration üben und sich notfalls in die Situation des Pferdes versetzen, welches auf die Signale des Reiters reagieren muss.

Ein »Händchen« für Pferde

Das so genannte »Händchen für Pferde«, das manche Reiter scheinbar von Natur aus besitzen, lässt sich in verschiedene »Unterabteilungen« von Kompetenz gliedern. Alle nachfolgend in diesen Abteilungen beschriebenen Fähigkeiten sind weitgehend erlernbar, auch wenn manche Reiter

Das Falsche lassen

Das Gegenteil von Falsch ist nicht unbedingt richtig. Versuchen Sie nicht krampfhaft, das Richtige zu tun, sondern nur, das Falsche zu lassen.

in unterschiedlichen Kategorien besser oder schlechter abschneiden. Es geht dabei hauptsächlich um die Entwicklung von bewusster (analytischer) Kompetenz und um das Bewusstmachen von unbewusster (emotionaler) Kompetenz. Es geht weiterhin darum, unbewusste Inkompetenz bewusst zu machen und schließlich bewusste Inkompetenz durch sinnvoll aufgebaute »Lernprogramme« zu beseitigen.

Bewusste Kompetenz

ist recht leicht zu entwickeln. Es geht um Hintergrundwissen in Anatomie und Psychologie und um Verständnis für Zusammenhänge. Und es geht um sportliche Technik. Beides ist durch intensives Beschäftigen mit dem Thema erlernbar.

Unbewusste Kompetenz

haben manche Reiter, weil sie sich von Natur aus sehr gut in Bewegungen und Stimmungen einfühlen können. Sie »reiten aus dem Bauch heraus«, treffen gefühlsmäßige Entscheidungen und reagieren schnell, ohne viel nachzudenken. Durch »bewusstere Bewegungen«, wie in diesem Kapitel beschrieben, kann die unbewusste Kompetenz erstens bewusst gemacht und zweitens verbessert werden. Ein guter Ausbilder braucht beide Sorten von Kompetenz. Das gilt vor allem, wenn er auch Reiter ausbilden will. Für die Pferdeausbildung allein ist die analytische Kompetenz nicht ganz so wichtig wie die emotionale. Besser ist es jedoch auch hier, wenn beides gut ausgeprägt vorhanden ist, da manche hartnäckigen Problempferde beides brauchen.

Leute mit großer unbewusster Kompetenz (dem Händchen für Pferde) haben oft ein unzerstörbares Pferd-Körper-Gefühl entwickelt und nehmen Anpassungen ihres Sitzes und ihrer Hilfengebung völlig unbewusst vor. Sie haben das Reiten oft im Kindesalter erlernt, in einem Alter, in dem die gefühlsmäßigen Komponenten beim Lernen noch überwiegen. Wenn man sie dann fragt: »Wie hast du das gemacht«, dann können sie es nicht erklären. Das sind oft hervorragende Reiter, jedoch taugen Sie für kompetenten Reitunterricht nur bedingt.

Bewusste Inkompetenz

»Ich weiß, dass ich nichts weiß« (nicht alles weiß, sollte man modifizieren).

Die bewusste Inkompetenz ist eigentlich die beste Voraussetzung, um weiter zu lernen: Zusammenhänge immer wieder hinterfragen, Unverstandenes nicht ignorieren und sich nicht auf seinem schon erworbenen Wissen und Können ausruhen. Bewusste Inkompetenz gibt es natürlich verstärkt bei Reitanfängern, doch auch viele gute Reiter sind durchaus bereit, dazuzulernen oder auch umzulernen, wenn sie eine ihnen bis dahin unbekannte Methode oder eine kleine Veränderung im bekannten Verhaltensmuster für richtig und logisch halten.

Unbewusste Inkompetenz

»Ich weiß nicht, dass ich nichts weiß« (aber ich denke, dass ich alles weiß).

Die unbewusste Inkompetenz findet man oft bei Reitern, die schon eine ganze Weile reiten und

Wanderreiter reiten häufig eher intuitiv.

die deswegen denken, allein die Tatsache, dass sie schon lange mit Pferden zu tun haben, würde sie zu Experten machen. Ihr Wissen stützt sich auf in »grauer Vorzeit« Gelerntes, was unhinterfragt und oft sinnverfälscht überdauert hat. Meistens sind es eifrige Verfechter eines bestimmten Reitstils, ebenso eifrige Gegner jedes anderen (unbekannten) Stils, die Überbewerter einer starren Form, die Bequemen und Denkfaulen, die oft grundsätzliche Zusammenhänge nicht verstanden haben. Diese Reiter kommen oft erst zur Besinnung, wenn sie ganz massive Probleme mit ihrem Pferd bekommen. Wenn nichts mehr funktioniert, wird entweder der »spinnerte Gaul« verkauft oder man fängt wirklich an, sein Verhalten zu hinterfragen. Wenn Rücken und Sehnen des Pferdes kaputt sind, dann ist der »empfindliche Zausel« eben nicht belastbar oder man macht sich Gedanken, wie man pferdeschonender reiten kann. Dass »pferdeschonend« auf Dauer gleich »reiterschonend« ist, ist eine angenehme Begleiterscheinung, die sich jedoch erst nach einiger Arbeit bemerkbar macht.

Zusammenhänge transparent machen – ein Beispiel

Manche Zusammenhänge sind jedoch auch von analytisch geschulten Reitlehrern extrem schwer »rüberzubringen«, wenn dem, dem er sie erklären will, wichtiges Grundlagenwissen fehlt, wenn die Wechselwirkungen zwischen Reiter und Pferd auf körperlicher und psychischer Ebene nicht verstanden wurden.

Vor einiger Zeit ritt ich ein Pferd, welches bei seiner Besitzerin nicht vorwärts gehen wollte. Sie klagte, dass sie vor allem im Trab dauernd mit Schenkel, Sporen und Gerte einwirken müsse, um den Wallach überhaupt am Laufen zu halten. Ich konnte mir nicht so recht ein Bild machen, woran es lag und ritt das Pferd selbst. Ich trabte an, trabte leicht und tat nichts anderes, als das Pferd einmal am Anfang mit Stimme und Schenkeldruck deutlich zu »mehr Tempo« aufzufordern. Danach trabte er in flottem Tempo, lieferte mir dabei aber gleich zwei Gründe, warum er bei seiner Besitzerin nicht vorwärtsgehen wollte:

Das Pferd soll dem Reiter in allen Situationen vertrauen.

◆ Er ging nicht sauber über den Rücken und nahm den Zügel nicht an: Er ging entweder viel zu tief und verkroch sich hinter dem Zügel oder er kämpfte mit hohem Kopf gegen den Zügel. Mit seinen Ausweichmanövern fiel er von einem Extrem ins andere.

◆ Er nahm die Aufforderung seiner Reiterin zu »mehr Bewegung« nicht ernst, weil sie ständige, aber dabei halbherzige Hilfen gab.

◆ Weitere Gründe konnte man in der Vorgeschichte und der Optik finden. Die Reiterin war für das Pferd etwas zu groß. Das wirkte sich negativ auf die Balance des Pferdes aus. Das Pferd hatte keine gute Kondition, weil es sich durch seine Faulheit und zudem aufgrund einer schlechten Grundkonstitution immer der eigentlichen Arbeit entzogen hatte. Zudem saß die Reiterin zwar nicht schlecht, aber mit etwas zu wenig Grundspannung (Aufrichtung) auf dem Pferd. Das System Reiter–Pferd war in diesem Fall nicht genug gespannt.

Folgende Lösungsansätze kommen bei diesem speziellen Pferd in Frage:

◆ Das Pferd muss mit deutlich höherer Grundspannung im Sitz geritten werden. Die Reiterin muss absolut entschlosssen sein, vorwärts zu reiten und ihr ganzes »Wollen« darauf ausrichten. Ein Teil des Problems ist mit »einfacher Willenskraft« zu lösen.

◆ Das Pferd muss grundsätzlich besser über den Rücken gehen, damit es nicht die Vorwärtsbewegung im Rücken blockiert. Zudem muss es lernen, den Zügel anzunehmen und seiner Wirkung nicht auszuweichen. Durch richtiges Leichttraben wird der Rücken entlastet und das Pferd kann nicht so stark blockieren wie im ausgesessenen Trab. Ist erst einmal genug Vorwärtsbewegung da, kann man auch den Zügel richtig benutzen und den Rücken des Pferdes durch Biegeübungen locker machen.

◆ Das ständige Treiben mit dem Schenkel oder gar Sporn, ohne dass eine deutliche Reaktion des Pferdes folgt, muss unterbleiben. Das Pferd wird dabei nur völlig stumpf auf den Schenkel. Wenn auf wiederholten Schenkeldruck mehrfach keine Reaktion vom Pferd kommt, dann setzt man notfalls einmal die Gerte richtig ein, so dass das Pferd sich deutlich daran erinnert. Dabei muss man aber jede Art von heftiger Vorwärtsreaktion des Pferdes als positiv werten, auch wenn es im Galopp abschießt und einen Bocksprung macht, und darf nicht am Zügel zurückziehen. Spätestens bei der zweiten Aktion dieser Art reagiert

das Pferd auf den ersten Schenkeldruck mit deutlichem Vorwärtsimpuls. Mit aufforderndem Einsatz der Stimme kann man dieses Grundsatzexempel noch verstärken. Auch über die energische Stimmhilfe spürt das Pferd Entschlossenheit des Reiters.

Erfahrungswerte

Der dritte Punkt war der einzige, den die Besitzerin des Pferdes sofort nachvollziehen konnte. Für das Verständnis der beiden anderen Antworten fehlten wichtige Grundlagen und vor allem ein früheres abrufbares Aha-Erlebnis, ein abrufbares Pferd-Reiter-Gefühl.

Um Rückenblockaden zu überwinden, muss der Reiter ein »Gefühlsmuster« parat haben, wie sich der Rücken bei diesem Pferd anfühlen sollte, wenn er locker wäre. Und zudem muss er eine Idee haben, welche Reittechnik er anwenden könnte und welche Lektionen er reiten sollte, um das Problem am besten zu beheben.

Das Ganze nennt sich dann Reiterfahrung. Und die kann man nur auf vielen unterschiedlichen Pferden und über viele Jahre hinweg machen.

Leider gibt es nicht genug gute Lehrpferde wie nötig wären, um den Leuten ohne Aha-Erlebnis zu ebendiesem zu verhelfen. Denn die gut ausgebildeten, wirklich sensiblen und feinfühligen Pferde gibt keiner gerne zu Lehrzwecken heraus, weil sie durch unkoordinierten Hilfen verwirrt werden und deswegen schnell schlechter, das heißt stumpfer werden.

Eine akzeptable Lösung ist es vor allem bei Schülern mit eigenen Pferden, das Pferd des Reitschülers immer wieder Korrekur zu reiten und den Schüler nachreiten zu lassen.

Ursache und Wirkung

Das Pferd geht frei vorwärts.
Ursache: Der Reiter sitzt im Gleichgewicht und stört das Pferd nicht. Das Pferd reagiert prompt auf Schenkeldruck und Stimme als treibende Hilfe. Es ist durch konsequente Biegearbeit geradegerichtet sowie geschmeidig und locker geritten worden und hat gelernt, den Zügel anzunehmen.
Wirkung: Das Pferd geht von sich aus vorwärts weil es den Rücken loslässt und die Bewegungsenergie aus der Hinterhand nicht durch Blockaden im Rücken oder Hals irgendwo auf dem Weg nach vorn »versickert«.

Zäumungen und Gebisse und ihre Wirkung

Gebisslos oder mit Gebiss?

Es gibt meiner Erfahrung nach zwei Reaktionstypen von Pferden, was die Zäumungen angeht: solche, die gut ohne Gebiss — am Kappzaum, Bosal, Sidepull — gehen und sich damit auch gut

101

G Gebisslose Zäumungen

Das Sidepull kann ähnlich wie eine Trense benutzt werden. Für das Bosal gelten die Richtlinien des losen Zügels.

stellen, biegen und sogar versammeln lassen. Und andere, die mit einem Gebiss im Maul zufriedener sind und bei auf die Nase wirkenden milden Zäumungen mit der Zeit immer unsensibler reagieren. Ich rede in diesem Zusammenhang nicht von der außenliegenden Kandare, dem mechanischen Hackamore, die wie die normale Kandare mit Hebelwirkung arbeitet und nur etwas für in der Ausbildung fortgeschrittene Pferde ist.

Erstaunlicherweise ist die Reaktion auf Gebisse oder gebisslose Zäumungen nicht unbedingt vom Pferdetyp abhängig, sondern muss ganz individuell bei jedem einzelnen Pferd ausprobiert werden. Für manche gebisslosen Zäumungen ohne Hebelwirkung gelten zudem einige Besonderheiten in der Handhabung, die man kennen sollte, um richtig damit umzugehen und das Pferd nicht darauf

abzustumpfen. So muss zum Beispiel das Bosal (auch manuelles Hackamore, bzw. im Original »Jaquima« genannt) der Westernreiter immer mehr oder weniger lose sein. Es wird nur durch Zupfen bedient. Die seitliche Begrenzung des Pferdes mit dem kontrollierenden äußeren Zügel ist damit sehr schwierig, manchmal unmöglich.

Ein Sidepull dagegen kann fast wie eine Trense benutzt werden. Allerdings wie eine Trense im richtigen Sinne ohne starre oder beidseitig ziehende Hand.

Eine mechanische Hackamore wird sinnvollerweise wie eine (blanke) Kandare benutzt, und zwar nur dann, wenn das Pferd eigentlich einhändig geritten werden könnte. Ein Stellen mit dem inneren Zügel ist nämlich bei allen Kandaren schlecht möglich, weil die Wirkung von innerem und äußerem Zügel nicht getrennt werden kann. Der Trensenzügel hat eine direkte, einseitige Wirkung und ist für die Stellung des Pferdes zuständig.

Kandarenzügel haben eine indirekte Wirkung und sind für die Aufrichtung des Pferdes zuständig. Wird ein Pferd auf blanke Kandare geritten, so muss es sich allein durch Gewichts- und Schenkelhilfen des Reiters stellen und biegen, da die Kandarenzügel nicht zur Stellung taugen.

Beim Reiten auf Bosal sollte der Zügel nur als kurzer Impuls angenommen werden.

Übergangslösungen

Aus diesem Grund gibt es die verschiedenen »Doppelzäumungen«. Jeder Reitstil hat eine Art Übergangszäumung, die sowohl die vermehrte Aufrichtung des Pferdes über die Hebelwirkung erleichtert (das ist der eigentliche Sinn der Kandare) als auch noch eine Korrektur am stellenden inneren Zügel zulässt.

Das ist in der Westernreiterei aber auch bei vielen Südamerikanern die Kombination »Bosal plus Kandare«. Korrekturen der Biegung und Stellung erfolgen am (direkten) Bosalzügel über die Nase. Die Feinabstimmung in der Haltung des Pferdes erfolgt über den vorsichtigen Einsatz des Hebels der Kandare. In der sportlichen Dressur ist es die »Kandare plus Unterlegtrense«. Auch hier gilt: Der Trensenzügel ist für die Stellungskorrekturen zuständig, der Kandarenzügel für die Aufrichtung. Eigentlich hat das Pferd dabei zwei verschiedene Zäumungen am Kopf. Der Reiter hat zwei Paar Zügel in der Hand und schaltet bei der Benutzung praktisch zwischen beiden um, wie er es für nötig hält. Dazu braucht er natürlich eine sehr sensible Hand.

Mischformen der Zäumung

Zudem gibt es Mischformen bei den Übergangszäumungen, wie das Pelham oder die gebrochene Kandare. Diese Mischformen unterscheiden sich von den Doppelzäumungen dadurch, dass sich nur ein Kombi-Gebiss im Maul des Pferdes befindet, dessen Wirkung jedoch unterschiedlich sein kann. Die sinnvollste Variante ist die gebrochene Kandare, die mit zwei Zügelpaaren benutzt wird. Das Pferd hat ein gebrochenes Gebiss im Maul, so dass die Wirkung des inneren

Das Sidepull kann wie eine Trense auch mit leicht anstehendem Zügel benutzt werden.

M Mischformen der Zäumung

Alle Mischformen von Zäumungen sollten so beschaffen sein, dass die Wirkung des Trensenzügels von der des Kandarenzügels getrennt werden kann.

Zügels von der des äußeren getrennt werden kann. Ein Zügelpaar wird direkt am Maul in den seitlichen Hebel eingeschnallt. Damit ist die Einwirkung nach Art der Trense möglich. Das andere wird unten in die Hebel geschnallt. Damit ist die Einwirkung nach Kandarenart möglich. Diese gebrochene Kandare (das Snaffle with Shanks) wird jedoch auch oft mit nur einem Zügelpaar in der Kandarenschnallung verwendet. Das ist dann möglich, wenn die Hebel nicht besonders lang sind und bedeutet für Reiter, die mit den vier Zügeln ein koordinatorisches Problem haben, eine Erleichterung. Durch das gebrochene Gebiss kann selbst mit leichter **103**

Das Sidepull.

Ein leichter Kappzaum zum Longieren.

Hebelwirkung eine einseitige stellende Zügelhilfe gegeben werden, ohne dass das Gebiss im Maul kippt, wie das bei einem ungebrochenen Gebiss, bei einer Stange, der Fall wäre.

Die zweite Mischform, das ungebrochene Pelham, ist nicht besonders zu empfehlen. Vor allem dann nicht, wenn es mit nur einem Zügelpaar benutzt wird, das immer untrennbar mit und ohne Hebel wirkt. Eine sensible Dosierung der Zügelhilfen ist damit nicht gut möglich.

Blanke Kandare und mechanisches Hackamore (Außenkandare)

Erst für weit fortgeschrittene Pferde, die sicher auf den äußeren Zügel gehen, kann eine blanke Kandare verwendet werden. Dafür sollte jedoch die einhändige Zügelführung Pflicht sein. Das Gleiche gilt für die außenliegende Kandare, das mechanische Hackamore.

Alle Kandarenzäumungen brauchen ein Kinnriemen oder eine Kinnkette, damit die Hebel nicht nach hinten durchfallen können. Kinnriemen oder -kette dürfen jedoch nicht zu eng sein. Ein

Winkel der Hebel von 45 Grad zur Maulspalte bei angenommenem Zügel ist der Richtwert.

Eine Umstellung auf Kandare (bzw. Kandare mit Unterlegtrense) muss jedoch nicht zwangsläufig sein, wenn Sie nicht auf Turnieren starten wollen. Niemand zwingt den Reiter von einer milderen Zäumung umzustellen, wenn das Pferd sensibel darauf geht. Probieren Sie aus, wie lange es ohne funktioniert. Wir haben das Experiment mit zwei jungen Pferden gemacht. Beide wurden gebisslos mit Sidepull angeritten. Der eine geht seit drei Jahren, der andere seit zwei Jahren mit Sidepull – alle Seitengänge, spanischer Schritt, beginnende Versammlung und Arbeit am langen Zügel inbegriffen. Das Experiment ist noch nicht abgeschlossen – ich möchte ausprobieren, wie weit man in der Ausbildung ohne Gebiss kommt ...

Gebrochene oder doppelt gebrochene Trensengebisse?

In den letzten Jahren hat sich bei den Trensengebissen eine Tendenz zu den doppelt gebrochenen Gebissen herauskristallisiert. Im Prinzip ist

Das Parelli-Halfter für die Bodenarbeit.

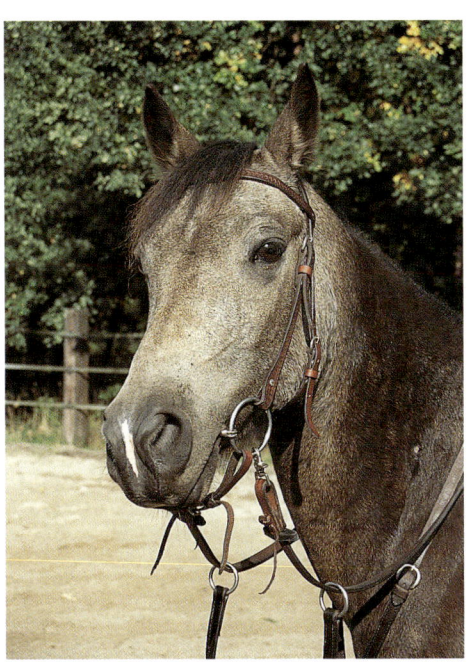

Trense und Martingal im Westernstil.

das zu begrüßen, wird doch so die berüchtigte Nussknackerwirkung ausgeschlossen. Doch benutzt man weder einen engen Nasenriemen noch die Trense falsch, im ziehenden Sinne, funktioniert auch das einfach gebrochene Gebiss. Die Nussknackerwirkung tritt ja nur in der extremen Form auf, wenn das Pferd keine Möglichkeit mehr hat, sich ihr durch Aufsperren des Mauls zu entziehen und der Reiter am Zügel nicht nachgibt.

Das Maul zuschnüren?
Zum Thema Nasenriemen

Nasenriemen sind prinzipiell immer dann überflüssig, wenn das Pferd ein Gebiss im Maul trägt. Nur für die gebisslosen Zäumungen braucht man Nasenriemen, da die Wirkung des Zügel bei diesen über den Nasenrücken abläuft. Diese Nasenriemen müssen weit genug oben am Nasenrücken sitzen und dürfen nicht zu eng sein.
Wofür soll jedoch ein Nasenriemen gut sein, wenn das Pferd mit Gebiss geritten wird? Sitzt er zu fest oder zu tief schnürt er dem Pferd die Luft

Das »Snaffle with Shanks«, ein gebrochenes Gebiss mit leichter Hebelwirkung.

ab oder quetscht das Gebiss in die Maulwinkel, wie man das leider sehr häufig sehen kann.

Manche benutzen ihn, um zu verhindern, dass das Gebiss quer durchs Maul gezogen wird. Doch wenn Sie einem Pferd das Gebiss quer durchs Maul ziehen müssen, um es abzuwenden, ist sowieso etwas faul an der bisherigen Ausbildung. Außerdem kann dieses Durchziehen auch mit einem losen Kinnriemen verhindert werden, wie ihn die Westernreiter benutzen.

Die Kandare mit Unterlegtrense.

Einen Nasenriemen zu verwenden, damit das Pferd das Maul nicht aufsperren kann, bedeutet am falschen Ende zu korrigieren, nämlich am Symptom. Das Pferd sperrt das Maul auf, weil es unzufrieden ist mit der Einwirkung des Reiters.

Solange sich nichts an der Art des Reitens ändert, so lange wird das Pferd unzufrieden sein. Zuschnüren nützt da nichts, sondern macht das Pferd nur noch unzufriedener (und verspannter).

Zügeleinwirkung und Paraden

Am losen Zügel – Zügel loslassen – Zügel annehmen – am Zügel gehen

Mit den Kontroversen zur Zügeleinwirkung allein könnte man ein ganzes Buch füllen. Da gibt es die, die es ablehnen, das Pferd auch nur im Maul anzufassen, aus Angst, etwas »kaputt zu machen« – und damit einen weggedrückten Rücken riskieren. Andere sehen allein im Zügel ein Instrument zur Formung des Pferdes, vor allem des Halses. Wieder andere stehen auf dem Standpunkt, das Pferd müsse sich von allein an der ruhigen Hand des Reiters abstoßen.

In allen Ansichten steckt ein Teil Wahrheit und Potenzial für Missverständnisse. Alle haben die besten Absichten mit Ihrer Art der Zügeleinwirkung und richten doch manchmal mit den besten Absichten Schaden an, weil Sie anatomisch sinnvolle Richtlinien missinterpretieren.

Leitsätze zur Zügeleinwirkung

Grundsätzlich gibt es ein paar Leitsätze zur Zügeleinwirkung, an denen man sich orientieren kann. Sie gelten für jede Reitweise gleichermaßen!

◆ Bevor man den Zügel loslassen kann, muss das Pferd gelernt haben, ihn anzunehmen.

Zuerst muss der Zügel immer angefasst werden. Erst, wenn das Pferd auf die Zügelsignale reagiert, wird er zur Belohnung wieder losgelassen. Ohne die Reaktion des Pferdes auf einen seitwärts wirkenden stellenden Zügel und einen kontrollierenden äußeren Zügel ist keine Biegung und deswegen keine Gymnastizierung und kein Geraderichten des Pferdes möglich.

◆ Die Zügeleinwirkung ist immer eine lenkende, keine ziehende. Damit der Reiter mit dem Zügel überhaupt lenken kann, muss das Pferd prinzipiell vorwärtsgehen. Es muss aus der Hinterhand

Zügeleinwirkung

- Bevor man den Zügel loslassen kann, muss das Pferd gelernt haben, ihn anzunehmen.
- Die Zügeleinwirkung ist immer eine lenkende, keine ziehende. Damit der Reiter mit dem Zügel überhaupt lenken kann, muss das Pferd prinzipiell vorwärts gehen.
- Ohne Schub aus der Hinterhand und ohne einen durchlässigen Rücken des Pferdes ist keine sinnvolle Art der Zügeleinwirkung möglich.
- Die Einwirkung des Zügels steht an letzter Stelle in einer Reihe von Hilfen.

Eine Trense mit akzeptablem Sperrriemen, der die Atmung nicht behindert.

Energie (Schubkraft und Tragkraft) produzieren, die über einen losgelassenen Rücken vorn ankommt und dort zur Seite gelenkt (Wendungen), aufgefangen (Versammlung) oder kontrolliert nach vorn herausgelassen (Verstärkungen) wird.

◆ Ohne Schub aus der Hinterhand und einen durchlässigen Rücken des Pferdes ist überhaupt keine korrekte Art der Zügeleinwirkung möglich.

◆ Die Einwirkung des Zügels steht an letzter Stelle in einer Reihe von Hilfen.

Die richtige Reihenfolge muss folgendermaßen aussehen:

1. Erst kommt die Gewichtshilfe, die das Gleichgewicht des Pferdes beeinflusst und damit weitgehend Tempo und Richtung.

2. Dann kommen treibende Hilfen (Schenkel, Stimme, Gerte), die die Gewichtshilfen unterstützen und für die Biegearbeit unerlässlich sind.

3. Zum Schluss erst kommt die lenkende und begrenzende Zügeleinwirkung.

1 und 2 wirken häufig fast gleichzeitig. 3 kommt mit Verzögerung ins Spiel, will man einen »Schraubstockeffekt« vermeiden. Beim jungen Pferd ist die Verzögerung stärker und die Einwirkung des Zügels deutlicher, beim weit fortgeschrittenen Pferd gibt es weniger Verzögerung und nur eine minimale Stärke und Dauer der Zügeleinwirkung – das berühmte Ausdrücken eines Schwamms: Die Hand wird nur für den Bruchteil einer Sekunde zugemacht. Und in der Vollendung jeder Reitweise ist das Ziel ein Pferd, welches auf minimale Handeinwirkung reagiert. Der lose Zügel der Gebrauchsreiter, der allein durch sein Gewicht die minimale Verbindung zwischen Reiterhand und Pferdemaul schafft, ist nur eine graduelle Variante der auch im Ausbildungsziel der klassischen Dressur geforderten Zügelanlehnung mit wenigen Gramm Druck bzw. Zug in der Hand des Reiters. Selbst wenn diese Vorgabe sowohl in der Gebrauchsreiterei als auch in der modernen sportlichen Dressur selten erreicht wird, sollte sie als Idealbild vor dem Auge des Harmonie suchenden Reiters stehen.

Für manche Pferde braucht man einen Kinnriemen, der ein Durchziehen des Gebisses durch das Maul verhindert.

Der seitwärts wirkende, stellende Zügel, hier überdeutlich zu sehen: Die Hand bleibt oben und zieht nicht rückwärts.

Einhändig mit Servolenkung

Die einhändige Zügelführung (die die Westernreiter gern als Unterschied zur herkömmlichen – englischen – Reitweise definieren) ist in jeder Reitweise möglich. Jedes Pferd, welches sauber gymnastiziert ist, steht schließlich am äußeren Zügel. Denn die Zügeleinwirkung, vor allem am stellenden inneren Zügel, wird im Zuge jeder guten Ausbildung immer geringer. Sie wird hauptsächlich durch eine feinere Dosierung des Reitergewichts ersetzt.

Der äußere Zügel wird bei guter Ausbildung in jeder Reitweise schließlich zum Kontrollzügel. Und spätestens dann ist das Pferd fast ausschließlich über Gewichtsverlagerung und minimale Kontrolle am äußeren Zügel zu steuern. Ein gut ausbalanciertes und gymnastiziertes Pferd braucht im Normalfall den stellenden inneren Zügel nicht mehr. Es stellt sich von allein in die Wendung hinein, wenn die Sitzdiagonale und die diagonale Schenkellage (innen weiter vorn als

außen) stimmen. Wenn das Pferd nicht auf dem Zügel liegt, sich dahinter verkriecht oder sonst irgendwelchen Unfug anstellt, ist es auch einhändig zu reiten. Und zwar mit jeder Zäumung. Für das einhändige Reiten braucht man nicht unbedingt die Kandare. Es funktioniert auch auf Trense oder gebisslos. Allerdings nicht bei jedem Pferd gleich gut.

Die Innenstellung erreichen

Die Stellung des Pferdes wird immer durch einen seitwärts wirkenden inneren Zügel erreicht. Zur Korrektur kann man allenfalls die Hand weit hoch (Richtung Lefzen/Maulwinkel) nehmen oder sie bei einem noch ganz unerfahrenen jungen Pferd weit seitwärts herausführen. Nie dürfen Sie jedoch am inneren Zügel rückwärts ziehen. Dadurch »klappt sich das Pferd zusammen«. Es nimmt den Kopf innen hoch und nach hinten und der Rücken fällt nach unten durch.

Halbe und ganze Paraden geben

Eine Parade wirkt immer von hinten nach vorn, nie von vorn nach hinten (siehe auch: von hinten nach vorn reiten). Es gibt eigentlich nur einen einzigen Bereich im Reitsport, bei dem die Ansicht des pferdesportlichen Laien annähernd zutrifft, dass das Pferd durch Ziehen am Zügel angehalten wird – den Galopprennsport. Bedingt durch die kurzen Bügel der Jockeys und deren Balancieren über dem Pferd ist eine Einwirkung mit Gewicht und Schenkel nicht möglich; deswegen werden Rennpferde oft durch Ziehen am Zügel verlangsamt. Zusätzlich wird jedoch auch bei den Galoppern immer eine Stimmhilfe zum Anhalten benutzt.

Ziehen verboten

Wie – hoffentlich – schon im Abschnitt Druck und Gegendruck deutlich geworden ist: Ziehen funktioniert nicht! Ein Zügel darf nie rückwärts wirken, allenfalls begrenzend. Und eine Zügelhilfe ist immer die letzte in einer Reihe von Hilfen, die schließlich zum Verlangsamen des Pferdes oder Anhalten führen. Es gilt immer: erst vorwärtstreiben, dann die Vorwärtstendenz begrenzen. Das gilt auch fürs Anhalten. Das Konzept »Ziehen verboten« hat mit der »Trägheit der Masse« und anatomischen Gesetzmäßigkeiten zu tun: Angenommen das Pferd befindet sich in flottem Trab. Sie möchten es nun anhalten – und ziehen am Zügel. Was passiert? Der vorwärtsbewegten Masse von Pferd plus Reiter muss eine Energie entgegengesetzt werden, die diese Bewegung neutralisiert bzw. aufnimmt. Das Pferd nimmt sich diese Energie aus der ziehenden Hand des Reiters. Es läuft gegen den Druck im Maul (siehe Druck und Gegendruck) und benutzt die Reiterhand und seine eigenen Vorderbeine als Stütze. Es bedeutet einen erheblichen Kraftakt, sein Pferd so anzuhalten. Und das Gleichgewicht des Pferdes ist in diesem Moment besonders instabil. Es kippt praktisch nach vorn über und bremst mit den schwächeren Vorderbeinen – der Reiter kippt ebenfalls mit nach vorn und verstärkt die Belastung auf den Vorderbeinen des Pferdes noch zusätzlich.

Was also stattdessen tun? Die Antwort lautet: Der Reiter schiebt das Pferd von hinten nach vorn zusammen.

Nur im Rennsport werden Paraden etwas anders gehandhabt.

Zuerst treiben Sie das Pferd vorwärts. Da jede Bewegung des Pferdes hinten beginnt, bekommen Sie damit die Hinterbeine vermehrt unter den Schwerpunkt. Das Pferd tritt unter (sich). Lassen Sie nun den Zügel dabei völlig locker, so geht das Pferd einfach nur mehr vorwärts. Es benutzt das Untertreten für die vermehrte Entwicklung von weiterem Vorwärtsschub – keine Rede von Verlangsamung oder gar Anhalten.

Zum Anhalten verlegen Sie seinen Schwerpunkt nach hinten und hemmen zusätzlich durch Abkippen des Beckens die Rückenbewegung des Pferdes. Wenn Sie nun auch noch durch Annehmen des Zügels die Bewegung nach vorn begrenzen, so schiebt sich das Pferd wie eine Ziehharmonika von hinten nach vorn zusammen. Es tritt mit den Hinterbeinen unter, kommt mit der Vorhand hoch und nimmt den Bewegungsschub mit den eigenen Hinterbeinen auf. Aus der Vorwärtsbewegung wird eine Aufwärtsbewegung. Das ist das Grundprinzip der Versammlung und aller Paraden.

Der Verzicht auf die Einwirkung mit dem Zügel ist ein gutes Kontrollinstrument für dessen richtige Verwendung im Normalfall.

Reihenfolge des Zügeleinsatzes

Der Zügeleinsatz ist immer die letzte Hilfe in einer Reihe von vorbereitenden Hilfen mit Gewicht und Schenkel. Und der stellende Zügel kommt noch vor dem begrenzenden.

Wenn jedoch die Hand des Reiters einfach starr vorn gegenhält, so findet das Pferd trotzdem die Stütze in der Reiterhand und wird einen Teil der Energie nach wie vor vorn abstützen, denn das Untertreten ist für das Pferd zwar gesünder, aber auch erst einmal anstrengender. Gibt der Reiter jedoch nach jedem Annehmen des Zügels vorn wieder nach (Intervalltechnik), so ist dort keine Stütze. Das Pferd ist gezwungen, die Bewegungsenergie über die Hinterbeine aufzunehmen – sonst fällt es auf die Nase.

Paraden bereiten das Pferd vor

Die halbe Parade wird für ein kurzfristiges Zusammenschieben des Pferdes von hinten nach vorn gebraucht. Damit machen Sie das Pferd aufmerksam, bereiten es vor für alles, was vermehrte Hinterhandarbeit erfordert, versammeln es.

Die ganze Parade besteht aus dem Aneinanderreihen von halben Paraden, bis das Pferd steht. Je besser es seine Hinterhand einsetzt, umso weniger halbe Paraden brauchen Sie, um das Pferd aus jeder Gangart zum Stehen zu bringen. Und umso weniger Druck im Maul durch die Einwirkung der Reiterhand braucht das Pferd, um zu reagieren.

Ganze Paraden können unterschiedlich aussehen: Eine ganze Parade kann ein einfaches Anhalten aus dem Schritt sein, ein Anhalten aus dem bis zum Schritttempo versammelten Galopp aber auch ein Stopp aus dem schnellen Galopp, wie bei den Westernreitern (der Sliding Stop, bei dem das Pferd auf der Hinterhand rutscht). Im Prinzip ist ein gelungener »Sliding Stop« am losen Zügel mit völlig geradem Pferd die ganze

Parade in Vollendung: Die Handeinwirkung des Reiters ist auf ein minimales Signal reduziert, das Pferd nimmt die gesamte Bewegungsenergie mit den Hinterbeinen auf. Der Reiter sitzt tief, ohne nach vorn zu kippen. Dass ein solcher Stopp nur auf vernünftigem Boden und mit einem gut konditionierten und gymnastizierten, also einem schon weit in der Ausbildung fortgeschrittenen Pferd »unschädlich« ist, sollte klar sein.

Sie sollen also nie am Zügel (nach hinten) ziehen, wie die Abhandlung über die Paraden gezeigt hat. Diese Forderung ist uralt, gilt für jede Reitweise – und wird dauernd missachtet. Und sie wird nicht nur von denen missachtet, deren Pferde reitstilbedingt ständig am Zügel stehen sollten, sondern leider auch in zunehmendem Maße von denen, die sich den sogenannten losen Zügel auf die Fahne geschrieben haben.

Die Handhaltung und deren Wirkung

Einen großen Einfluss auf eine effektive und anatomisch richtige Zügeleinwirkung hat die Handhaltung des Reiters. Missverstandene und nur teilweise richtige Anweisungen haben auch da schon viel Schaden angerichtet.

Wichtigster Grundsatz ist vor allem anderen, dass die Hand des Reiters völlig unabhängig von den Bewegungen des Pferdes und des Reiteroberkörpers agieren können muss. Dazu muss sie aus einem locker hängenden Ellbogen frei getragen werden. Ob die Hand dabei etwas höher oder tiefer gehalten wird, ist unerheblich – Arm und Hand müssen nur möglichst spannungsfrei sein. Im Folgenden ein paar bekannte Anweisungen, die Schaden anrichten können:

Die Handhaltung ist abhängig von der Haltung des Pferdes. Wichtig ist jedoch vor allem, dass die Hand frei und unabhängig getragen wird – egal in welcher Höhe.

V
Versammlung bedeutet Vorbereitung

Versammlung ist nichts anderes als eine gute Vorbereitung des Pferdes darauf, alle Anweisungen des Reiters prompt auszuführen.

Oben: Die heruntergedrückte Hand macht die Schultern und damit den ganzen Sitz (auch im Leichttraben) steif.

Unten und rechts: Die nach der gängigen Schulmeinung zu hohe Hand, die jedoch ohne dauernde Spannung getragen wird, ist viel beweglicher und sensibler als die zu tiefe Hand. Viele Korrekturen sind mit einem kurzfristigen weiten Hochnehmen oder auch weiten Herausführen der Hand gut vorzunehmen.

»Hand tief«

Diese Anweisung führt oft zum Hinunterdrücken der Hand. Das ist ein übler Fehler, denn der Sitz des Reiters wird dadurch steif. Der Arm wird aus der Schulter festgehalten und deswegen ist eine gefühlvolle Handeinwirkung nicht möglich. Meist zieht der Reiter dazu noch den Bauch ein und sein Rücken wird deswegen krumm. Er sitzt wie ein »Fragezeichen« auf dem Pferd.

Sinnvoller wäre das Kommando: Die Hand vor sich her tragen – noch besser die Idee: ein Wasserglas vor sich her balancieren. Solche Gedankenbilder kann man spielerisch umsetzen, indem man dem Reiter tatsächlich ein gefülltes Wasserglas (besser einen Plastikbecher) in die Hand gibt. In der Westernszene gibt es ein schönes Spiel, das Spoon-and-Egg-Race, bei dem die

Abwenden mit dem weit seitwärts geführten Zügel und hoher Hand. Die Blickrichtung bedingt die richtige Gewichtsverlagerung.

Abwenden am losen inneren Zügel – der Zügel darf das Pferd nicht in die Wendung hineinziehen.

Reiter in den drei Grundgangarten mit einer Hand einen Löffel samt Ei balancieren. Mit der anderen Hand wird das Pferd gelenkt. Gewonnen hat der, der am längsten sein Ei behält. Diese Übung, die man auch in den normalen Unterricht einbauen kann, sorgt für zweierlei: eine unabhängig getragene Hand und einen ruhigen und unabhängigen Sitz, durch den das Pferd möglichst wenig gestört wird.

»Hände dicht am Hals«

Diese Anweisung ist überhaupt nur bei sehr weit ausgebildeten Pferden sinnvoll. Für alle anderen muss die Handstellung des Reiters sich situationsbedingt verändern. Das Herausführen der inneren Hand, um dem jungen Pferd den Weg in die Wendung zu zeigen, gehört zu diesen Veränderungen. Das Hochnehmen einer oder beider Hände zu Korrekturzwecken, das deutliche Nachgeben nach vorn, damit sich das Pferd dehnen kann. etc.

Auch mit dicken Handschuhen lässt sich das Bosal mit kurzen Impulsen gut handhaben.

*Optimale Verständigung ohne Hilfsmittel –
der Zügel ist nicht mehr nötig, wenn die
Kommunikation stimmt.*

*Reiterin und Pferd im psychischen und physi-
schen Gleichgewicht. Die Zügeleinwirkung
bleibt auf minimale Signale beschränkt.*

W

Wirkungszusammenhänge bei der Zügeleinwirkung

Das Pferd geht am Zügel

Ursache: Der Reiter stört das Pferd nicht.
Das »Am-Zügel-Gehen« des Pferdes ist
ein Indiz für den richtigen Sitz des
Reiters und für seine gefühlvolle
Einwirkung und die daraus folgenden
effektiven Hilfen.
Wirkung: Das Pferd geht über den
Rücken (der Spannungsbogen hat keine
Brüche), gibt im Genick nach, lässt des-
wegen »die Nase fallen« und sucht die
Anlehnung am Zügel.

Das Pferd legt sich bei Paraden auf den Zügel

Ursache: Das »Auf-den-Zügel-Legen«
ist immer ein Zeichen von Ungleich-
gewicht. Das Pferd ist nicht genug
ausbalanciert oder die Hinterhand ist
noch nicht stark genug, um die
Bewegungsenergie aufzunehmen.
Wirkung: Es sucht bei Paraden eine zusätzliche Stütze für sein Gleichgewicht
in der Hand des Reiters.

Der Reiter hat eine weiche Hand

Ursache: Der Sitz des Reiters ist unabhängig und geschmeidig, die Schultern
sind losgelassen.
Wirkung: Der Reiter ist in seiner Zügelführung nicht an die Bewegungen des
Pferdes gekoppelt. Er kann gefühlvoll
und unabhängig agieren.

Aufrichtung ≠ Zusammenziehen

Die richtige Aufrichtung definiert sich über einen intakten Spannungsbogen, der nun aber stärker gespannt ist. Der Hals des Pferdes wölbt sich stärker nach vorn-oben. Aktiv untertretende Hinterhand und die Nasenlinie vor der Senkrechten sind weitere Kriterien. Das Pferd kann immer nur von hinten nach vorn aufgerichtet werden, nicht allein durch Zügeleinwirkung.

Versammlung ≠ Langsam machen

Was für die Aufrichtung gilt, gilt hinsichtlich des Spannungsbogens auch für die Versammlung.
Ein richtig versammeltes Pferd bleibt immer im reinen Takt der Gangarten, geht nicht hinter der Senkrechten und lässt sich immer sofort in die fleißige, taktreine Vorwärtsbewegung »schicken«. Taktfehler, vor allem ein Vierschlag-Galopp, deuten darauf hin, dass das Pferd nur durch Zügeleinwirkung langsam gemacht worden ist und nicht über den Rücken geht.

Gegenhalten ≠ Ziehen

Gegenhalten am kontrollierenden (äußeren) Zügel wird gern mit Ziehen verwechselt. Der ziehende Zügel unterscheidet sich vom gegenhaltenden folgendermaßen: Er wird aktiv nach hinten geführt, wirkt also rückwärts. Und er kommt in der Reihenfolge nicht als letzter in der Hilfenkette, sondern schlimmstenfalls zuerst.

Die optimale Haltung von Reiter und Pferd mit der »klassischen Handhaltung« – Unterarm und Zügel bilden eine Gerade.

Für das Reiten auf blanke Kandare mit einem ungebrochenen Stangengebiss sollte die einhändige Zügelführung Pflicht sein. **115**

»Ruhige Hand«

Die Anweisung »Ruhige Hand« ist zwar prinzipiell richtig, führt aber oft zu Missverständnissen. Die Hand muss immer (und sei es nur minimal, »am seidenen Faden«) in Beziehung zum Maul bzw. zur Nase des Pferdes stehen. Sie muss immer mit dem Maul bzw. der Nase des Pferdes (bei gebissloser Zäumung) kommunizieren – durch Paraden, durch belohnendes Nachgeben, durch seitliches Annehmen, höher nehmen, zupfen, vibrieren etc. Die Hand einfach nur ruhig Runde um Runde vor sich her zu tragen genügt in den wenigsten Fällen, denn das Pferd wird es sich irgendwann auf dieser unbeweglichen Hand bequem machen, sprich sich darauflegen und sie als Stütze missbrauchen. Dadurch kommt der Reiter ins Ziehen – und schon baut sich langsam eine immer starkere Zügelanlehnung auf. Das Pferd liegt schließlich »auf der Hand«. Der Reiter muss den Pferdekopf praktisch »tragen«.

Richtigerweise soll das Pferd mit Maul oder Nase den Kontakt zum Zügel zwar suchen, sich und seinen Kopf jedoch bei minimaler Anlehnung selbst tragen und nicht vom Reiter bzw. von der Reiterhand tragen lassen.

Die Biegearbeit

Die korrekte Biegung dient als Basis für Übungen aller Schwierigkeitsgrade und als Grundlage jeder sinnvollen Korrekturarbeit.

Korrekte Stellung und Biegung

Biegearbeit ermöglicht erst, sein Pferd an den Zügel (resp. an den äußeren Zügel) zu reiten. Nur das gebogene Pferd nimmt den äußeren Zügel als Korrektur und Kontrollzügel an. Und nur das durch Biegearbeit gymnastizierte Pferd hat gelernt mit beiden Hinterbeinen gleich viel Gewicht zu tragen und geht deswegen auch korrekt geradeaus.

Ein korrekt gebogenes Pferd wendet auf die Gewichtsverlagerung des Reiters ab und nicht auf Zügeleinwirkung. Wenn ein Reiter sein Pferd dauerhaft am inneren Zügel in eine Wendung

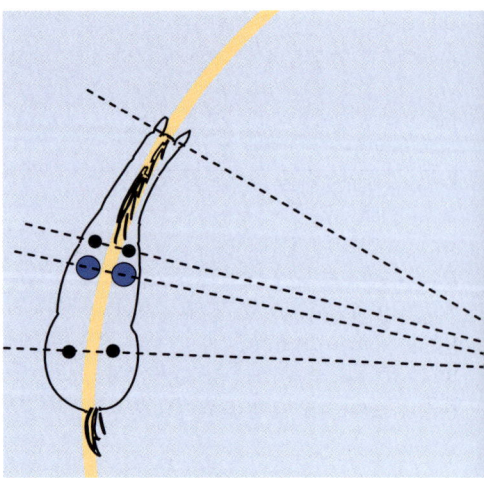

Ausrichtung von Pferd und Reiter auf gebogenen Linien (schwarze Punkte: Beine des Pferdes, blaue Punkte: Sitzknochen des Reiters).

hineinziehen muss, so ist dies ein Symptom für nicht erfolgreiche gymnastizierende Basisarbeit und/oder für eine Asymmetrie in der Sitzposition des Reiters.

Folgende Kriterien müssen für eine korrekte Biegung erfüllt sein:

◆ Die gleichmäßige Biegung im ganzen Pferdekörper ist das A und O. Das Pferd darf sich nicht wie eine Schlange aus der Biegung herauswinden, es darf sich nicht im Hals oder im Genick verwerfen. Es reicht nicht, wenn der Reiter das innere Auge des Pferdes schimmern sieht, denn das Pferd kann sich durchaus so im Genick verwerfen, dass man das innere Auge sieht, es sich aber trotzdem nicht gleichmäßig biegt.

◆ Das Pferd muss nach jedem Geradesetzen des Reiters anstandslos geradeaus gehen. Das heißt, es folgt einer Gewichtsverlagerung des Reiters prompt.

◆ Der Druck auf die beiden Sitzknochen des Reiters während der Wendung muss gleich stark sein. Ob dies der Fall ist, erkennt man daran, dass das Pferd nicht nach innen oder außen drängelt. Zusätzlich muss die Vorhand/Schulter des Pferdes in der Biegung leichter werden. Nur dann kippt es nicht nach innen oder außen.

Das bedeutet, dass die innere Hüfte des Reiters in der Sitzdiagonalen nur leicht vorgeschoben wird. Nimmt der Reiter die innere Hüfte zu weit nach vorn, ist sie vor der Bewegung, während die äußere hinter die Bewegung gerät. Der Reiter belastet den inneren Rückenmuskel, der sich zusammenziehen, also Arbeit leisten muss, zu stark, wenn er vor die Bewegung kommt.

Die Schultern des Reiters bleiben über den Hüftknochen in der gleichen Position wie die Hüfte. Werden die Schultern in Relation zur Hüft- und Schulterstellung des Pferdes und zur Hüftstellung des Reiters zu stark verdreht, so drängelt das Pferd aus dem Zirkel heraus oder in ihn hinein. Das Vorschieben der inneren Hüfte gilt auch für die Seitengänge. Wobei das Schulterherein eine Ausnahme bildet, weil dabei nämlich die äußere Hüfte minimal vorgeschoben wird: Die Reiterhüfte ist dann zwar in Bewegungsrichtung vorn, jedoch in diesem Fall außen statt innen (siehe auch Kapitel 6).

Wer einmal gelernt hat, alle gebogenen Linien und Seitengänge des Pferdes über die Positionierung des Beckens zu reiten, dem fällt es schwerer, das Pferd geradeaus zu reiten als auf gebogenen Linien. Das ist es rein objektiv

Abwenden auf den Zirkel in korrekter Ausrichtung von Reiterin und Pferd.

Kriterien für korrekte Biegung

- Die Biegung des Pferdes muss gleichmäßig sein.
- Der Druck auf die beiden Sitzknochen des Reiters während der Wendung muss gleich stark sein.
- Die Vorhand des Pferdes muss in der Biegung leichter werden.
- Das Pferd reagiert prompt auf eine Veränderung der Sitzposition des Reiters für eine Verstärkung der Biegung oder ein Geradeausreiten.

Ausrichtung von Pferd und Reiter auf gebogenen Linien

- Die Wirbelsäule des Pferdes muss in Längsrichtung auf die gebogene Linie eingestellt werden. Dann ist das Pferd richtig gebogen.
- Daraus folgt, dass das äußere Vorderbein etwas weiter vorn auffußt als das innere und das äußere Hinterbein etwas weiter hinten als das innere Hinterbein.
- Die Hüfte des Reiters (und damit seine Schulter, wenn er unnötige Verdrehungen vermeidet) sollte sich auf den Radius des Zirkels einrichten.

auch, denn ein Pferd sauber gerade zu richten ist erst möglich, wenn man es auf beiden Seiten gleichmäßig biegen kann.

Das Pferd folgt der Blickrichtung und dem Gewicht des Reiters

Das richtige Konzept für jede Gewichtsverlagerung muss lauten: das Pferd läuft unter das Gewicht des Reiters. Das funktioniert bei allen Seitengängen und in allen Wendungen folgerichtig nach dem gleichen Schema. (Manche gängigen Reittheorien handhaben allerdings dieses Konzept nicht durchgängig – Abweichungen gibt es z. B. beim Schulterherein.)

Wenn Sie immer dorthin schauen, wohin Sie reiten wollen, dann dreht sich Ihr Körper von allein in die richtige Richtung. Das Pferd folgt Ihrer Kopfdrehung, die wiederum eine Körperdrehung

(Schulter- und Hüftdrehung) bewirkt. Diese durch die Kopfdrehung verursachte – oft minimale – Drehung der Hüfte bewirkt eine leichte einseitige Belastung des Gesäßknochens in Richtung der Drehung. Je enger die Wendung, umso stärker sind Kopf- und Hüftdrehung und umso stärker wird der innere Gesäßknochen belastet. Zur richtigen Belastung kommt allerdings noch die richtige Positionierung der Gesäßknochen in der Sitzdiagonalen hinzu.

So lockt man das Pferd in die gewünschte Richtung – man drückt es nicht herüber, sondern zieht es hinter seinem Gewicht her. Das bedeutet sehr viel weniger Kraftaufwand, als das Pferd zum Beispiel mit dem Schenkel herüberzudrücken und ist ein wichtiger konzeptioneller Baustein zur Hilfenminimierung. Das funktioniert jedoch nur, wenn die Schwerpunkte von Reiter

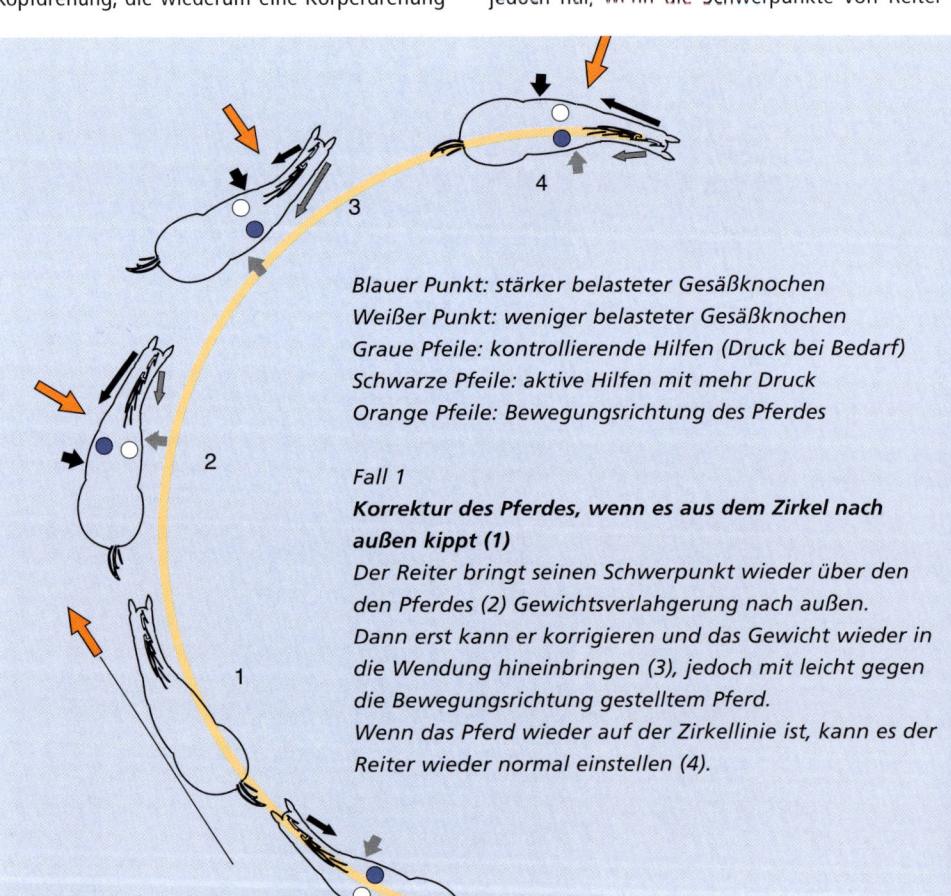

Blauer Punkt: stärker belasteter Gesäßknochen
Weißer Punkt: weniger belasteter Gesäßknochen
Graue Pfeile: kontrollierende Hilfen (Druck bei Bedarf)
Schwarze Pfeile: aktive Hilfen mit mehr Druck
Orange Pfeile: Bewegungsrichtung des Pferdes

Fall 1
Korrektur des Pferdes, wenn es aus dem Zirkel nach außen kippt (1)
Der Reiter bringt seinen Schwerpunkt wieder über den den Pferdes (2) Gewichtsverlahgerung nach außen.
Dann erst kann er korrigieren und das Gewicht wieder in die Wendung hineinbringen (3), jedoch mit leicht gegen die Bewegungsrichtung gestelltem Pferd.
Wenn das Pferd wieder auf der Zirkellinie ist, kann es der Reiter wieder normal einstellen (4).

und Pferd zu Beginn einer Gewichtshilfe in Übereinstimmung sind. Ist das nicht der Fall, muss der Reiter seinen Schwerpunkt erst einmal über den des Pferdes bringen, bevor er überhaupt sinnvoll einwirken kann.

»Drückeberger« –
die Ausweichmanöver des Pferdes und wie man ihnen begegnet

Das Pferd hat diverse Ausweichmanöver zur Verfügung, um sich vor der Arbeit zu drücken. Der Reiter muss die Ausweichmanöver des Pferdes erkennen und mit dem eigenen Schwerpunkt darauf reagieren, um etwas zu verbessern.

Vor allem auf zwei Ausweichmanöver muss man gefasst sein, weil Pferde gern auf sie zurückgreifen

1. Das Pferd verkriecht sich hinter dem Schwerpunkt des Reiters. Das sind Pferde die nicht vorwärtsgehen oder solche, die sich vorn einrollen (hinter dem Zügel gehen).

2. Das Pferd läuft vor dem Schwerpunkt des Reiters davon. Das sind die »Rennmäuse« und »Düsewinde«, die oft mit weggedrücktem Rücken und hoher Nase laufen.

Der Reiter muss sich dem Schwerpunkt des Pferdes in beiden Fällen zuerst anpassen, bevor er ihn wieder beeinflussen kann. Das bedeutet:

Im ersten Fall muss der Schwerpunkt des Reiters fast immer mehr nach hinten verlegt werden. Das gilt auch fürs Leichttraben, um nicht dauernd vor der Bewegung des Pferdes sitzen. Im zweiten Fall muss der Schwerpunkt des Reiters nach vorn. Also nicht nach hinten lehnen und ziehen, dann damit kommen Sie nur noch weiter hinter die

Fall 2

Korrektur des Pferdes, wenn es in den Zirkel hinein kippt (1)

Der Reiter stellt das Pferd stärker nach innen und wirkt mit dem inneren Schenkel vermehrt ein, biegt es verstärkt. Er tut so, als wolle er den Zirkel auf Voltengröße verkleinern (2).

Wird dem Pferd der Kreis zu eng, dann reitet er das Pferd schulterhereinartig wieder nach außen.

Dazu verlegt er sein Gewicht nach außen und setzt verstärkt den inneren Schenkel plus den äußeren Kontrollzügel ein (3).

Das Pferd wird froh sein, wenn es wieder auf die Zirkellinie zurückkehren darf, denn die engere Wendung ist deutlich anstrengender.

Bewegung des Pferdes. Auf gebogenen Linien verhält es sich ähnlich. Dort kippt das Pferd seitlich vom Schwerpunkt des Reiters weg (nach innen oder nach außen). Auch hier muss der Reiter seinen Schwerpunkt erst wieder mit dem des Pferdes in Übereinstimmung bringen, bevor er erneut eine Gewichtshilfe geben kann. Hier ist das Ganze jedoch etwas komplizierter, weil das Pferd meist zusätzlich mit dem Zügel »gegenläufig« gestellt werden muss.

Nehmen wie als Beispiel den Zirkel:
Das Pferd kippt seitlich von der Zirkellinie weg.
1. Es drängelt nach außen – und nimmt seinen Schwerpunkt mit nach außen
2. Es kippt nach innen – und nimmt seinen Schwerpunkt mit nach innen
Im ersten Fall neigen die meisten Reiter dazu, vermehrt nach innen zu sitzen und am inneren Zügel nach innen oder innen-hinten zu ziehen. Dadurch klaffen die Schwerpunkte von Reiter und Pferd nur noch weiter auseinander. Statt dessen müssen Sie zuerst Ihren Schwerpunkt an den des Pferdes anpassen. Sie müssen also Ihr Gewicht nach außen verlagern. Dadurch driftet das Pferd jedoch noch mehr nach außen. Und jetzt kommen die anderen Korrekturinstrumente, die Zügel und die Schenkel, dazu: Stellen Sie das Pferd zusätzlich leicht nach außen und machen den vormals äußeren Schenkel zum inneren (weiter vorn liegend). In diesem Moment befinden Sie sich kurzfristig in einer leichten Traversstellung nach der offenen Seite des Zirkels. Ihr Schwerpunkt liegt jetzt wieder über dem des Pferdes. Nun erst können Sie korrigieren, indem Sie das Pferd in Außenstellung weiterreiten, jedoch die Richtung wechseln. Sie verlagern Ihr Gewicht wieder in Richtung der Zirkelline und kommen nun im Konter-Schulterherein wieder auf den ursprünglich gewollten Zirkel (mit Gewicht in Bewegungsrichtung, jedoch mit gegen die Bewegungsrichtung gestelltem Pferd). Dann können Sie versuchen, das Pferd in seiner Längsachse wieder auf die Zirkelline einzurichten.
Mit einem Pferd welches nach innen kippt und sich in den Zirkel hinein spiralt, geht das genau umgekehrt. Der Schwerpunkt des Pferdes ist wei-

Biegung + Geraderichten

Nur ein beidseitig korrekt gebogenes Pferd kann auch richtig geradeaus gehen. Ein richtig gebogenes Pferd wendet auf Gewichtsverlagerung des Reiters ab und nicht auf Einwirkung am inneren Zügel.

ter innen als der des Reiters. Stellen Sie das Pferd noch stärker nach innen. Zur Not lassen Sie es bis auf Voltengröße des Zirkel verkleinern. Verlagern Sie Ihr Gewicht noch mehr nach innen, so dass Ihr Schwerpunkt wieder über seinem liegt. Wenn die Schwerpunkte übereinander liegen, können Sie beginnen zu korrigieren: Sie nehmen den äußeren Zügel vermehrt an und Ihr Gewicht leicht nach außen. Schauen Sie leicht nach außen dabei. Das Pferd bleibt jedoch in Innenstellung. Es wird nun Ihrer Gewichtsverlagerung nach außen folgen, indem es in Form eines Schultervorhereins oder Schenkelweichens den Zirkel wieder vergrößert.
Als »optische Gedankenstütze« kann man sagen: Das Pferd wird in der Korrektur immer in die Richtung gestellt, in die es ausweicht.
Und: Zuerst muss immer der Reiter seinen Schwerpunkt auf den des Pferdes einrichten, dann erst kann die eigentliche Korrektur beginnen.

Falsche Konzepte zur Gewichtsverlagerung

Eine Gewichtsverlagerung ist immer dann falsch, wenn die Schwerpunkte von Reiter und Pferd durch die Gewichtsverlagerung des Reiters noch weiter auseinanderklaffen als vorher, statt sich einander anzunähern. Auch zu weites Herauslehnen des Reiters oder eine zeitlich zu ausgedehnte Verlagerung kann dieses Auseinanderklaffen bewirken, wenn das Pferd sich gegen das durch den Reiter verursachte Balanceproblem wehrt (siehe auch Druck und Gegendruck).
Das bekannte Einknicken in der Hüfte (mit Gewicht auf der falschen Seite) gehört zu den

falsch umgesetzten Konzepten. Desgleichen das Schieflegen oder Hängenlassen des Kopfes. Das sind normalerweise unbewusste Fehler, und der Lehrer muss den Reitschüler durch dauernde Erinnerung auf diese Verhaltensweise sensibilisieren. Durch »Abfragen« der Haltung kann er den Fehler bewusst machen und mit der Zeit eine Selbstkorrektur des Reiters erwirken.

Schwerpunkte

Zuerst muss der Reiter seinen eigenen Schwerpunkt über den des Pferdes bringen. Dann kann er das Pferd über eine Schwerpunktverlagerung beeinflussen.

Eine Gewichtsverlagerung ist immer dann falsch, wenn die Schwerpunkte von Reiter und Pferd durch die Gewichtsverlagerung des Reiters noch weiter auseinanderklaffen als vorher, statt sich anzunähern.

Wenn Sie eine Gewichtsverlagerung nicht zurücknehmen, sobald eine Lektion in der Biegung beendet ist, begehen Sie einen hilfentechnisch schweren logischen Fehler. Sie bringen das Pferd dazu, mit einem schief sitzenden Reiter geradeaus zu gehen. Mit der Zeit wird es eine Gewichtsverlagerung für eine Wendung ignorieren, weil der Reiter ständig sitzt, als ob er abwenden wollte, es aber nicht tut.

Gewichtsverlagerung vor und in der Wendung

Zur Einleitung einer Wendung, zum Abwenden, muss natürlich der innere Gesäßknochen kurz stärker belastet werden. Die Sitzdiagonale auf gebogenen Linien **während** des Reitens auf gebogenen Linien ist jedoch dann richtig, wenn innerer und äußerer Gesäßknochen gleich viel

Gewicht tragen (und dabei der innere vor dem äußeren liegt). Erst bei Verkleinerung oder Vergrößerung der gebogenen Linie wird wieder ein Gesäßknochen zur Einleitung der Veränderung stärker belastet.

Sitzdiagonale und Schenkellage auf allen gebogenen Linien

Für alle Wendungen und Seitengänge gilt der gleiche Grundsatz. Der innere Schenkel liegt am Gurt und der äußere hinter dem Gurt. Damit ergibt sich automatisch die richtige Sitzdiagonale (innere Hüfte leicht vor der äußeren, siehe Kapitel 1). Man kann den Satz auch umkehren: Wenn die innere Hüfte vorkommt und die äußere zurück, ergibt sich automatisch die richtige Schenkellage. Zur deutlichen Vereinfachung folgendes Bild: Der Reiter biegt die Wirbelsäule des Pferdes wie eine Gerte zwischen vorderem, innerem und hinterem, äußerem Schenkel. Liegt der innere weit vorn und der äußere weit hinten, so ergibt sich durch den Abstand eine deutlichere Biegewirkung. Das ist zur Verdeutlichung der Hilfen bei jungen Pferden sinnvoll. Der Abstand sollte jedoch im Zuge der Hilfenminimierung wieder verringert werden, denn es sieht auf Dauer einfach nicht besonders gut aus, wenn zum Beispiel der äußere Schenkel fast waagrecht liegt. Zu Anfang der Ausbildung muss dem Pferd der Unterschied zwischen innerem Schenkel und äußerem Schenkel deutlich klargemacht werden, so dass es keine Verwirrung hinsichtlich äußerer (gedehnter) und innerer (verkürzter) Seite gibt. Das erleichtert später die Umstellung des Pferdes bei Richtungswechseln durch minimales Umlegen der Schenkel in Verbindung mit »Gewichtswechsel« durch Vorschieben der neuen inneren Hüfte. Bei Lektionen wie dem fliegenden Wechsel erspart man sich durch diese gute Vorbereitung und Sensibilisierung, das Pferd durch »Herüberwerfen« des Reitergewichtes und stark auslenkende Schenkelhilfen zu stören.

Zur korrekten Biegung reichen jedoch die richtige Schenkellage und die richtige Gewichtsverlagerung allein beim jungen oder steifen Pferd nicht aus. Der äußere Zügel muss zusätzlich begrenzend und der innere stellend eingesetzt werden, um dem Pferd keine seitlichen »Ausbrüche« zu ermöglichen (siehe auch Leitsätze zur Zügeleinwirkung). Das ausgebildete und völlig geschmeidige Pferd braucht jedoch nur noch minimale versammelnde Impulse am Zügel, es stellt und biegt sich bei genügender Gymnastizierung von allein, weil ihm das relativ leicht fällt und weil es durch langsame und systematische Arbeit auf diese Reaktionen konditioniert wurde. Die richtige Reaktion auf die biegenden Hilfen und deren Minimierung ist ja nichts anderes als ein antrainierter Reflex.

Seitengänge als Sonderform der Biegung

Die Seitengänge sind im Prinzip die ideale Antwort auf viele Ausbildungsanforderungen. Sie dienen dem Lösen und Gymnastizieren des Pferdes, sie helfen beim Kontrollieren des Pferdes und sind zum Erreichen der besseren Koordination und der Tragkraft der Hinterbeine unverzichtbar.

Bei den Seitengängen kommt es darauf an, Vor- und Hinterhand, Stellung, Biegung und Bewegungsrichtung des Pferdes unabhängig voneinander zu beeinflussen. Jeder Körperteil des Pferdes kann präzise gesteuert werden, wenn die Koordination stimmt. Es liegt auf der Hand, dass diese Arbeit wesentlich zur Harmonisierung und Minimierung der Hilfen beiträgt. Sie lernen, wo

Das Pferd weicht dem linken Schenkel – 90 Grad Abstellung, zusätzlich erschwert durch die Stange zwischen den Beinen.

genau und zu welchem Zeitpunkt Sie die Schenkel einsetzen müssen – welchen Einfluss schon eine geringfügige Änderung der Blickrichtung (Körperdrehung), der Kopfhaltung und der Gewichtshilfen auf die Bewegung des Pferdes haben. Und welchen Zügel Sie wann, wo und wie stark einsetzen, um Biegung und Stellung zu erhalten. Besonders der äußere Zügel in seiner kontrollierenden Form und das »Wegreiten« vom inneren Zügel sind in den Seitengängen gut zu üben.

Orientierung im Raum bei den Seitengängen

Viele Reiter haben Probleme mit den Richtungen bei den Seitengängen. Stellen Sie sich einfach folgendes vor:

Im Schulterherein und Konterschulterherein reiten Sie gebogen geradeaus. Sie wählen eine Richtung, die Sie nicht verlassen, und stellen Ihr Pferd so auf diese Richtung ein,

Korrekturstellung

Das Pferd wird bei der Korrektur auf dem Zirkel immer zuerst in die Richtung gestellt, in die es ausweicht. Das Gewicht des Reiters kommt zur Korrektur auf die der Stellung des Pferdes entgegengesetzte Seite.

dass **die Vorhand dabei weiter innen ist als die Hinterhand**. Die Richtung kann »ganze Bahn« heißen oder auch »Zirkel«. Schauen Sie genau in die Richtung (auf die Linie), in die Sie reiten wollen, und erhalten Sie die Biegung des Pferdes durch den richtig platzierten inneren und äußeren Schenkel und den kontrollierenden äußeren Zügel.

Auch **im Travers/Renvers reiten Sie gebogen geradeaus. Die Hinterhand läuft dabei jedoch weiter innen als die Vorhand.**
In der Traversale verändert sich die Bewegungsrichtung, nicht jedoch Blickrichtung und Sitzdiagonale des Reiters gegenüber der Traversbewegung. **In der Traversale reiten Sie gebogen eine Diagonale.** Achten Sie darauf, dass dabei die Vorhand führt, das heißt die Richtung der Bewegung angibt.

Die verschiedenen Formen der Seitengänge unterscheiden sich hinsichtlich Stellung, Biegung, Bewegungsrichtung, Lastaufnahme und Schwierigkeitsgrad. Sie haben ausbildungs- und gymnastizierungstechnisch verschiedene Schwerpunkte, die nachfolgend erläutert werden sollen.

Die reine Seitwärtsbewegung über Stangen ist eine Sonderform des Schenkelweichens.

Schenkelweichen und reine Seitwärtsbewegung

Die einfachste Form der Seitengänge ist das Schenkelweichen, bei dem das Pferd gegen die Bewegungsrichtung gestellt ist. Es stellt an das

Einseitige Belastung

Eine einseitige Belastung des Pferderückens dient nur zur Einleitung einer Lektion. Solange eine Übung unverändert fortgesetzt wird und sich das Pferd in der richtigen Position und Längsbiegung befindet, soll die Belastung auf beiden Seiten des Pferderückens weitgehend wieder gleichmäßig stark sein.

Pferd keine sehr hohen Anforderungen hinsichtlich der Gymnastizierung. Die Übung des Schenkelweichens dient hauptsächlich der Sensibilisierung auf den Reiterschenkel. Das Pferd soll dem Schenkeldruck ausweichen und mit dem inneren Beinpaar seitlich vor das äußere Beinpaar treten. Die Bande dient als Hilfsmittel zur Begrenzung der Vorwärtsbewegung, der Reiter sitzt leicht gegen die Bewegungsrichtung.

Beispiel Schenkelweichen nach links (auf der linken Hand): Der innere (rechte) Schenkel des Reiters treibt seitwärts, der äußere verwahrt und korrigiert die Abstellung der Hinterhand, wenn nötig. (Der innere Schenkel liegt immer weiter vorn als der äußere.) Der innere (rechte) Zügel stellt leicht nach rechts. Der äußere Zügel verhindert ein Einknicken des Halses. Das Pferd bewegt sich in einem Winkel von etwa 45 Grad vorwärts-seitwärts nach links vorn.

Eine Sonderform des Schenkelweichens ist die reine Seitwärtsbewegung, wie sie die Westernreiter für Trailübungen verwenden. Das Pferd **123**

bewegt sich nicht vorwärts-seitwärts, sondern nur seitwärts. Würde es an der Bande entlanggehen, hätte es eine 90 Grad-Abstellung zu dieser. Um diese Bewegung zu erreichen, wird der äußere (im obigen Beispiel der linke) Zügel verstärkt eingesetzt und begrenzt die Vorwärtsbewegung immer weiter, bis das Pferd nur noch seitwärts tritt. Bei dieser Lektion können Sie deutlich die kontrollierende Wirkung des äußeren Zügels testen und üben. Sie können auch die Seitwärtsbewegung schließlich in eine Vorhandwendung überleiten, wenn Sie die Vorhand ganz stoppen. Das wird in Trailhindernissen, wie dem T, verlangt. Probieren Sie die verschiedenen Möglichkeiten aus und Sie bekommen ein Gefühl dafür, wie intensiv welche Hilfe gegeben werden muss, bis das Pferd entsprechend reagiert.

Das Schenkelweichen nimmt in vieler Hinsicht eine »Übungs«-Sonderstellung bei den Seitengängen ein. Es hat hauptsächlich koordinatorischen Wert. Der Reiter sitzt noch weitgehend gegen die Bewegungsrichtung. Die Lastaufnahme erfolgt nicht hauptsächlich über ein Hinterbein sondern inneres Hinterbein und äußeres Vorder-bein teilen sich die Belastung. Knickt das Pferd bei dieser Übung zu stark im Hals ab (weil der äußere Zügel nicht genug die Abstellung des Halses begrenzt), so kommt deutlich mehr Belastung auf die äußere Schulter und das äußere Vorderbein. Das Pferd schiebt sich diagonal über die äußere Schulter, was Sehnen und Gelenken auf Dauer nicht besonders gut bekommt.

Sobald das Pferd das Schenkelweichen verstanden hat, sollte man deswegen möglichst schnell auf Schulterherein umsteigen. Vor allem im Trab ist das Schulterherein die »gesündere« Übung.

Schulterherein

Im Schulterherein hat der Reiter das Gewicht schon in Bewegungsrichtung des Pferdes verlegt, wie es nach der Gleichgewichtstheorie richtig ist. Das Pferd ist jedoch noch gegen die Bewegungsrichtung gestellt. Die Bande als Begrenzung entfällt, der Reiter muss präziser als beim Schenkelweichen den äußeren Zügel zur Kontrolle der Vorwärtsbewegung einsetzen. Das

Im Schulterherein belastet der Reiter leicht den äußeren Gesäßknochen.

Pferd ist stärker gebogen als beim Schenkelweichen. Der innere Schenkel des Reiters erhält die Biegung.

Beispiel Schulterherein nach rechts (auf der linken Hand): Der Reiter treibt mit dem linken Schenkel, der rechte verwahrt, der linke Zügel stellt das Pferd nach links – es soll leicht nach links gebogen sein. Der rechte Zügel wird nun wieder wichtig: Er hindert das Pferd daran, in Form einer Linkswendung aus der Seitwärtsbewegung herauszulaufen (er begrenzt die Schulter). Der Reiter schaut in Bewegungsrichtung des Pferdes (über seine rechte Schulter hinweg geradeaus). Diese leichte Oberkörperdrehung reicht, um etwas Gewicht im rechten Bügel und dementsprechend auf dem rechten Gesäßknochen zu haben.

Diese Hilfengebung ist vergleichbar mit der Korrektur des Pferdes auf dem Zirkel, wenn es nach innen drängeln will (siehe Gleichgewicht). Ist die Bande auf der anderen Seite (Schulterherein nach links auf der linken Hand), so nennt man die gleiche Bewegung Konter-Schulterherein.

Die hier beschriebene leichte Gewichtsverlagerung auf den äußeren Gesäßknochen weicht von vielen gängigen Reitlehren ab. Hinsichtlich der angestrebten Minimierung der Hilfen ist sie jedoch sinnvoller, denn das nach innen verlagerte Gewicht des Reiters würde viel mehr Druck mit dem inneren Schenkel erfordern, um zu verhindern, dass das Pferd der Gewichtsverlagerung nach innen folgt und abwendet. (Eine Hilfe würde dabei teilweise durch eine andere neutralisiert werden müssen – ein unnötiger Energieverschleiß).

Der Grad der Abstellung: drei oder vier Hufschläge?

Über den Grad der Abstellung von der Bande beim Schulterherein streiten sich die Gelehrten. Die Frage lautet jedoch immer: Was wollen Sie mit der Übung bezwecken?

Wollen Sie das innere Hinterbein kräftigen? Dann reiten Sie Schulterherein in der Abstellungsvariante auf drei Hufschlägen. Dabei muss nämlich das innere Hinterbein das meiste Gewicht aufnehmen. Es tritt direkt unter den Schwerpunkt.

Wollen Sie die äußere Seite des Pferdes stark dehnen? Dann reiten Sie Schulterherein in der Variante auf vier Hufschlägen in stärkerer Biegung. Dann tritt zwar das innere Hinterbein am Schwerpunkt vorbei und muss weniger tragen, doch die Längsbiegung des Pferdes ist noch wesentlich stärker ausgeprägt.

Starke seitliche Dehnung zum Lösen

Eine Besonderheit gibt es beim Schulterherein, wenn Sie die äußere Seite Ihres Pferdes sehr stark dehnen und entspannen wollen. Reiten Sie dafür ein übertriebenes Schulterherein auf einer Volte. Biegen Sie das Pferd nach innen und lassen es auf der Volte mit dieser extremen Biegung mit dem inneren Hinterbein übertreten.

Achten Sie darauf, dass das Pferd dabei den Kopf oben lässt und sich nicht im Genick verwirft.

Travers und Renvers

Die nächstschwierigeren Schritte sind Travers und Renvers. Stellen Sie sich eine Linie vor: Auf dieser Linie bewegt sich das Pferd. Die Hinterhand befindet sich dabei weiter innen als die Vorhand. Vorhand und Hinterhand laufen jeweils auf »ihrer« eigenen Linie.

Das Pferd ist in Bewegungsrichtung gestellt und gebogen. Der Reiter sitzt und schaut in Bewegungsrichtung. Das Pferd läuft in Bewegungsrichtung unter das Gewicht des Reiters. An Gymnastizierung und Koordination werden hohe Anforderungen gestellt. Das innere Hinterbein des Pferdes wird sehr stark zum Tragen animiert. Doch auch das äußere Hinterbein muss mehr tragen als im Schulterherein. Vor allem ist die Dehnung der äußeren Seite viel stärker. Das äußere

Extreme Biegung als Dehnübung. Das innere Hinterbein tritt gut unter. Das Pferd dehnt stark die äußere Seite.

125

Hinterbein muss eine weiteren Weg zurücklegen, da es vorwärts-seitwärts vor das innere gesetzt wird.

Beispiel Travers auf der linken Hand (Bande rechts vom Pferd): Der Reiter hat das Gewicht links, er treibt mit dem rechten Schenkel (etwas hinter dem Gurt) die Hinterhand nach links, so dass sie seitlich versetzt zur Vorhand läuft (innere Spur). Der äußere (rechte) Zügel hält das Pferd vorn auf der äußeren Spur (auf dem Hufschlag). Dabei wird er durch Druck des inneren (linken) Schenkels am Gurt unterstützt, der die Schulter an ihrem Platz außen hält. Der linke Zügel erhält die Stellung des Pferdes nach links. Er wird nur dann angenommen, wenn das Pferd die Stellung aufgeben will. Der wichtigere Zügel ist wieder der äußere.

Travers ist recht gut aus einer Volte heraus zu entwickeln. Kurz bevor das Pferd aus der Volte auf den Hufschlag zurückkommt, hat es die Stellung und Biegung, die für das Travers gebraucht werden.

Das Travers nennt man Renvers, wenn die Bande sich bei gleicher Bewegung auf der anderen Seite befindet. Das Renvers auf der linken Hand ist also das Travers auf der rechten. Das Pferd blickt dabei zur Bande hin. Renvers ist eigentlich nur deswegen etwas schwerer zu reiten, weil die äußere Begrenzung durch die Bande fehlt. Es ist deswegen eine »Überprüfungsübung« für die richtige Hilfengebung im Travers.

Wollen Sie Renvers auf der linken Hand reiten, so sitzen Sie nach rechts (Gewicht auf den rechten Gesäßknochen) und stellen das Pferd mit dem rechten Zügel nach rechts. Der rechte Schenkel treibt die Vorhand auf den zweiten Hufschlag (die innere Spur) und wird dabei vom linken (äußeren) Zügel unterstützt. Der linke, hinter dem Gurt liegende Schenkel hält die Hinterhand auf dem Hufschlag (der äußeren Spur).

Traversale

Travers und Renvers sind die Vorübungen zur Traversale. Die Hilfengebung des Reiters bei der Traversale entspricht der beim Travers. Allerdings ist das Timing, wann und mit welcher Intensität

Perfekt ausgeführte Traversale – Gewichtsverlagerung und Biegung nach links.

welcher Zügel und Schenkel eingesetzt wird, geringfügig anders, weil die Bewegungsrichtung ebenfalls eine andere ist.

Bei der Traversale bewegt sich das ganze Pferd vorwärts-seitwärts auf einer Diagonalen. Vorhand und Hinterhand haben keine »eigene« Linie mehr. Die Vorhand soll die Bewegung »an«führen, sich also auf der Diagonalen etwas vor der Hinterhand bewegen.

Als Beispiel die Traversale nach rechts (aus dem Travers auf der rechten Hand oder aus einer Rechtsvolte bzw. aus der Ecke heraus entwickelt): Der äußere linke Zügel hält nicht mehr so viel gegen wie beim Travers auf der linken Hand. Der innere rechte Zügel nimmt die Vorhand stärker nach rechts herüber, das Gewicht des Reiters kommt kurzfristig noch weiter nach rechts, seine rechte Hüfte noch weiter vor. Das Pferd soll folgen, indem es nach rechts unter das Gewicht des Reiters läuft. Die Schenkel erhalten die Biegung, die Zügel erhalten durch Annehmen auf der jeweils nötigen Seite die Führung der Vorhand und die Stellung des Pferdes.

In der Traversale zeigt sich, ob das Pferd gut mit dem äußeren Zügel kontrolliert werden kann. Ein kurzes Annehmen des äußeren Zügels (eine Parade) sollte das Pferd veranlassen, noch besser seitwärts zu treten ohne dabei die Biegung aufzugeben (vorausgesetzt der Reiter bleibt gut in Bewegungsrichtung sitzen).

Anfangs versuchen die meisten Pferde, sich in der Traversale zum Schulterherein umzustellen, weil das viel einfacher ist. Bleibt das Pferd ohne viel Aufhebens in der Traversale, dann ist ein hoher Gymnastizierungsgrad und eine gute Beweglichkeit des Pferdes erreicht.

Stellungswechsel – Seitenwechsel

Interessant hinsichtlich des Timings und der Koordination wird die Sache, wenn zwischen Schulterherein, Konter-Schulterherein, Travers und Renvers auf der langen Seite gewechselt wird. Das geht natürlich nur dann, wenn das Pferd die Einzelübungen gut beherrscht und sauber auf beiden Seiten durchgymnastiziert ist. Eine einfache Reihenfolge in diesem Sinne ist zum Beispiel Wechsel von Schulterherein zu Renvers. Die Abstellung des Pferdes von der Bande, die Gewichtsverlagerung und Blickrichtung des Reiters bleiben gleich. Der Reiter muss

Biegen und Begrenzen

Biegen Sie die Wirbelsäule des Pferdes zwischen dem vorn liegenden inneren Schenkel und dem hinten liegenden äußeren Schenkel.
Der innere stellende und der äußere begrenzende Zügel unterstützen die Biegung.

nur seine Schenkel umlegen und das Pferd umstellen. Äußerer Schenkel und Zügel werden zum inneren und umgekehrt. Durch eine einfache Drehung des Beckens wird dies bewerkstelligt. Durch die neue Sitzdiagonale wird auch automatisch der innere zum äußeren Schenkel.

Eine einfache Reihenfolge ist auch der Wechsel vom Schulterherein zum Travers oder zur Traversale.

Bei Pferden, die gerne über die innere Schulter in die Traversale hineinfallen oder versuchen, sich in der Traversale umzustellen, können Schulterherein und Traversale im Zickzack geritten werden. Immer dann, wenn das Pferd Biegung und Stellung in der Traversale aufgeben will, wechselt der Reiter einfach seine Gewichtsverlagerung nach außen und reitet Schulterherein. Ist das Pferd wieder im Gleichgewicht, so wechselt er wieder nach innen und fordert die Traversale.

Stellen Sie sich das wie eine Zickzacktraversale jedoch ohne Umstellung des Pferdes, nur mit Gewichtswechsel des Reiters, vor.

Andere Kombinationen sind schwieriger, weil der Reiter seine Position auf dem Pferderücken etwas stärker verändern muss und weil der Wechsel dem Pferd mehr Beweglichkeit abverlangt. Prinzipiell können aber alle Seitengänge miteinander kombiniert und im Wechsel geritten werden.

Beste Übungsgangart (nach einführenden Koordinationsübungen im Schritt) ist der Trab. Später kann natürlich alles auch im Galopp durchgeführt werden, was aber ein schon sehr gut im Gleichgewicht befindliches Reiter-Pferd-Paar voraussetzt.

Leichttraben in den Seitengängen

Um das Pferd nicht zu »verbiegen«, sollten Sie immer wieder eine lange Seite in flottem Tempo zum Entspannen einschieben – am besten im Leichttraben. Das Pferd soll dabei völlig gerade sein und den Hals vorwärts-abwärts strecken dürfen.

Will man den Rücken des Pferdes schonen (und viele Pferde haben das nötig), so kann man auch die Seitengänge selbst im Leichttraben absolvieren (s. auch Leichter Sitz/Leichttraben, Kapitel 1).

Seitengänge: Unterschiede, Zweck, Hilfengebung

Schenkelweichen

Bewegungsrichtung: *Vorhand und Hinterhand laufen auf jeweils einer Linie und überkreuzen dabei*
Schwierigkeit: *gering*
Gymnastizierender Wert: *gering*
Hauptbelastung:
inneres Hinterbein und äußeres Vorderbein
Koordinatorischer Wert: *hoch*
Abstellung: *45° und 90°*
Stellung und Biegung:
gegen die Bewegungsrichtung
Sitz des Reiters:
gegen die Bewegungsrichtung

Zweck: *Etablieren der Schenkelhilfen, Vorbereitung auf Schulterherein, Koordinationsübung, Teil von Trailübungen*

Wichtigste Hilfen: *Schenkeldruck innen, die Bande hilft bei der Vorwärtsbegrenzung*

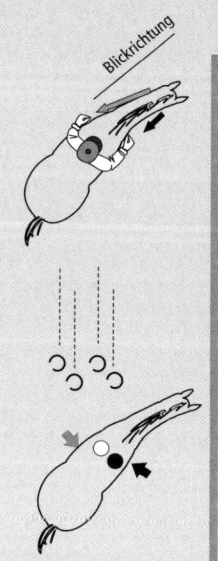

Schenkelweichen: 45°-Abstellung

Schulterherein

Bewegungsrichtung: *Vorhand und Hinterhand laufen auf jeweils einer Linie. Die Vorhand ist weiter innen als die Hinterhand*
Schwierigkeit: *mittelschwer*
Gymnastizierender Wert: *mittel bis hoch*
Hauptbelastung:
weitgehend inneres Hinterbein
Koordinatorischer Wert: *hoch*
Abstellung: *35° bis ca. 60°*
(35 °auf 3 und 60° auf 4 Hufschlägen)
Stellung und Biegung:
gegen die Bewegungsrichtung
Sitz des Reiters: *in Bewegungsrichtung*
(sein Gewicht ist dafür außen)

Zweck: *Kräftigung des inneren Hinterbeines, Dehnung der äußeren Seite, Etablieren des äußeren Kontrollzügels, der Gebrauch des inneren Zügels soll auf leichte Stellungsimpulse minimiert werden*

Wichtigste Hilfen: *Schenkeldruck innen, äußerer Zügel zur Begrenzung, Gewicht leicht auf dem äußeren Gesäßknochen (äußerer Sitzknochen ist minimal vor dem inneren)*

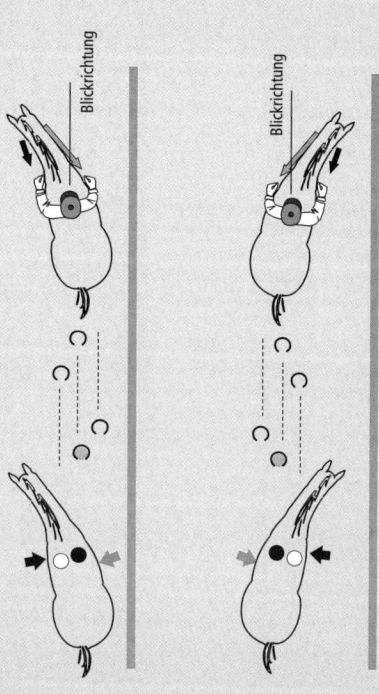

Schulterherein   *Konter-Schulterherein*

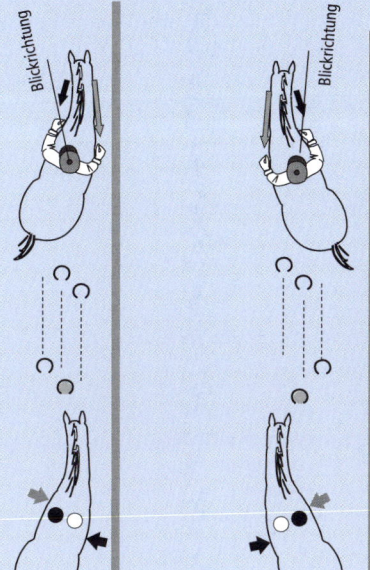

Travers Renvers

Travers und Renvers

Bewegungsrichtung: Vorhand und Hinterhand laufen auf jeweils einer Linie. Die Hinterhand ist weiter innen als die Vorhand
Schwierigkeit: schwer
Gymnastizierender Wert: sehr hoch
Hauptbelastung: inneres Hinterbein und äußeres Hinterbein
Koordinatorischer Wert: hoch
Abstellung: 35° bis ca. 60°
(auf 3 und 4 Hufschlägen)
Stellung und Biegung:
in Bewegungsrichtung
Sitz des Reiters: in Bewegungsrichtung (sein Gewicht ist dafür innen)

Zweck: Kräftigung des äußeren Hinterbeines, stärkere Dehnung der äußeren Seite, Sensibilisierung des Pferdes auf das Gewicht des Reiters (es soll dem Gewicht folgen), Festigung der Wirkung des äußeren Kontrollzügels

Wichtigste Hilfen: Schenkeldruck innen, verwahrender Schenkeldruck außen, äußerer Zügel zur Begrenzung, innere Hüfte deutlich vorschieben

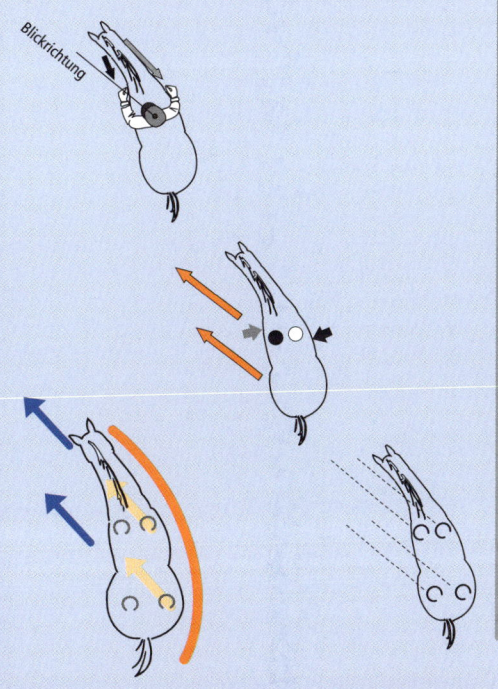

Traversale

Bewegungsrichtung: diagonal
Schwierigkeit: schwer
Gymnastizierender Wert: sehr hoch
Hauptbelastung: inneres Hinterbein und äußeres Hinterbein
Koordinatorischer Wert: hoch
Abstellung: Diagonale
Stellung und Biegung: in Bewegungsrichtung
Sitz des Reiters: in Bewegungsrichtung (sein Gewicht ist dafür innen)

Zweck: Kräftigung des äußeren Hinterbeines, stärkere Dehnung der äußeren Seite, Sensibilisierung des Pferdes auf das Gewicht des Reiters (es soll dem Gewicht folgen), Festigung der Wirkung des äußeren Kontrollzügels

Wichtigste Hilfen: Schenkeldruck innen, verwahrender Schenkeldruck außen, äußerer Zügel zur Begrenzung, innere Hüfte deutlich vorschieben, Gewicht deutlich in Richtung der Bewegung verlagern

Dabei ist von Bedeutung, auf welchem Fuß Sie leichttraben, wann Sie also aufstehen und wann Sie sich wieder in den Sattel sinken lassen.

Im Schulterherein und im Travers können Sie leichttraben wie »normal«. Sie stehen auf, wenn inneres Hinterbein und äußeres Vorderbein vorgehen -also, wenn die äußere Schulter vorgeht. Damit erleichtern Sie dem inneren Hinterbein das Vortreten. In der Traversale sollten Sie jedoch umsitzen (d.h. aufstehen, wenn die innere Schulter = inneres Vorderbein und äußeres Hinterbein vorgehen) und so dem äußeren Hinterbein das Vor- und Übertreten erleichtern.

Blickrichtung und Bewegungsrichtung des Pferdes voneinander unabhängig machen

Ein in den Seitengängen trainiertes Reiter-Pferd-Paar wird alle Bahnfiguren später mit Leichtigkeit ausführen, weil die Bewegungsabläufe dafür in den Seitengängen geschult wurden. Hinterhand und Vorhand sind unabhängig zu steuern – das Pferd läuft nicht mehr einfach dorthin, wohin es schaut. Es weicht dem inneren Schenkel aus, lässt sich um diesen biegen. Es lässt sich mit äußerem Zügel und äußerem Schenkel kontrollieren. Blickrichtung des Pferdes und Bewegungsrichtung können voneinander getrennt werden. Kurz: Das Pferd steht an den Hilfen des Reiters.

Vorhandwendung und Hinterhandwendung

Vorhandwendung und Hinterhandwendung kann man als Sonderformen der Seitengänge betrachten. Sie helfen beim Erlernen der Koordination reiterlicher Einwirkung und können in Verbindung mit den Seitengängen als Kontrollübungen für präzise Signale des Reiters dienen.

Vorhandwendung

Die Vorhandwendung hat wie das Schenkelweichen ihre Berechtigung hauptsächlich als Koordinationsübung und in Trailhindernissen. Sie kann aus dem Halten eingeleitet werden, aber

Abstellung in den Seitengängen

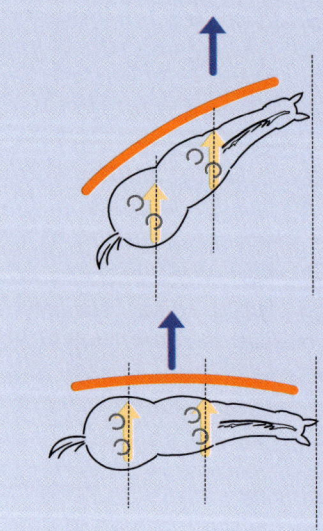

Schenkelweichen mit 45° (oben) und 90°-Abstellung (unten).

Schulterherein (links) und Travers (rechts) auf 3 und 4 Hufschlägen. Bei stärkerer Abstellung (4 Hufschläge) tritt das innere bzw. äußere Hinterbein neben die Spur des diagonalen Vorderbeines.

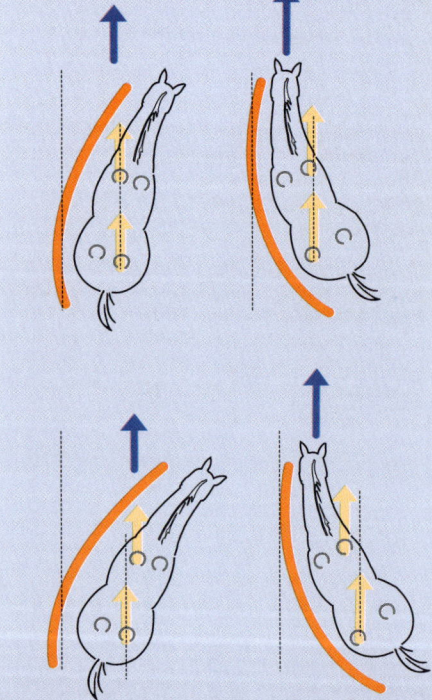

auch aus dem Schenkelweichen in Verbindung mit der reinen Seitwärtsbewegung entwickelt werden.

Beispiel für eine Vorhandwendung aus dem Halten nach rechts: Das Pferd ist nach links gestellt und minimal gebogen (kurzer Einsatz des linken Zügels). Der linke Schenkel treibt die Hinterhand des Pferdes nach rechts herum. Der rechte verwahrende Schenkel verhindert, dass das Pferd zu schnell herumtritt. Der rechte (äußere) Zügel verhindert durch Paraden, dass das Pferd nach vorn tritt. Die Hinterhand beschreibt einen Kreis um die Vorhand herum. Das sich bewegende Hinterbein tritt immer vor das stehende Hinterbein. Das äußere Vorderbein tritt um das innere. Das innere sollte nicht nur drehen, sondern immer wieder mittreten, um eine starke Verdrehung im Gelenk zu vermeiden.

Traversale nach links: Das innere Hinterbein wird in dieser Phase seitwärts gesetzt und das äußere Vorderbein überkreuzt. Das Pferd ist nach links gestellt und gebogen.

Koordinationsübung für Reiter und Pferd

Reitet man eine **Vorhandwendung aus dem Schenkelweichen (im Schritt) nach links**, so sieht sie folgendermaßen aus: Im Schenkelweichen treibt der rechte Schenkel, der linke äußere Zügel kontrolliert die Abstellung. Wird der linke Zügel immer weiter angenommen, so wird schließlich die reine Seitwärtsbewegung erreicht. Jetzt wird der rechte Zügel zusätzlich angenommen – die Vorwärtsbewegung kommt zum Stillstand. Der rechte Schenkel treibt dann die Hinterhand um die stehende Vorhand herum.

Nun könnte der Reiter ein Schenkelweichen in Gegenrichtung, also nach rechts, einleiten, indem der linke Schenkel bei einer 45 Grad-Abstellung von der Bande damit beginnt, seitwärts zu treiben und der rechte (jetzt neue äußere) Zügel die neue Seitwärtsbewegung kontrolliert.

Hinterhandwendungen als Kontrolle für die richtige Zügeleinwirkung

Die Hinterhandwendung dient nicht nur der Koordination, sondern verstärkt auch die Versammlung. Sie kann aus dem Halten geritten werden sowie aus einer Travers-Bewegung in jeder Gangart. Aus dem Schritt nennt man die Hinterhandwendung »Kurzkehrtwendung«. Desgleichen aus dem Trab, wenn das Pferd dabei bis zum Schritt durchpariert, die Wendung im Schritt geritten und danach wieder angetrabt wird.

Aus dem Trab (ohne Schrittreprise dazwischen) ist sie prinzipiell eine halbe Trabpirouette oder ein halber Spin der Westernreiter, im Galopp die halbe Pirouette der Dressurreiter.

Besonders die richtige Wirkung des äußeren Zügels als Kontrollzügel (er kontrolliert das Tempo und die Abstellung des Pferdes) kann hierbei gut geübt und überprüft werden.

Allen Hinterhandwendungen gemeinsam ist die vermehrte Aktivität der Hinterhand – speziell das Untersetzen des inneren Hinterbeines. Der Reiter sitzt in Bewegungsrichtung, das Pferd ist in Bewegungsrichtung gestellt und gebogen.

Beispiel für die Hinterhandwendung nach links: Das Pferd soll dabei leicht nach links **131**

gebogen sein. Der Reiter belastet seinen linken Gesäßknochen vermehrt und stellt das Pferd nach links. Anfangs kann er die linke Hand seitlich – nicht jedoch nach hinten – führen, dem Pferd praktisch den Weg zur Seite zeigen. Der rechte (äußere) Schenkel treibt hinter dem Gurt seitwärts. Der äußere (rechte) Zügel hindert das Pferd an der Vorwärtsbewegung. Der innere Schenkel (der linke) kontrolliert verwahrend die linke Schulter des Pferdes und verhindert, dass das Pferd sich herumwirft und sich damit der Biegung entzieht.Er liegt wie in jeder Wendung/-Sitzdiagonale weiter vorn als der äußere Schenkel Die innere (linke) Hand ist nur für die Stellung zuständig. Sie darf auf keinen Fall versuchen, das Pferd in die Wendung hinein zu ziehen. Das würde nur dazu führen, dass das Pferd sich im Hals verbiegt und seine Hinterhand nach rechts ausfällt.

Die gleichen Hilfen gelten für die Hinterhandwendung aus der Bewegung, die bis hin zur Galopp-Pirouette immer mehr Biegung und Aufrichtung und immer mehr Beugung in den Hanken des Pferdes (Versammlung und Aufrichtung) erfordern.

Sonderform ist nur der Spin der Westernreitweise, bei dem das Pferd in der Längsachse weitgehend gerade ist. Beim Spin ist der innere Hinterhuf der Drehpunkt und es wird gern gesehen, wenn sich dieser Drehpunkt nicht von der Stelle rührt. Idealerweise steht dieser innere Hinterhuf weit unter dem Bauch des Pferdes, fast unter dem Schwerpunkt des Reiter-Pferd-Systems. Nur dann ist die Balance für ein schnelles »Kreiseln« optimal.

Der Spin ist in der modernen Form eine sehr schnelle Trab-Pirouette mit einem flachen Pferd. In der alten kalifornischen Form war er jedoch

Vermehrte Hankenbeugung in der Galopp-Pirouette.

Der Spin wird mit wenig gebogenem Pferd geritten. Das Vorderbein greift weit seitwärts.

Die Schrittpirouette ist schwerer zu reiten als sie aussieht.

Spin: Das Pferd wird mit weit herausgenommener innerer Hand in die Wendung geführt.

eine Galopp-Pirouette, allerdings nicht in der klassischen Form mit möglichst vielen und stark »gesetzten« Sprüngen pro 360-Grad-Wendung sondern in der Arbeitsform mit einer möglichst schnellen Wendung.

Hinterhand- und Vorhandwendung in Verbindung mit Seitwärtsbewegungen und Rückwärtsrichten sind die Grundlagen für alle Geschicklichkeitsparcours und Trailprüfungen.

Seitengänge auf dem Zirkel

»Abgezirkelt« – Zirkel verkleinern und vergrößern

Bei der versammelnden Arbeit auf dem Zirkel bietet sich zur Gymnastizierung besonders die klassische Übung »Zirkel verkleinern und vergrößern« an. Der Zirkel wird in der Travers-bewegung verkleinert und im Schenkelweichen bzw. im Schulterherein vergrößert. Unproblema-tischste Gangart dabei ist der Schritt, die harmonischste, bei der die Übung am meisten Spaß macht, der Trab. Die Lektion funktioniert auch im Galopp, erfordert dann aber ein schon sehr gut gymnastiziertes und fein abgestimmtes Pferd.

Zirkel verkleinern und vergrößern können Sie auch in Außenstellung üben – dann verkleinern Sie im Schenkelweichen oder Schulterherein und ver-größern im Travers. Die Variante in Außenstellung ist jedoch schwieriger und sollte erst in Angriff genommen werden, wenn die Übung in der Innenstellung klappt. Wollen Sie sie im Galopp reiten, so muss das Pferd dazu im Außengalopp galoppiert werden.

Die Außenstellung auf dem Zirkel können Sie auch zur Korrektur von Pferden, die aus dem Zirkel herauskippen einsetzen (siehe Abschnitt Gleichgewicht in diesem Kapitel).

Seitengänge auf der Zirkellinie

Travers, Renvers, Schulterherein und Konter-Schulterherein können statt an der langen Seite auch auf der Zirkellinie geritten werden.

Schaffen Sie es, dass das Pferd einen sauberen runden Trabzirkel im Schulterherein oder Travers geht, so ist dies ein Zeichen dafür, dass Sie Ihr Pferd erstens gut gymnastiziert haben, dass zweitens Ihre und die Koordination des Pferdes schon ziemlich gut ist und drittens, dass Ihr Pferd sauber »an den Hilfen steht« und die Kontrolle mittels des äußeren Zügels funktioniert.

133

Eine weitere Stufe schwieriger sind das Renvers und das Konter-Schulterherein auf der Zirkellinie (ohne die kreisrunde Form des Zirkels aufzugeben) sowie schließlich das Hin- und Herwechseln zwischen den verschiedenen Seitengängen. Lassen Sie sich damit ruhig viel Zeit. Klappt es schließlich, können Sie sich auf die Schulter klopfen, dann haben Sie gut gearbeitet und ein fein eingestelltes Pferd.

Interpretationsspielräume

In diesem Abschnitt geht es um bekannte Lehrsätze und wie sie missverstanden werden können.

»Brust raus – Schulterblätter zusammen«

Diese veraltete Sitzanweisung hat schon so manchem Reitschüler Probleme bereitet. Statt einen aufrechten, entspannten Sitz aus dem Becken heraus zu erreichen, kommt mit einem solchen Kommando nur eine Verspannung des Oberkörpers mit Hohlkreuz zustande. Noch schlimmer wird es, wenn dem armen Reitschüler auch noch eine Gerte oder ein Stock ins »Kreuz gesteckt« wird, wie man das früher manchmal gemacht hat. Dabei werden die Schulterblätter tatsächlich hinten zusammengedrückt, in dem man eine Gerte durch die beiden Armbeugen hindurch quer hinter den Rücken des Reiters legt. Dadurch kommen die Ellbogen hinter den Oberkörper und die Schultern verspannen sich. Der Reiter sitzt zwar optisch gerade, ist aber völlig in seiner Bewegungsfreiheit eingeschränkt. Und die Hand kann nie unabhängig vom Sitz (und damit weich) agieren, weil sie über die angespannte Schulter an die Bewegungen des Pferdes gekoppelt ist.

An den Hilfen: Das Pferd achtet auf die Signale der Reiterin. Das nach hinten gestellte rechte Ohr verrät die Orientierung auf den Reiter.

Die korrekte Anweisung muss folgendermaßen lauten (siehe auch Kapitel 2): Kopf hoch, Aufrichtung aus dem Becken heraus (stellen Sie sich vor, Sie seien am Scheitel aufgehängt) und Schultern dabei entspannt fallen (oder sinken) lassen.

»Das Pferd muss ständig an den Hilfen stehen«

Diesen Lehrsatz interpretieren viele Reiter dahingehend, dass sie ständig mehr oder weniger stark mit Zügel, Schenkel und Gewicht auf das Pferd einwirken – und das auch noch gleichzeitig. Also hinten treiben, vorn halten und das Becken kippen (= Kreuz anspannen). Das Pferd befindet sich damit in einem Schraubstock.

L

Logische Hilfen

Geben Sie keine Hilfe, die eine andere neutralisieren könnte.

Schlimmstenfalls wird der Schraubstock noch verstärkt, wenn mit scharfen Gebissen vorn gezogen und mit Sporen hinten gestochert wird. Nichts gegen Sporen, aber sie sind ein Instrument zur Verfeinerung der Schenkelhilfen und dienen nicht dazu, diese zu ersetzen, weil die Schenkeleinwirkung das Pferd abgestumpft hat.

An den Hilfen stehen im richtigen Sinne bedeutet nur: Das Pferd muss ständig aufmerksam auf den Reiter achten und immer bereit sein, auf eine Hilfe prompt zu reagieren. Der Reiter agiert nur, wenn er eine Veränderung wünscht. Richtig wäre:

1. Energie von hinten mit einem kurzen Impuls (Schenkeldruck und/oder Stimme) – Pause – Warten, ob das Pferd reagiert und energisch antritt (wenn nicht, kommen deutlichere Signale – evtl. ein kräftiger Gertenschlag, um dem Pferd klarzumachen, dass das Kommando verbindlich ist) –

2. das Pferd nicht mit dem Sitz stören, weiterhin im Gleichgewicht sitzen –

3. die von der Hinterhand erzeugte Energie vorn lenken und/oder begrenzen (durch Biegung, Stellung und schließlich Aufrichtung).

Punkte 1–3 erfolgen minimal zeitlich versetzt. Andernfalls tritt der Schraubstock-Effekt ein: Das Pferd blockiert, wird stumpf, verkriecht sich hinter dem Zügel, geht nicht mehr vorwärts oder rennt dem Zwang davon.

Das Zusammenspiel der Hilfen – Zeitversetzte Hilfen und Aussetzen von Hilfen

Wie schon erwähnt, müssen die meisten Hilfen leicht zeitversetzt gegeben werden, damit nicht eine Hilfe mit der anderen wieder unwirksam gemacht wird.

Bei einer wirklich kräftigen oder als Strafe gedachten Hilfe darf auf keinen Fall eine andere folgen, die diese neutralisieren könnte.

Sie wollen zum Beispiel ein abgestumpftes Pferd wieder auf den Schenkel sensibilisieren, weil es einen Schenkeldruck als Vorwärtsimpuls weitgehend ignoriert. Verwenden Sie eine Gerte, keine Sporen, um einer Schenkelhilfe Nachdruck zu verleihen. Sie wollen nun antraben: Drücken Sie

kräftig mit dem Schenkel. Reagiert das Pferd nicht, lassen Sie los, drücken nochmal und geben gleichzeitig eine Stimmhilfe wie »vorwärts« oder »Trab«. Reagiert es immer noch nicht, dann benutzen Sie die Gerte. Aber nicht halbherzig, sondern mit aller Kraft. Einmal, so dass es richtig knallt. Kaum ein Pferd wird in diesem Moment nicht einen Satz vorwärts machen. Diesen Satz – also eine energische Vorwärtsbewegung – haben Sie gewollt. Lassen Sie das Pferd laufen, so schnell es will und stören Sie es nicht mit dem Zügel. Belohnen Sie es durch Aussetzen aller Hilfen und geben ihm damit die Bestätigung, dass es richtig reagiert hat. Würden Sie am Zügel ziehen oder dem Pferd während des Vorwärtssatzes mit einem Ruck im Maul hängen, dann wäre der Wert einer solchen Schocktherapie dahin. Das Pferd hätte nichts gewonnen, wenn es auf Ihre Hilfe hin vorwärtsspringt, sondern würde für die erwünschte und richtige Reaktion auch noch bestraft.

Auf die oben beschriebene Weise, mit der Belohnung des Pferdes durch temporäres Aussetzen störender (neutralisierender) Zügelhilfen, können Sie ein stumpfes Pferd recht schnell wieder auf den Schenkeldruck sensibilisieren.

Treibender Schenkel und Sporeneinsatz

Viele Reiter setzen den Schenkeldruck im Takt des Pferdes ständig ein. Dieses automatische Anwenden des treibenden Schenkels stumpft jedoch das Pferd dauerhaft ab. Wieso sollte auch das Pferd einem Schenkeldruck Bedeutung beimessen, den es immer gleich stark in jeder

An den Hilfen stehen

Das bedeutet: Das Pferd muss ständig aufmerksam auf den Reiter achten und immer bereit sein, auf eine Hilfe prompt zu reagieren. Es bedeutet nicht: Der Reiter muss ständig Hilfen geben.

Richtige Vorwärtsorientierung im Leichttraben: Das Gewicht ruht leicht auf dem Oberschenkel, der gerade Oberkörper ist aus der Hüfte leicht nach vorn abgeknickt.

Gangart und jedem Tempo spürt. Um überhaupt eine Reaktion zu bekommen, muss der Reiter diesen dauernd vorhandenen Druck massiv verstärken, zum Beispiel mit einem Sporenstich. Tut er auch das zu oft, wird das Pferd immer zäher. Das ist jedoch nicht dem Pferd anzulasten. Es reagiert nicht von Natur aus unempfindlich auf den Schenkel, sondern der Reiter hat das Pferd stumpf gemacht.

Sticht der Reiter zu stark mit dem Sporn, so bekommt er zudem meist eine gegenteilige Reaktion vom Pferd – es geht nicht etwa besser vorwärts, sondern macht einen Katzenbuckel und zieht sich zusammen, weil Sie mit dem Sporenstich die Bauchmuskeln des Pferdes dazu animieren, sich zusammenzuziehen. Geht das ruckartig vor sich, so blockiert das Pferd komplett die Vorwärtsbewegung.

»Schwer Einsitzen« beim Leichttraben

Die Anweisung »Schwer Einsitzen« beim Leichttraben bedeutet natürlich nicht, dem Pferd durch schweres Plumpsen in den Rücken zu fallen. Gemeint ist vielmehr, dass der Reiter beim Einsitzen möglich lange sitzenbleibt, damit das Pferd nicht zu eilig wird. Er verzögert durch möglichst langes Sitzenbleiben minimal den Takt. Er kann dabei ruhig – wie beim Leichttraben üblich – einen kleinen Teil seines Gewichts auf dem Oberschenkel lassen. Es geht dabei nur um die Tempokontrolle im Leichttraben. Bei eiligen Pferden darf der Reiter nicht hinter die Bewegung geraten, indem er den Oberkörper weit zurücknimmt (siehe Gleichgewicht). Dabei kommt er nur ins Ziehen und das Pferd rennt lustig weiter und legt sich auf die Hand.

Stattdessen muss der Reiter mit dem Oberkörper in der Vorwärtstendenz (leicht vor der Senkrechten) bleiben, das Knie fest am Sattel lassen, möglichst lange beim ausgesessenen Takt unten bleiben und sich vom Schwung des Pferderückens wieder hochwerfen lassen (nicht aufstehen, sondern nur den Schwung ausnutzen). Im nicht ausgesessenen Takt sollte der Reiter auch möglichst lang oben bleiben – dazu braucht er die Stabilität durch festen Knieschluss, sonst kommt er wieder hinter die Bewegung.

Mit dem langen Sitzen- und Obenbleiben wird die Schwebephase verlängert – das Pferd rennt nicht mehr im Takt einer ratternden Nähmaschine, die Tritte werden länger und ruhige – das Tempo an sich muss jedoch nicht unbedingt langsamer werden, weil sich der Raumgriff verstärkt. Auch bei faulen Pferden sollte der Reiter mit dem Oberkörper leicht vorn bleiben, damit er ihnen

T**empo regulieren**

Um ein zu schnelles Tempo im Leichttraben zu kontrollieren, verzögern Sie den Takt, indem Sie möglichst lange sitzen bleiben.

Das passiert, wenn die Knie nach außen gedreht werden und der Absatz zum Treiben verwendet wird: Die Fußspitze zeigt nach außen und unten. Der Reiter hebelt sich schlimmstenfalls aus dem Gleichgewichtssitz heraus.

nicht in den Rücken plumpst. Zudem entspricht es der Gleichgewichtstheorie, dass beim flotteren Tempo, das Gewicht des Reiters etwas weiter vorn ist. Zum Vorwärtstreiben reichen Stimme, Schenkel und Gerte aus.

»Füße parallel zum Pferd«

Wenn der Reiter sich nicht das Fußgelenk ausdrehen will, wird diese Aufforderung am sinnvollsten befolgt, indem er das ganze Bein aus dem Hüftgelenk heraus leicht nach innen ver-

dreht. Damit schlägt er drei Fliegen mit einer Klappe: Mit dieser weit oben angesetzten Drehung erreicht er drei Dinge ohne zusätzlich daran denken zu müssen:

◆ Das Knie kommt flach an den Sattel – die Knie werden nicht wie zwei Henkel nach außen gedreht (offene Knie).

◆ Die Wade kommt flach ans Pferd – der Reiter kommt nicht so schnell in Versuchung mit dem Absatz zu treiben.

◆ Die Füße stehen parallel zum Pferd, ohne das Fußgelenk über Gebühr zu verdrehen.

Alles zusammen sorgt für Stabilität (hauptsächlich übers Knie) und verhindert, dass der Reiter mit dem auswärtsgedrehten Fuß irgendwo hängen bleibt.

Aufrecht sitzen und das Pferd möglichst wenig stören. Als treibende Hilfen müssen Stimme, Schenkeldruck und allenfalls ein Einsatz der Gerte genügen.

»Mit Kreuz reiten«

Das, was wir landläufig als »Kreuz anspannen« bezeichnen, gibt es in dieser Form gar nicht. Es handelt sich dabei vielmehr um eine Veränderung in der Beckenstellung des Reiters, welche überwiegend durch Anspannen der Bauchmuskulatur erreicht wird. Die Rückenmuskulatur des Reiters wird bei diesem Manöver nicht gespannt (= verkürzt, zusammengezogen), sondern im Gegenteil gedehnt. Nur die Gesäßmuskeln leisten etwas Arbeit und helfen den Bauchmuskeln (siehe Kapitel 2, Anatomie).

Der Oberkörper des Reiters muss aus jeder Perspektive senkrecht sein ...

»Mit dem Sitz treiben«

Viele Reiter versuchen, über den Sitz zu treiben. Sie wollen das Pferd durch Veränderung der Beckenstellung im Takt für Verstärkungen vorwärts »schieben«. Diese Art von Treiben über einen »dynamisch schiebenden Sitz« schadet allerdings mehr, als dass sie nützt, weil ein sensibles Pferd damit im Rücken gestört wird. Das Pferd muss von allein vorwärtsgehen. Deswegen ist es sinnvoller, dem Pferd die prinzipiell vorhandene Energie aus der Hinterhand gar nicht erst wegzureiten (siehe falsche Konzepte: Reiten von vorn nach hinten). Schenkel, gelegentliche Verstärkung mit Gerte und Stimme, eine minimale Verlagerung des Schwerpunktes nach vorn sowie das »Herauslassen« der Energie durch eine nachgebende Hand sollten als treibende Hilfen ausreichen.

»Bitte nicht stören« – richtige Verstärkungen

Das Pferd muss für eine Verstärkung der Gangarten ausreichend vorbereitet (versammelt) werden. Und der Rücken muss völlig durchlässig und ohne unnötige Spannung sein, sonst verliert das Pferd den Takt. Der Begriff Versammlung bedeutet im Prinzip immer eine Vorbereitung – also auch auf die Verstärkungen. Beim richtig versammelten Pferd muss man die Energie aus der Hinterhand nur noch wie aus einer gespannten Feder herauslassen und das Pferd geht von allein vorwärts. Und vor allem bleibt es dann im Takt. Es fängt nicht an zu strampeln und eiliger zu werden. Das Pferd verliert sehr viel schneller den Takt in den Verstärkungen, wenn der Reiter auf seinem Rücken störend herumzappelt, weil er mit dem Sitz treiben will. Pferde, die mit minimalen Hilfen ausgebildet wurden, reagieren oft völlig verwirrt auf dieses Treiben mit dem Sitz. In der Phase des »dynamisch treibenden Sitzes«, in der der Reiter sein Becken stärker abkippt, kann es passieren, dass das Pferd anhalten will, weil es dieses Abkippen mit dem blockierenden Beckenkippen verwechselt.

Sinnvoller – und harmonischer sowieso – ist es also, wenn der Reiter relativ zum Pferd möglich

Interpretationsspielräume

Von oben nach unten:
Dehnung mit aktiver Hinterhand an der Doppellonge.
Extreme Dehnung im Schulterherein auf einer engen Volte: Die Schwerpunkte von Reiter und Pferd müssen trotzdem über-einander liegen.
Dehnungshaltung zur Entspannung:
Der Unterhals darf nicht zu sehen sein.

still sitzt und es nicht stört. »Nicht stören« kann auch bedeuten, eine Trabverstärkung zu Anfang immer im Leichttraben zu reiten, um die Rücken-bewegung, den Schwung des Pferdes, nicht ein-zuschränken.

Die »falsche Dehnungshaltung« – Dehnen ≠ Hängen lassen

Es gibt Pferde, die sich einfach »hängen lassen«. Sie lassen den Rücken durchhängen, vergessen die Hinterhand hinter sich und liegen mit der Nase am Boden dem Reiter auf der Hand. Bei sol-chen Pferden müssen Sie den Kopf nicht tief in die Dehnungshaltung bringen, sondern im Ge-genteil hoch. Das »Hängen lassen« wird manch-mal mit der Dehnungshaltung verwechselt. Die »echte« Dehnungshaltung hat immer eine aktiv vortretende Hinterhand und einen richtigen (un-gebrochenen) Spannungsbogen. Die Muskeln des Unterhalses sind nicht zu sehen. Die »hängende« Haltung des Pferdes erkennt man an der nach-schleifenden Hinterhand und oft an einem trotz tiefer Nase deutlich sichtbaren Unterhals. Schaut man genau hin, erkennt man auch, dass der Spannungsbogen zwei Brüche hat – und zwar über den beiden »Brückenpfeilern« Vorhand und Hinterhand.

Nun nützt es nichts, diese Pferde einfach durch Annehmen des Zügels »hoch zu ziehen«. Dann ist die Hinterhand immer noch weg, der Rücken hängt immer noch durch und der Unterhals wird immer noch hochgedrückt. Und wahrscheinlich geht das Pferd in dieser Haltung auch nicht mehr vorwärts. Es hilft, wie fast immer, nur konse-quente Biegearbeit – mit dem Schulterherein als »Allheilmittel«.

139

HARMONIE

UND AUSSTRAHLUNG

Reiten hat sowohl eine sportliche Komponente als auch eine künstlerische. Zudem erfordert es eine nicht unbeträchtliche geistige Fitness und umfassendes Wissen vom ambitionierten Reiter. In diesem Kapitel geht es um den Feinschliff, um den künstlerischen Aspekt des Reitens. Dieser kann erreicht werden, wenn Reiter und Pferd ihre »Hausaufgaben« gemacht haben, die in den vorangegangenen Kapiteln als »Pflichtprogramm« erläutert wurden. Die Übungen der »Kür« sind vielfältig und tragen den Talenten von Reiter und Pferd Rechnung.

Wahlverwandtschaften

Der ambitionierte Reiter muss sich mit vielfältigen Themenkomplexen auseinandersetzen. Er muss sich mit Anatomie beschäftigen, mit Konditionstraining, Muskelaufbau, Psychologie, muss des öfteren Selbstkritik üben und unbequemen Wahrheiten (über sich selbst) ins Auge sehen. Er muss Selbst-Bewusstsein entwickeln, sowohl körperlich (bessere Körperwahrnehmung) als auch emotional (Souveränität) und sollte positives Vorbild für andere Reiter und geduldiger Lehrer für das Pferd sein.

Je nach Typ und Ehrgeiz wird sich der Reiter mehr der sportlichen oder mehr der künstlerischen Variante des Reitens zuwenden. Oft ändert sich eine Vorliebe auch im Laufe der Zeit durch den Erwerb von mehr Wissen und Können bzw. besserer Urteilskraft.

Wer sich für die Kunstform des Reitens – als Selbstzweck und ohne von außen, durch Richter und sportliche Wettbewerbe aufgezwungene Schablonen, – entscheidet, darf jedoch die Grundlagen nicht aus den Augen verlieren.

Kunst kommt von Können

Kunst kommt von Können. Und können, das heißt beherrschen, muss der Reiter die essenziellen Grundlagen jeder Art von Reiterei. Andernfalls landet er unweigerlich früher oder später in der Sackgasse. Je mehr er sich von den etablierten Wettbewerben und Bewertungskriterien entfernt (und in vielen Fällen ist es richtig und gut, diese Kriterien zumindest einmal in Frage zu stellen), umso schwerer findet er Hilfe, wenn er nicht mehr weiterkommt.

In diesem Buch geht es eigentlich um diese »zweckfreie Kunst des Reitens« – eine für alle Beteiligten auf Dauer befriedigende dessurmäßige Arbeit mit dem Pferd, die allein auf eine vermehrte Harmonisierung der Bewegung des Pferdes und des Reiters sowie eine Verbesserung der Kommunikation zwischen Reiter und Pferd abzielt. Ob da ein Sprung oder ein Trailhindernis oder ein zweiwöchiger Wanderritt ins Programm eingebaut werden, ist jedem selbst überlassen. Eine fundierte und gute Allroundausbildung lässt Spielraum für alles, was Sie mögen. Und Ihr Pferd wird es Ihnen danken, wenn Sie es nicht zum Fachidioten machen.

Pflicht und Kür

Eine nach anatomischen Kriterien richtige Grundausbildung ist immer Pflicht. Danach kann man entscheiden, welche Richtung man einschlagen möchte: Turniersport mit einem strengen Reglement, das alle Pferde über einen Kamm schert. Oder entspanntes Gelände-/Wanderreiten. Oder die klassische Dressur als künstlerischer Selbst-

Die Kür kommt erst nach absolviertem Pflichtprogramm.

zweck – zwar mit einem hoch gesteckten Ziel, jedoch ohne Leistungsdruck von außen.

Die Kür kann immer erst nach der Pflicht kommen. In der Kür bekommen Improvisations- und Variationsfähigkeit ihre Bedeutung als Zeichen wahrer Meisterschaft und Kunst.

Die Reglementierung der Ausbildung über die Einhaltung von Ausbildungsstufen, über das Reiten von Bahnfiguren oder Trainingshindernissen ist anfangs unverzichtbar. Wobei korrekt ausgeführte Bahnfiguren eigentlich nur eine Erleichterung beim Erreichen der korrekten Haltung des Pferdes unter dem Reiter darstellen. Bahnfiguren können durchaus nach Bedarf modifiziert werden. Mit jeder Bahnfigur und jeder Lektion soll etwas erreicht werden. Nur dieser Zweck bestimmt die Art der Figur. Wenn Sie den Erfolg Ihrer Bemühungen, das Pferd gerade zu richten, überprüfen wollen, dann können Sie (z. B. im Quadrat – siehe folgende Abschnitte) enge Wendungen mit geraden Strecken kombinieren und testen, wie gut und schnell Sie das

141

Pferd nach einer engen 90-Grad-Wendung wieder völlig gerade stellen können.

Erst, wenn die Skala der Ausbildungsstufen in der richtigen Reihenfolge abgearbeitet ist, ist die Pflicht beendet: Das Pferd muss ins Gleichgewicht gebracht werden, es muss gerade gerichtet und losgelassen sein, es muss taktrein in allen drei Gangarten (bzw. vier oder fünf bei Gangpferden) gehen. Für das Erreichen dieser Ausbildungsstufen bestehen viele Variationsmöglichkeiten, die den unterschiedlichen Charakteren und körperlichen Ausgangsbedingungen von Reiter und Pferd Rechnung tragen. Der richtige Weg sieht für jeden etwas anders aus, nur Ziele und Zwischenziele müssen klar definiert sein. Wenn mit dem Erreichen elementarer Zwischenziele der Grundstein gelegt ist, kommt schließlich das künstlerische Element zum Tragen. In diesem Zusammenhang gibt es ein schönes Zitat aus dem Buch »Ufer der Verlorenen« von Joseph Brodsky: »Schönheit lässt sich nicht erzielen sondern ist immer das Nebenprodukt anderer, oftmals sehr gewöhnlicher Beschäftigungen.«

Auf die Harmonisierung und »Verschönerung« des Reitens durch Hilfenminimierung und konsequente, oft langweilig erscheinende Basisarbeit trifft dies in besonderem Maße zu. Das, was dem Betrachter leicht und schön vorkommt, ist das Produkt durchdachter Kleinarbeit über viele Monate und Jahre.

Nicht nur die Vervollkommnung des Pferdes, auch die des Reiters beruht immer nur auf der Verfeinerung der soliden Basis. Wo diese Basis nicht stimmt oder nicht vorhanden ist, kann man nichts aufbauen.

Die künstlerische Freiheit bei der Pferdeausbildung

Künstlerische Freiheit ist prinzipiell möglich, da jede Pferd-Reiter-Kombination etwas anders miteinander umgeht. Sie ist jedoch nur dann möglich, wenn das grundlegende anatomische und psychologische System verstanden wurde und stets berücksichtigt wird. Verschiedene Reitsysteme setzen verschiedene Schwerpunkte und haben spezielle Vorteile für bestimmte »Nut-

zungsarten« des Pferdes. Und sie bieten Korrektur- oder Verbesserungsanregungen, wenn man im eigenen gewählten System nicht weiterkommt. Achten Sie allerdings bei allen persönlichen Mischformen darauf, immer folgerichtig zu agieren. Nur, wer ein System aus dem Effeff beherrscht, darf es wagen, sich über dessen Regeln hinwegzusetzen. Und nur, wer mehrere Systeme beherrscht, darf mischen.

Ausdruck erhalten und verbessern

Es gibt Pferde, die spulen ihr Programm ab wie Roboter. Sie patzen nicht, springen nicht zur Seite, laufen wie ein Uhrwerk – und sehen nach

Regeln, Pflicht und Kür

Es gibt allgemein gültige Grundregeln. Aber es gibt keine allgemein gültige starre, äußere Form des Pferdes und des Reiters. Und es gibt kein starres Ausbildungsschema, das auf jeden Reiter und jedes Pferd angewandt werden kann.

Erst wenn die Skala der Ausbildungsstufen in der richtigen Reihenfolge abgearbeitet ist, ist die Pflicht beendet: Das Pferd muss ins Gleichgewicht gebracht werden, es muss gerade gerichtet und losgelassen sein und es muss taktrein in allen Gangarten gehen.

Um den Ausdruck zu verbessern, kann es nötig sein, bestimmte Regeln beim Reiten für kürzere oder längere Zeit zu brechen.

Nur wer ein System gut beherrscht, darf seine Regeln brechen. Wer die Regeln bricht, muss wissen, was er tut. Er muss es bewusst, mit Bedacht und zielgerichtet tun.

nichts aus. Es fehlt der Glanz in einer solchen Vorstellung, die Ausstrahlung, der Spaß an der Bewegung. Wir sagen zu solchen Vorstellungen immer »ganz nett«. Mehr fällt einem dazu nicht ein. Eigentlich ist alles ganz ok, man sieht keine offensichtlichen Fehler, aber es macht keinen richtigen Spaß zuzusehen.

Um die Ausdruckskraft zu verbessern, kann es nötig sein, bestimmte Regeln beim Reiten für kürzere oder längere Zeit zu brechen. Man muss nur wissen, warum man sie bricht und mit welchem Ziel. »Was will ich damit erreichen, dass ich dies und jenes tue oder lasse?« muss die zentrale Frage sein. Und ich muss wissen, wo ich eine unkonventionelle Korrekturmaßnahme hernehme (z. B. aus einem anderen Reitsystem). Es kann sinnvoll sein, ein Dressurpferd ein paar Wochen nicht »in Haltung« zu reiten, sondern am losen Zügel mit langem Hals gehen zu lassen, wenn es sich konstant hinter dem Zügel verkriechen will. »Aber ich will doch gar nicht westernmäßig reiten« bekommt man zu hören, wenn man so etwas empfiehlt. Das hat auch mit Westernreiten nicht unbedingt etwas zu tun. Es soll nur verhindern, dass der Reiter immer wieder das Pferd zusammenzieht, es soll dem Pferd eine Pause vom »ungeliebten« Zügel verschaffen.

Um den Ausdruck zu verbessern, müssen Reiter und Pferd Spaß an der Arbeit haben. Eine Ausbildung nach sturem, minutiös eingehaltenem Trainingsplan kann den Spaß auf Dauer nicht erhalten. Das Reiten von immer gleichen Lektionen am gleichen Ort, das dauernde Üben von Dressuraufgaben bringt eine roboterhafte Automatisierung in die Arbeit, bei der Frische und Freude an der Bewegung leiden.

Eine »Automatisierung« ist beim Einstudieren von neuen Lektionen sinnvoll, wenn sie am Anfang immer an der gleichen Stelle geritten werden. Und bei der Festigung der Reaktion des Pferdes auf die Basishilfen, um aus dieser soliden Grundlage heraus die Hilfen zu Kürzeln zusammenzufassen (siehe auch Kapitel 5). Nicht sinnvoll ist das Abspulen von immer gleichen Trainingssequenzen, die das Pferd schon beherrscht , von Übungen, die immer am gleichen Punkt der Bahn geritten werden. Das Pferd langweilt sich mit der Zeit und reagiert immer schlechter oder es greift den Hilfen des Reiters vor, weil es weiß, was kommt. Hier müssen allmählich Improvisationstalent und Kür einsetzen. Der Reiter denkt sich immer neue Übungskombinationen aus, um die Aufmerksamkeit des Pferdes zu erhalten. Den Erfolg kann er daran messen, wie gut das Pferd

Wer sich auf Turnieren mit anderen messen will, muss sich den herrschenden Regeln und Bewertungskriterien unterwerfen – egal ob sie immer sinnvoll sind.

auf eine völlig unbekannte Kombination reagiert. Reagiert es gut, dann ist die Aufmerksamkeit voll da und die Feinabstimmung des Reiter-Pferd-Paares auf einem hohen Niveau.

Frisch und aufmerksam erhält man die Pferde nur dann, wenn immer wieder etwas Unerwartetes eingeflochten wird: ein Trailhindernis in die Dressurlektionen, ein Sprung in die Galopparbeit.

Zeitfaktoren

»Bewegliche« Kunst ist vergängliche Kunst. Sie lebt von Augenblicken. Für den Reiter sind es die Momente absoluter gefühlsmäßiger Harmonie, für den Zuschauer solche optischen Gleichklangs. Selbst bei sehr weit ausgebildeten Sportpferden sind diese Momente selten – was sich oft auf Fotos zeigt, die die nicht optimalen Momente schonungslos abbilden.

Nur die »Entdeckung der Langsamkeit«, das beständige Achten auf Kleinigkeiten kann auf Dauer immer weitere Verbesserungen eines Reiter-Pferd-Paares bewirken, nicht das schnelle Vorwärts-Kommen-Wollen. Zeit muss in der Kunst nebensächlich werden.

Auf der Suche nach der verlorenen Zeit

Professionelle Ausbildungsställe versuchen oft, bei der Pferdeausbildung Zeit (und damit Geld) zu sparen. Sie geben manchmal die Grundlagenarbeit in die Hände von Lehrlingen, die damit überfordert sind. Oder sie verkürzen wichtige Ausbildungsabschnitte, was schließlich und endlich zu physischen oder psychischen Schäden beim Pferd führt.

Wer jedoch am falschen Ende Zeit sparen will (und eine Ausbildung im Schnelldurchlauf durchzieht), verliert am anderen Ende diese Zeit (und meistens noch mehr) wieder, weil er sich damit Untugenden, Spannungen, Krankheiten oder fehlende Ausstrahlung beim Pferd eingehandelt hat. Die Korrektur dauert im Endeffekt immer länger als die langsamste Ausbildung – und sie kostet deutlich mehr Nerven.

Arbeitspausen im Gelände. Funktionelle Haltung von Reiter und Pferd mit einhändiger Zügelführung.

Sich genug Zeit nehmen und rechtzeitig aufhören

Pferde lernen unterschiedlich schnell und besitzen eine unterschiedlich hohe Belastungs- und Leistungsgrenze, die Sie realistisch einschätzen sollten, um dem Pferd nicht zu viel zuzumuten und damit unter Umständen unliebsame Reaktionen hervorzurufen. Sowohl neue Lektionen als auch Korrekturen werden von verschiedenen Pferden unterschiedlich rasch begriffen. Was beim einen Pferd zehn Minuten dauert, kann beim anderen anderthalb Stunden brauchen. Und diese Zeit müssen Sie dann auch haben.

Hören Sie auf, wenn eine Übung gut geklappt hat. Das kann auch schon nach zehn Minuten sein. Das Pferd soll wissen, dass es sich ausruhen darf, wenn es seine Sache besonders gut gemacht hat.

Versuchen Sie nie, eine Lektion unter Zeitdruck zu lehren oder eine Übung »zwischen Tür und Angel« durchzuführen. Wenn Sie wenig Zeit haben, bummeln Sie eine Runde mit dem Pferd ins Gelände oder machen etwas, was das Pferd beherrscht und gerne tut.

Legen Sie genug Zwischenziele fest und lernen Sie, Teilerfolge zu erkennen und zu würdigen, so dass Sie jederzeit mit einem Teilerfolg aufhören können, wenn der ganze Trainingsabschnitt nicht auf einmal bewältigt werden kann.

Teilerfolge durch Zermürbungstaktik

Manchmal lässt selbst ein Teilerfolg lange auf sich warten: Ich habe auch schon eine Stunde mit Pferd im Regen gestanden, weil sich das Tier absolut nicht überreden ließ, durch einen Plastikvorhang ins Innere eines Offenstalls zu kommen. Das strapaziert die Geduld und die Selbstbeherrschung.

Hören Sie trotzdem nie mit einer begonnenen Übung auf, bevor Sie nicht wenigstens einen klitzekleinen Teilerfolg erzielt haben. Egal, wie lange es dauert – schließen Sie eine Lektion immer positiv ab. Für einen prinzipiell positiven Abschluss kann es schon reichen, wenn das Pferd seine Absicht verrät, in gewünschter Weise zu reagieren – wenn es also einen winzigen Schritt in die vom Ausbilder gewünschte Richtung macht oder sonstwie die Botschaft »Ich versuch's ja« signalisiert.

Wissen, wann es genug ist

Strapazieren Sie nach einem Teilerfolg die Nerven Ihres Pferdes und Ihre eigenen nicht weiter, weil Sie immer noch »ein bisschen mehr« wollen. Noch ein bisschen mehr ist gut für die langfristige Planung. Für die kurzfristige Arbeit gilt die Devise: »Morgen ist auch noch ein Tag«. Nach dieser Methode stellen sich (Teil-)Erfolge mit der Zeit immer schneller ein – das Pferd lernt, dass es aufhören darf, wenn es das tut, was der Reiter oder Ausbilder von ihm verlangt.

Arbeiten Sie geduldig nach der Zermürbungstaktik; seien Sie einfach sturer als das Pferd, ohne die Ruhe zu verlieren und sich dabei aufzuregen. Mit der stoischen Einstellung: »Und am Ende kriege ich ja doch, was ich will« überzeugen Sie schließlich Ihr Pferd. Verlieren Sie jedoch

Ruhe ins Pferd bringen – egal ob zu Hause oder vor einer Prüfung …

die Geduld und fangen an zu brüllen oder das Pferd zu verprügeln, bringen Sie dem Pferd damit überhaupt nichts bei, sondern verraten im Gegenteil Ihre eigene Unfähigkeit als Lehrer.

Zeit ist subjektiv

Die Zeit scheint langsamer zu vergehen, wenn die Wahrnehmungsfähigkeit verbessert wird. Sie kann dann auch intensiver genutzt werden. Wenn sich der Reiter seiner selbst bewusster wird, wenn er mehr und feinere Nuancen in seiner Relation zum Pferd wahrnehmen kann, dann

Mit gut erzogenen und ausgebildeten Pferden wird auch das Reiten im Gelände zum reinen Vergnügen für alle Beteiligten.

scheint er subjektiv mehr Zeit zu haben, um notwendige Korrekturen am Sitz und an seiner Einwirkung vorzunehmen. Die »Systemsteuerung« (siehe Kapitel 3) läuft dann sehr viel souveräner ab. Das wiederum führt zu mehr Sicherheit und zu einer besseren Vertrauensbasis zwischen Reiter und Pferd.

Angst und Unsicherheit verkürzen dagegen die subjektive Zeitwahrnehmung. In kritischen, angstbesetzten Situation kann so mancher Reiter gar nicht mehr rekonstruieren, wie er reagiert hat. Die antrainierten Reflexe über Ideen und Gedankenbilder können da Abhilfe schaffen. Man kann deswegen auch sagen: je bewusster Sie sich Ihrer selbst werden, je bewusster Sie mit all Ihren Sinnen reiten, desto mehr subjektive Zeit gewinnen Sie. Und umso sicherer und souveräner wirken Sie aufs Pferd.

Zeit gewinnen

Bewusster reiten bedeutet subjektiv Zeit zu gewinnen und souveräner zu agieren.

Denk- und Konzentrationspausen

Weder Pferd noch Reiter dürfen während der Ausbildung mit Informationen überfüttert oder durch zu hohe, schlecht vorbereitete Anforderungen verunsichert werden. Wichtig sind vor allem immer wieder angemessen lange Entspannungs-Pausen, um das Gelernte zu »verdauen«.

Wer es einmal als Reiter am eigenen Leib erfahren hat, dass man auf einmal nicht mehr weiß, wo rechts und links ist, und Lektionen, deren Hilfengebung unbewusst und fast automatisch ablief, nicht mehr klappen wollten, weil eine kleine Veränderung in Sitz und/oder Hilfenkoordination verlangt wurde, der weiß, wie schnell man verunsichert wird, wenn neue Bewegungsmuster oder Veränderungen am alten Bewegungsmuster gelernt werden sollen.

Dem Pferd geht es genauso. Kleine Veränderungen am Gleichgewicht (bei vermehrter Versammlung oder bei Veränderung des Taktes – zum Beispiel im spanischen Schritt) können große Verwirrung und Spannungen erzeugen.

Als Reiter muss man dem Rechnung tragen und jede neue Lektion behutsam erarbeiten und intuitiv wissen, wann es genug ist und man besser mit einem Teilerfolg aufhören sollte, bevor

»gar nichts mehr geht«.»Genug« bezieht sich dabei nicht nur auf die Zeit der gesamten Arbeit an einem Tag sondern auch auf die Dauer einer bestimmten Übungssequenz, auf die Anzahl der Wiederholungen, wenn etwas gut oder gar nicht klappt, auf eine mögliche Reduzierung der Anforderungen mit erzielbaren Teilerfolgen.

Genug kann das Pferd körperlich oder psychisch haben. Psychisch auch dann, wenn es körperlich durchaus noch leistungsfähig ist.

In der richtigen Reihenfolge arbeiten

Bei allen Reitweisen ist die Minimierung der Signale und des Kraftaufwandes immer das Ziel und nicht der Beginn der Ausbildung.

Die Aussage, dass sich ein junges Pferd von selbst mit dem Reitergewicht ausbalanciert, wenn man es möglichst wenig stört und mit lan-

Bodenarbeit mit ihren zahlreichen Möglichkeiten bringt Abwechslung und viele Erleichterungen für die Arbeit unter dem Sattel.

Start und Ziel

Für alle Reitweisen gilt: Die Minimierung der Einwirkung durch die Hilfen des Reiters ist das Ziel der Ausbildung, nicht ihr Anfang.

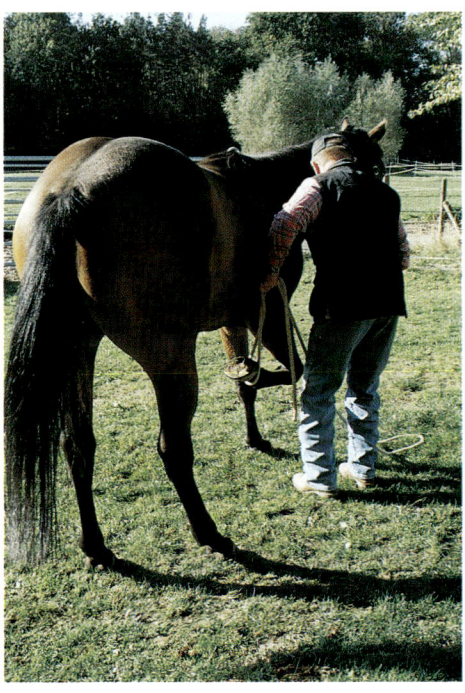

gem Hals ohne Zügelanlehnung geradeaus gehen lässt, trifft nur in den allerseltensten Fällen zu: für das gebäudemäßig ideale Pferd, welches am Boden und an der Longe bestens vorbereitet wurde, und für den ideal im Gleichgewicht sitzenden Reiter.

Um das Pferd und sich selbst vor Schaden zu bewahren, muss der Reiter im Verlauf der Ausbildung stattdessen immer wieder mehr oder weniger stark eingreifen – sprich mit seinem Hilfenrepertoire einwirken. Je besser und vollständiger er am Anfang der Ausbildung dem Pferd dieses Hilfenrepertoire vermittelt und je differenzierter

Eine korrekte Ausbildung für schwere Dressurprüfungen dauert viele Jahre.

und bewusster er selbst seine einzelnen Körperteile für diese Hilfen einsetzen kann, umso besser wird seine Kontrolle über die Bewegungen des Pferdes sein.

Die Minimierung der Signale zu »Hilfenkürzeln« und die Minimierung der Intensität und des Kraftaufwandes für die Hilfen sind die Folge einer gut aufgebauten Verständigungsgrundlage zwischen Reiter und Pferd – mit allen zur Verfügung stehenden Verständigungsmitteln: der Stimme des Reiters, seiner Körpersprache über Haltung,

Zügel und Schenkel und auch über Reichweitenverlängerer wie Gerte, Peitsche oder Sporen.

Und sie sind natürlich die Folge einer guten körperlichen Vorbereitung des Pferdes, das durch Konditionstraining und Gymnastizierung in die Lage versetzt wird, sich selbst und den Reiter mühelos zu tragen. Nicht zu vergessen die gute körperliche Vorbereitung des Reiters, die gerne vernachlässigt wird.

Kleine Schritte mit System – Schrittarbeit – Schrittweise

Tun Sie nicht den zweiten Schritt vor dem ersten, rennen Sie nicht, bevor Sie laufen können. Alle Übungen sollten immer im Schritt vorbereitet und gefestigt werden, bevor man sie im Trab probiert. Und die Lektionen müssen im Trab sitzen, bevor Sie daran denken können, sie im Galopp zu versuchen.

Vor allem die Schrittarbeit an sich darf nicht unterschätzt werden. Das Pferd kann seine Beine sortieren, der Reiter kann die Hilfenkombination und die zeitliche Koordination der Hilfen lernen. Da im Schritt alles langsam und schwunglos vor sich geht, hat der Reiter keine Sitz- und das Pferd keine Gleichgewichtsprobleme. Funktioniert etwas nicht, so kann man in Ruhe korrigieren und steht nicht unter »Zeit- bzw. Handlungsdruck«, wie das in schwungvolleren, schnelleren Gangarten der Fall ist.

Besonders die Koordination bei den Seitengängen ist nur über saubere Schrittarbeit zu erreichen. Das gilt für den Reiter, der die Hilfen lernt, und für das Pferd, welches die Bewegungsabläufe lernen soll.

Der Weg ist das Ziel

Ständige kleine Fortschritte und Verbesserungen sind mehr wert als ein schnelles, dabei nicht fundiertes und nicht ganz korrektes Endergebnis. Der schnelle Erfolg rechtfertigt nicht die Mittel, denn eine Ausbildung im Schnelldurchlauf kann auf Dauer immer nur pferdeschädlich sein.

Es gilt also: Der Weg ist das Ziel. Setzen Sie Fernziele nicht zu hoch an. Suchen Sie die Befriedigung in der täglichen Arbeit. Gewinnen Sie jeder einzelnen Reitstunde etwas Positives ab. Freuen Sie sich auch an minimalen Fortschritten. Betrachten Sie das Reiten als entspannende Freizeitbeschäftigung. Lassen Sie sich nicht hetzen, Sie haben alle Zeit der Welt. Behalten Sie Ihr Ziel zwar im Auge, lassen Sie sich jedoch nicht davon unter Zeit- oder Erfolgsdruck setzen.

Solange Sie nur das Ziel sehen, verbauen Sie sich den Blick auf die Chancen, die sich auf dem Weg zum Ziel ergeben können. Lassen Sie sich auf Angebote des Pferdes ein. Diese spielerische Komponente der Arbeit lässt Sie im »Jetzt« arbeiten. Versuche, eine spielerische Bewegung weiter zu entwickeln, auszubauen, abrufbar zu machen, sind nicht immer gleich von Erfolg gekrönt. Es gibt in diesem Bereich keine festen Regeln, bei welchem Angebot des Pferdes wie zu verfahren ist. Man kann nur ausprobieren, welches Signal ein Pferd am besten annimmt.

Ausbildung ohne Langeweile oder Stress

Hier nun einige Übungsanregungen zur besseren Koordination, zur Krafteinsparung und zur Spannungsreduzierung, ebenso wie einige Vorschläge zur Selbstkontrolle.

Trailarbeit für die bessere Koordination

Eine Besonderheit der Schrittarbeit mit Schwerpunkt auf Minimierung und Verfeinerung der Signale ist die Trailarbeit. Dabei wird das Pferd zwar nicht so gut gymnastiziert wie in den Seitengängen, es lernt jedoch, sich sehr kontrolliert auf minimale Signale des Reiters hin rückwärts, seitwärts und über Stangen zu bewegen. Auch wenn der eine oder andere meint, solche Spielereien seien nutzlos, weil sie nicht gymnastizieren – für eine bessere Koordination des Pferdes, eine gesteigerte Aufmerksamkeit auf die Signale des Reiters und für etwas Abwechslung in der Ausbildung sind sie allemal gut. In der Trailarbeit lernt der Reiter fast von selbst, seine

Trailübungen sensibilisieren das Pferd auf die Hilfen und helfen bei der Koordination. **149**

einzelnen Signale zeitlich richtig zu koordinieren und die Stärke zu dosieren. Er bekommt ein Gefühl dafür, wie er die Pferdebeine einzeln steuern, Vorhand und Hinterhand des Pferdes getrennt voneinander beeinflussen kann. In der langsamen Arbeit werden neue Reflexe (Hilfenkürzel) entwickelt und gefestigt, die später in schnelleren Gangarten abgerufen werden können. Das Pferd lernt, sich auf die Hilfengebung zu konzentrieren, auf Signale des Reiters zu warten und nicht vorzugreifen. Beider Koordination wird besser.

Das Gleiche gilt auch für die Schrittarbeit in den verschiedenen Seitengängen. Sie sind für Reiter und Pferd gleichermaßen eine exzellente Koordinationsübung und haben dabei noch hohen gymnastischen Wert.

Immer wieder leicht traben und das Pferd den Rücken dehnen lassen.

Bezugspunkte und Bahnfiguren als Koordinationshilfe

Korrektes Reiten von Bahnfiguren und Seitengängen sowie Stellungs- und Richtungswechsel in den Seitengängen unterstützen die Bemühungen des Reiters, sein Pferd zu biegen. Bezugs-

punkte in der Bahn helfen ihm, sich optisch zu orientieren und der »Nase nach zu reiten«, das heißt, seinen Kopf in die Bewegungsrichtung zu drehen. Über die Kopfdrehung koordiniert er seine Bewegungen auf dem Pferd und seine Hilfengebung fast automatisch.

Jede Ecke, die korrekt mit sauberer Stellung und Biegung des Pferdes ausgeritten wird, ist eine Viertelvolte, die das Pferd in der Längsachse biegt und gymnastiziert und Ihnen zeigt, dass Sie Ihre Hilfen korrekt gegeben haben.

Der Erfolg liegt in ganz banalen Übungen, die jedoch penibel ausgeführt werden müssen. »Einfach und gut« heißt die Devise. Besser eine einfache Übung wirklich korrekt ausgeführt als sich über eine schwierige hinweggemogelt.

Auch beim Essen sind oft die gut zubereiteten »einfachen Speisen« aus frischen Zutaten einem lieblos zusammengekochten extravaganten Menü vorzuziehen.

Denken Sie nur einmal daran, wie schwer schon ein kreisrunder Zirkel mit gleichmäßig gebogenem Pferd zu reiten ist, wenn Sie konzentriert darauf achten, dass das Pferd gleichmäßig gebogen bleibt und nicht nach innen oder nach außen drängelt.

Der gelungene Wechsel aus dem Zirkel im Trab in der richtigen Form einer schönen bauchigen Acht erfordert schon ein beachtliches Maß an Feinmotorik und Timing vom Reiter. Das können Sie leicht feststellen, wenn Sie wirklich versuchen, diesen Wechsel mit der korrekten Umstellung des Pferdes im Mittelpunkt absolut rund zu reiten. Wie oft läuft Ihnen das Pferd im Zickzack über die Mittellinie oder versucht abzukürzen und eine Diagonale aus der Acht zu machen? Die Umstellung von einer Hand auf die andere beim Wechsel aus dem Zirkel – also von einer Längsbiegung in die andere –, hat für das Pferd einen beachtlichen gymnastizierenden Effekt. Wechsel durch den Zirkel und Schlangenlinien durch die ganze Bahn verstärken diesen noch, weil die Wendungen enger sind.

Die Orientierung an den optischen Bezugs- punkten in der Bahn erleichtert Ihnen, zu erkennen, wann Ihr Pferd schludrig reagiert und sich durch eigenmächtiges Geradestellen der Gymnastik entzieht, oder wann Sie selbst schlampige (=undeutliche) Hilfen geben. Solche Bezugspunkte können Sie sich allerdings auch im Gelände suchen, wenn es Ihnen in der Bahn langweilig wird.

Übergänge: Tempo- und Gangartenwechsel

Tempo- und Gangartenwechsel gymnastizieren das Pferd und sensibilisieren es auf die Gewichtshilfen des Reiters. Die einfachste Form ist der Wechsel zwischen Schritt und Trab. Das klingt leicht, doch eine wirklich saubere Parade aus dem Trab zum Schritt sieht man nicht sehr häufig. Ohne zu stocken und ohne den Rücken festzuhalten, sich auf die Hand zu legen oder den Kopf hochzunehmen soll das Pferd vom Zweitakt in den Viertakt wechseln, ruhigen, taktreinen Schritt gehen und schließlich wieder mit fleißiger Hinterhand antraben, ohne dabei aber vorwärts wegzustürmen. Wie oft kann man sehen, dass das Pferd im Schritt anfängt zu zackeln. Oder dass es die Parade zum Schritt nur zögernd annimmt.

Versuchen Sie, diese einfachen Gangartenwechsel wirklich korrekt zu reiten, ohne zu »übersteuern«. Dabei bekommen Sie ein Gefühl für die Intensität der Hilfen. Dann erst sollten Sie sich an die »schwereren Übergänge« wagen. Das sind die Wechsel Trab-Galopp, Trab-Halten, Schritt-Galopp, Galopp-Halten und die Tempowechsel innerhalb von Trab und Galopp, die Verstärkungen und die Versammlung. Bevor Sie die Übergänge Galopp-Schritt oder gar Galopp-Halten in Angriff nehmen können, muss ein hoher Versammlungsgrad erreicht sein. Damit ein Pferd aus dem schwungvollen Galopp in einen taktreinen Schritt durchpariert werden kann, muss es in der Lage sein, sehr versammelt, fast im Schritttempo, zu galoppieren. Das Anhalten aus dem versammelten Galopp ist fast einfacher als die Parade zum Schritt. Die Hinterhand muss ebenso gut untersetzen, aber der saubere Wechsel vom Drei- in den Viertakt kommt nicht erschwerend dazu.

Der Sliding Stop der Westernreiter bildet eine Ausnahme bei den schweren Übergängen. Er kann auch mit dem nicht stark versammelten Pferd geritten werden. Zwar muss sich das Pferd vor dem Stop in einem »Bergaufgalopp« mit weit untergesetzter Hinterhand befinden, es stoppt jedoch aus recht hohem Tempo. Das kann es aber nur, wenn die Vorhand beim Stop leicht wird und

Die Dehnungshaltung erreichen

Die Dehnungshaltung des Pferdes ist essenziell und muss immer wieder abgerufen werden können. Können Sie das Pferd nicht dehnen, so können Sie es auch nicht versammeln und Sie werden nicht über temporäre Blockaden hinwegkommen.

Es gibt eine ganze Reihe von Lektionen und Übungen, die das Pferd dehnen können. Kommen Sie mit einer nicht weiter, dann versuchen Sie es mit einer anderen.

- Jede Art von Biegung – Seitengänge, Volten, Zirkel – dehnt die jeweils äußere Seite des Pferdes.
- Cavallettiarbeit und kleine Gymnastiksprünge dehnen die Oberlinie.
- Viele Trailhindernisse animieren das Pferd zum genauen Hinschauen, und die Dehnungshaltung ergibt sich daraus von allein.
- Auch das Reiten von Tempounterschieden, der starke Wechsel von Spannung und Entspannung, von Versammlung und Vorwärtsreiten hilft, den Rücken elastisch zu halten und zu dehnen.

die Hinterhand die volle Bewegungsenergie aufnimmt. Ein trainiertes Reiningpferd klappt dazu im Lendenbereich fast wie ein Taschenmesser zusammen, um die Hinterhand unter seinen Schwerpunkt zu bekommen. Es versammelt sich praktisch kurzfristig in Sekundenbruchteilen. Auch der richtige Sliding Stop kann nie durch ein einfaches Am-Zügel-Ziehen des Reiters erreicht **151** werden, denn dann würde die nötige Leichtheit in der Vorhand fehlen. Vielmehr liegen die gleichen Kriterien der Hilfengebung wie zum Versammeln des Pferdes zugrunde.

Trab- und Galoppverstärkungen auf dem Zirkel

Reiten Sie Trab- und Galoppverstärkungen ruhig auch auf dem Zirkel. Damit verhindern Sie, dass das Pferd ins Rennen und deswegen aus dem Takt kommt. Auf der Geraden ist die Gefahr, dass das Pferden den Rücken »vergisst«, sehr viel höher als auf gebogenen Linien. Passt man nicht auf, dann legt sich das Pferd bei Verstärkungen auf der Geraden gerne auf die Hand oder drückt den Hals hoch. Beides geht zu Lasten des Taktes, weil Rückenbewegung und Gleichgewicht in dem Fall gestört sind. Auf dem Zirkel haben Sie mit dem äußeren Zügel das bessere Kontrollinstrument. Das Pferd kann sich in der Biegung nicht so schnell aus der Zügelkontrolle herausmogeln.

Energisch vorwärts im Leichttraben – ohne den Rücken des Pferdes zu belasten.

Trabverstärkungen im Leichttraben entwickeln

Traben Sie bei den Verstärkungen im Trab leicht. Das gilt besonders für Pferde mit viel Rückenbewegung. Im Leichttraben bringt man sich selbst und das Pferd nicht so schnell aus dem Gleichgewicht – vorausgesetzt, man beherrscht das richtige Leichttraben (siehe Kapitel 2).

Versuchen Sie nie, eine Verstärkung zu forcieren. Das Pferd muss die Verstärkung anbieten, man kann sie nicht »herausquetschen«. Doch auch wenn das Pferd die Verstärkung anbietet, darf es sich dabei nicht der Kontrolle des Reiters entziehen. Versucht es das, so kommt es in den meisten Fällen aus dem Gleichgewicht und aus dem Takt und fängt an, zu strampeln.

Spüren Sie Unregelmäßigkeiten im Takt, müssen Sie sofort das Tempo zurücknehmen. Ist das Pferd schon genügend durchlässig, können Sie auch aus der Verstärkung anhalten (auch aus dem Leichttraben). Das Timing des Anhaltens aus dem Leichttraben ist für den Reiter anfangs schwerer. Doch hat er erst einmal herausgefunden, wie und wann er einsitzen muss, so bringt es eine große

Erleichterung. Er kann durch einfaches Sitzenbleiben mit abgekipptem Becken direkt und prompt umschalten von der freien Rückenbewegung des Pferdes auf die Blockade.

Ganze Paraden aus dem Leichttraben

Jedesmal, wenn das Pferd bei der Verstärkung den Takt verliert oder sich auf die Hand legt, sollte es also aus der Verstärkung angehalten werden. Desgleichen wenn es beginnt, unkontrolliert zu rennen und sich nicht zurücknehmen lässt. Ohne die für dieses Anhalten notwendige Durchlässigkeit des Pferdes braucht man sich nicht an die Verstärkungen zu wagen.

Bei diesen Paraden kann ruhig der Kopf des Pferdes über Gebühr hochkommen, Hauptsache, es hält an. Messen Sie bei diesen Korrekturübungen der Kopfhaltung des Pferdes nicht zuviel Bedeutung bei. Sie ergibt sich von selbst, wenn alles andere stimmt (siehe Kapitel 2).

Die ganzen Paraden aus dem Leichttraben haben mehrere Vorteil: Der Rücken des Pferdes ist freier, der Reiter stört das Pferd nicht während der Bewegung, sondern erst, wenn er wirklich die

Auch mit der Cavalettiarbeit können Sie den Rücken des Pferdes entspannen.

Bewegung blockieren, also anhalten will. Die Hinterbeine können deswegen besser untersetzen. Auch das Antraben aus dem Halten kann sofort ins Leichttraben überführt werden, wenn das Pferd das Signal zum Antraben sauber angenommen hat. Durch »Freiheit« des Rückens wird es für die schnelle Reaktion belohnt. Natürlich sind das alles nur Erleichterungen auf dem Weg. Das fertig ausgebildete Pferd braucht diese Tricks normalerweise nicht mehr oder nur noch in der Lösungsphase.

Galopp-Trab-Reprisen mit Leichttraben

Auch die Reprisen Galopp-Trab-Galopp sind oft einfacher über das Leichttraben zu reiten. Besonders in der Phase des ersten Trabtrittes nach dem Galopp sind manche Pferde extrem schwer zu sitzen. Statt ihnen in den Rücken zu fallen ist es sinnvoller, sie mit viel Stimmeinwirkung durchzuparieren und sofort beim ersten Trabtritt leicht zu traben. »Regeln« Sie dann den Trab und parieren zum Schritt durch. Aus dem Schritt können Sie schließlich wieder angaloppieren. Kann das Pferd

dies noch nicht, so können Sie auch aus dem Leichttraben angaloppieren. Bereiten Sie dies jedoch mit der Stimme vor. Das Timing für das kurzfristige »Sitzenbleiben« zum Angaloppieren aus dem Leichttraben ist allerdings nicht einfach und braucht etwas Erfahrung und Feeling.

Das Quadrat als Kontrollinstrument

Neben dem Zirkel ist das Quadrat eine »klassische Übung«, die Ihnen ein Instrument zur Selbstkontrolle und zur Überprüfung von Lernfortschritten gibt.

Statt eines kreisrunden Zirkels reiten Sie ein sauberes Quadrat (oder auch ein Rechteck) – mit schnurgeraden Seitengeraden und Viertel-Pirouetten in jeder Ecke. Bleiben Sie auf den Seitengeraden immer mindestens anderthalb bis zwei Meter von der Bande weg, sonst zieht die Begrenzung das Pferd »magisch« an.

Im Quadrat können Sie prüfen, ob Ihr Pferd wirklich geradeaus geht. Und ob Sie sich auch wirklich wieder gerade setzen, wenn die Viertelwendung abgeschlossen ist. Und Sie können testen, wie Ihr Pferd auf eine Gewichtsverlagerung reagiert.

Idealerweise reiten Sie das Quadrat im Trab. Vor jeder Ecke drehen Sie den Kopf um 90 Grad in Richtung der nächsten geraden Seite. Das Pferd sollte mit einer Viertel-Pirouette bzw. mit einer sehr engen Wendung um 90 Grad folgen. Achten Sie nach der Wendung darauf, beide Gesäßknochen wieder völlig gleichmäßig zu belasten und einen Punkt vor Ihnen zu fixieren, auf den Sie bis zur nächsten Viertel-Pirouette zu reiten. Dabei sollte das Pferd in sich gerade bleiben ohne nach einer Seite wegzudriften oder sich im Hals oder Genick zu verwerfen.

Klappen diese Übungen, so können Sie auf den Quadratgeraden auch Schulterherein oder Travers reiten (wie auf der Zirkellinie) und die Viertel-Pirouetten aus den Seitengängen entwickeln. Reiten Sie Travers auf den Seitengeraden bedeutet eine Hinterhandwendung prinzipiell nur einen graduellen Unterschied in der Vorwärtstendenz. Das ist eine tolle Koordinations- und Sensibilisierungsübung.

153

Im Prinzip können Sie auch die bekannte Übung »Schlangenlinien in drei, vier oder fünf Bogen durch die ganze Bahn« in Form von Viertel-Pirouetten und geraden Linien reiten. Das ist viel interessanter als die gängige Version mit weichen Bögen.

Wenn Sie das erste Mal fühlen, wie das Pferd Ihrer Kopfdrehung in den Wendungen folgt, ohne nach innen oder außen wegzudriften, dann haben Sie einen großen Schritt in Richtung der Hilfenminimierung geschafft.

Kontrollieren und Überprüfen

Achten Sie darauf, sich und Ihr Pferd hinsichtlich der Arbeitsfortschritte ständig zu kontrollieren, besonders dann, wenn Sie oft allein – ohne Lehrer oder kritischer Beobachter – arbeiten. Arbeiten Sie mit kontrollierenden Lektionen und mit überprüfenden Übungen.

Zu den Kontrollinstrumenten zählen alle Lektionen, die helfen, das Pferd hinsichtlich Tempo und Richtung leichter und besser zu kontrollieren (1). Des Weiteren gehören die Übungen für die Selbstkontrolle des Reiters dazu (2).

Und schließlich auch »Überprüfungsübungen«, die Hinweise darauf geben, ob das Pferd langfristig richtig gearbeitet wurde, ob keine gravierenden Ausbildungsfehler gemacht wurden (3).

1. Regelnde Übungen zur leichteren Kontrolle des Pferdes

Hier haben wir mit den Seitengängen die klassischen Kontrollübungen par excellence. Insbesondere das Schulterherein kann sowohl bei zu schnellen Pferden als auch bei zu langsamen (blockierten) helfen. Vor allem, wenn Sie es im Schritt und im Leichttraben reiten, um den Pferderücken nicht unnötig zu belasten. Denn beide Pferdetypen, die »Rennmäuse« und die «Schlaftabletten» haben in den meisten Fällen einfach Rückenprobleme. Zirkel, Quadrat und der Wechsel von Links- und Rechtsbiegung sowie viele Gangartenwechsel tun ein Übriges, um die Tempo- und Richtungskontrolle zu verbessern.

2. Übungen für die Selbstkontrolle des Reiters

Eine wichtige Kontrollübung für die richtige Einwirkung des Reiters ist das **»Loslassen-Können« des Zügels** (vor allem des inneren Stellungszügels). Wenn Sie Ihr Pferd über Gewichtsverlagerung und das Annehmen des äußeren Zügels versammeln und abwenden können, ohne am inneren Zügel zu »ziehen«, dann haben Sie viel erreicht. Desgleichen, wenn Ihr Pferd auch dann in Haltung bleibt, wenn Sie mit der Hand vorgehen, Ihr Gewicht aber deutlich hinten lassen. Andererseits muss das Pferd einem Nachgeben der Hand in Verbindung mit der Aufforderung des Reiters zu »Mehr Vorwärts« sofort durch energisches Antreten und Rahmenerweiterung folgen. Gibt der Reiter noch mehr nach, muss es sich in die Dehnungshaltung hineinstrecken – in allen Gangarten.

Die Dehnungshaltung muss in allen Gangarten immer wieder erreichbar sein, ohne dass das Pferd aus dem Takt kommt. Dann befinden sich Reiter und Pferd im Gleichgewicht.

Auch die Minimierung aller Hilfen hinsichtlich Intensität und Kraft ist ein Prüfstein für die auf Dauer richtige reiterliche Einwirkung.

3. Überprüfungskriterien für die richtige Ausbildung des Pferdes

Langfristige Einwirkungsminimierung ist das Überprüfungsinstrument für jede sinnvoll aufgebaute Arbeit mit dem Pferd. Dazu kommt, dass jedes richtig gearbeitete Pferd mit der Zeit bequemer werden muss, das heißt besser zu sitzen und leichter zu lenken ist.

Zu den wichtigsten Überprüfungsübungen für die Durchlässigkeit des Pferdes gehört das Rückwärtsrichten. Rückwärtsrichten ohne Widerstand deutet auf ein durchlässiges Pferd ohne Rückenblockaden hin. Klappen Übungen wie Antraben und Angaloppieren aus dem Rückwärtsrichten, verweist das auf eine gut untergesetzte Hinterhand des Pferdes – und Sie bekommen mit der Zeit die Versammlung »gratis« dazu.

Das problemlose Anhalten-Können ist ein weiteres Kriterium für eine gute Ausbildung. Aus dem

Prüfsteine für die richtige Arbeit

- Die Dehnungshaltung muss immer abgerufen werden können.
- Minimierung der Gestik durch Hilfenkürzel.
- Minimierung von Kraft bei der Hilfengebung und Kontrolle des Pferdes.
- Die Zügelhilfen werden zunehmend unwichtig.
- Das Rückwärtsrichten gelingt ohne Widerstand.
- Sie können aus jeder Gangart ohne Kraftanwendung anhalten.
- Sie können aus dem Halten in jeder Gangart anreiten.
- Das Pferd wird weicher und lässt sich bequemer sitzen.
- Das Pferd wird aufmerksamer und ruhiger.

langsamen Trab muss das recht bald funktionieren. Aus dem Galopp ist es schon eine fortgeschrittene Übung für stark versammelte Pferde.

Zum Abschluss

Gutes Reiten und gute Ausbildung baut auf einer Reihe von Veränderungen auf, die positiv auf Anatomie und Psyche wirken sollen. Verändern sich Reiter oder Pferd negativ durch das Reiten, so kann etwas nicht stimmen. Jede Art von länger andauernder Verspannung oder schlechter Laune bei beiden muss deswegen als Alarmsignal gewertet werden.

Reiten ist eine dynamische Sportart und lebt von der Abwechslung. Seien Sie also kreativ beim Reiten und spulen Sie kein stures Routineprogramm ab. Alle Wechsel, egal, ob im Tempo, in der Richtung oder in der Gangart, sind ideal für Konzentration, Koordination und Aufmerksamkeit. Nur mit ständigen Wechseln zwischen verschiedenen Anforderungen sowie zwischen Spannung und Entspannung können Sie einen Fortschritt erzielen – und Langeweile und Überdruss vermeiden.

LITERATUR

ALBRECHT, KURT: Reiterwissen.
Franckh-Kosmos, Stuttgart 1996

BLENDINGER, WILHELM: Psychologie und
Verhaltensweise des Pferdes.
Erich Hoffmann, Heidenheim 1971

DIACONT, KERSTIN: Bodenarbeit mit Pferden.
BLV, München 2001, 4. Aufl.

DIACONT, KERSTIN: Pferde richtig anreiten.
BLV, München 2000

DIACONT, KERSTIN: Reiterhilfen für Anfänger.
BLV, München 2000, 2. Aufl.

DIACONT, KERSTIN: Das Problempferd.
BLV, München 1999

DIACONT, KERSTIN: Was die Cowboys noch wussten.
BLV, München 1998

FELDENKRAIS, MOSHÉ: Bewusstheit durch
Bewegung.
Suhrkamp TB 2638, Frankfurt 1996

FELDENKRAIS, MOSHÉ: Die Entdeckung des
Selbstverständlichen.
Suhrkamp TB 1440, Frankfurt 1987

KAPITZKE, GERHARD: Zügelführung mit Gefühl.
BLV, München 2001

KARL, PHILIPPE: Reitkunst – Klassische Dressur bis
zur Hohen Schule.
BLV, München 2000

LINDEMANN, HANNES: Überleben im Stress –
Autogenes Training. Heyne-Sachbuch Nr. 19/41,
München 1992

LOCH, SYLVIA: Reitkunst im Wandel.
Franckh-Kosmos, Stuttgart 1995

REGISTER

A

Abhärten 84 ff.
Ablenken 48
Abrufbares Feeling 91
Abstellung 125
Alexandertechnik 98
Analyse 71, 91
Anatomie 10 ff.
An den Hilfen stehen 135
Angelernte Reaktion 54
Angst 81 ff., 94 f.
Arbeitskonzepte 65 ff.

Artgerechtes Verhalten 74 ff.
Atemtechnik 95
Aufmerksamkeit 72, 77, 87, 93
Aufnahmefähigkeit 51 f.
Aufregung 85 ff.
Aufrichtung 133
Ausbildungskonzepte 6, 8 f., 20
Ausdruck 142
Ausrichtung 116, 117
Ausweichmanöver des Pferdes 119
Ausweichübungen 79
Autorität 80 ff.

B
Balance 11, 13 ff.
Bauchmuskeln 22 ff.
Belohnungen 43, 45 ff.
Beobachtung 64
Bewegungsgedächtnis 91, 97
Bewusstsein 96
Biegung 53, 116 ff.
Bildhafte Vorstellungen 89 ff.
Blickrichtung 118
Bodenarbeit 44, 74 ff., 84 ff.
Bosal 38, 47, 102
Bügellängen 18, 29, 32

D
Dehnung 125
Dehnungshaltung 13, 20 ff., 46, 83, 139, 151
Desensibilisierung 85 ff.
Deutlichkeit 55
Druck und Gegendruck 59
Durchlässigkeit 17, 41
Dynamisches Gleichgewicht 34 ff.

E
Einhändige Zügelführung 108
Entlastung der Vorhand 38
Entscheidungen 69
Erfahrung 101
Erfolg 71
Erschöpfung 65, 71
Erziehung 74 ff.

F
Feldenkrais-Methode 13, 91
Führen und Folgen 68 ff.
Führtraining 76 f.

G
Gangarten 39 ff., 150
Ganzheitlicher Ansatz 7 ff.
Gebisse 104, 118 ff.
Gebisslose Zäumungen 101 ff.
Gebrauchsreiten 7 ff., 9, 73
Gewichtshilfen 31, 62, 103 ff.
Gewichtsverlagerung 116, 120 ff.
Gewichtsverteilung 25
Gewohnheiten 97 ff.
Gleichgewicht des Pferdes 11, 15, 62, 65 f.
Gleichgewichtssitz 34 ff.
Grundspannung 13 ff., 17, 23 ff., 95

Grundtempo 16
Gymnastik 13 ff., 27 ff., 41, 95, 116 ff.

H
Hackamore 102 f.
Haltung 26 ff., 80
Handhaltung 111 ff.
Herdenverhalten 42, 47, 57, 74 ff.,
  81 f., 85, 93
Hilfengebung 45 ff., 53 ff., 56 ff., 70 f.
Hinterhand 14, 16 f., 78
Hinterhandwendung 131 ff.

I
Informationsverarbeitung 51
Innerer Zügel, Innenstellung 108
Interpretationsspielräume 134 ff.
Intervalltechnik 59 ff., 63, 66, 77
Intuition 71

K
Kandare 102 ff.
Kappzaum 102 ff.
Kinnriemen 104
Knieschluss 28, 136
Kommunikation 42 ff., 52 ff.
Kompetenz 98 ff.
Kontrollübungen 117, 154 ff.
Konzentration 72, 92 ff.
Konzepte 67, 88 ff.
Koordination 89 ff., 116, 149 ff.
Körperführung 68 ff.
Korrektur 51, 71, 118 f.
Kraft 53 ff.
Kreuzeinwirkung 32, 138
Kürzel 30, 54 f., 90,
Kurzkehrt 131 ff.

L
Lehrmethoden 50 f.
Leichttraben 28 f., 34, 127 ff., 152 f.
Leitbilder 49 ff.
Leitsätze zur Zügeleinwirkung 124
Lernhilfen 93 ff.
Lerninhalte 14
Lernverhalten 43, 50 ff.
Logik 70 ff., 134
Loser Zügel 106, 143
Losgelassenheit 17 ff., 37, 41

157

M

Minimierung der Signale
  8, 63, 88 ff., 102 ff., 121
Misserfolg 70
Motivation 13, 56 ff.

N

Nasenriemen 105
Natürliche Reaktionen 54

O

Optische Führung 68 ff.
Orientierung 66, 122

P

Paraden 106 ff., 109 ff.
Pausen 71
Pelham 104
Prioritäten setzen 37 ff.
Psychologie 42 ff.

Q

Quadrat als Kontrollinstrument 153

R

Rangordnung 47 f.,74 ff., 93
Reaktion 53, 92
Reflexe 49 ff., 54
Regeln 143
Reihenfolge 148
Reitkunst 7 f., 9, 141
Renvers 123 ff., 129
Respekt 79
Richtungsverlust 67
Rücken des Pferdes 12, 19 ff., 38

S

Sattellage 25 f.
Schenkelhilfen 60, 135
Schenkelweichen 123 ff., 129
Schmerz 12, 56, 94
Schubkraft 17, 106
Schulterherein 41, 82, 122, 124 f., 129
Schwerpunkt 15 ff., 121
Seitengänge 40 f., 122 ff., 129, 133 f.
Selbstkorrektur 51, 71
Sidepull 47, 104 ff.
Signale 44 ff., 55 f.
Sitz des Reiters 18 f., 26 ff., 29 ff., 34 ff., 138
Sitzdiagonale 31 ff., 121 ff.
Sitzkorrektur 37
Spannungsbogen 14 ff., 23 ff.
Spiel 57, 93 f.

Stabilität 28 ff., 33 f., 36 f.
Stellung 127 ff.
Störfaktoren 65 ff.
Strafe 43 f., 46 ff., 65, 69 f., 135
Strategie 58 ff.
Systemsteuerung 63

T

Tempo, Tempokontrolle 16 ff.
Temporäre Zusatzhilfe 55
Theoretischer Unterricht 5
Tragkraft 17, 106
Trail 149
Travers, Traversale 31, 123, 125 ff., 129
Treiben 135, 138
Trense 104

U

Überforderung 65, 71, 144, 147
Übergänge 151 ff.
Übergangszäumungen 102
Unbequem machen 57
Unsicherheit 81 ff.

V

Verantwortlichkeiten 65
Verbesserungen 64
Verhalten des Ausbilders 44 ff., 51, 65, 81 f.
Verhaltensmuster des Pferdes 42 ff., 75 ff.
Versammlung 18 ff., 35, 111, 115
Verständigung 52 ff.
Verstärkungen 32, 138, 152 ff.
Vertrauen 79, 84 ff.
Vorhandwendung 130

W

Wendungen 30 ff.
Westernreitweise 8 f., 20 f., 26, 37, 73,
  104, 132
Wille 72

Z

Zäumungen 47, 101 ff.
Zeitfaktoren 144 ff.
Ziehen 47, 109, 135
Zieldefinition 66, 147 ff.
Zirkelarbeit 49, 62, 133 ff.
Zügeleinwirkung/-hilfen 60 ff.,106 ff., 114
Zurechtsetzen 62
Zusammenhänge 100
Zusammenspiel der Hilfen 53 f., 56, 134

Danksagung

Karin Anders, Martina Belzer, Rachel Closset, Ramona Dünisch, Melanie Ellenbrand, Andrea Jennings, Juana Kißner, Ute Merkel, Karl-Heinz Ploch, Britta Rasche, Hanna Rietema, Peter Sowada, Peter Steding, Christiane Sturm, Frank Wagner, Dagmar Wirsing für die Hilfe beim Erstellen der Fotos.

Die Deutsche Bibliothek–
CIP-Einheitsaufnahme

Ein Titeldatensatz für diese Publikation ist bei
Der Deutschen Bibliothek erhältlich.

BLV Verlagsgesellschaft mbH
München, Wien, Zürich
80797 München

© BLV Verlagsgesellschaft mbH, München 2002

Lektorat: Christa Klus-Neufanger
Satz und Layout: Kerstin Diacont
Umschlagfoto: Ramona Dünisch
Druck und Bindung: Stalling, Oldenburg

Printed in Germany · ISBN 3-405-16267-X

Bildnachweis
Alle Fotos von Kerstin Diacont außer:
Archiv Diacont: Karin Anders S. 59; Martina Belzer S. 69, 83 u; Rachel Closset S. 77D, 78, 79, 81; Ute Merkel S. 54; Karl-Heinz Ploch S. 76E; Peter Sowada S. 15 u, 31, 112 u li; Peter Steding S. 102; Frank Wagner S. 35, 112 u re, 131; Dagmar Wirsing S. 2 m, 8, 10, 13 li, 76C, 139 m, 154 u.
Ramona Dünisch: S. 28, 63, 96, 100, 103, 114, 124, 134, 137 u.

Grafiken: Kerstin Diacont

Hinweis
Das vorliegende Buch wurde sorgfältig erarbeitet. Dennoch erfolgen alle Angaben ohne Gewähr. Weder Autor noch Verlag können für eventuelle Nachteile oder Schäden, die aus den im Buch vorgestellten Informationen resultieren, eine Haftung übernehmen.

Know-how für die Reitausbildung

Philippe Karl
Reitkunst
Alle Aspekte der Dressur bis
zur Hohen Schule nach den
klassischen Prinzipien franzö-
sischer Tradition: ein exklu-
siver Einblick in die Arbeit
des »Cadre Noir« in Saumur –
der Elite-Institution für Pferdeausbildung auf höchstem
Niveau.

BLV Arbeitsbuch Pferd
Kerstin Diacont
Bodenarbeit mit Pferden
Psychologisches Grundwis-
sen: das artspezifische Ver-
halten der Pferde und wie
man es für die Ausbildung
nutzt; Praxis: Ausrüstung,
Übungsanleitungen aus
Dressur und Westernreiten,
Beispiele für die Korrektur
verrittener Pferde.

BLV Arbeitsbuch Pferd
Rainer Hilbt
Longieren
Die Arbeit an der Longe:
die komplette Ausbildung für
Einsteiger und praxisbewähr-
te Problemlösungen für Fort-
geschrittene; spezielle Infor-
mationen für Voltigierer und
Fahrer; die Arbeit an der
Doppellonge.

Ingrid Andersson /
Charlie Lindberg
Junge Pferde ausbilden
Schonende Pferdeerziehung
in den ersten fünf Lebens-
jahren – den Entwicklungs-
phasen des Pferdes entsprechend; Grundausbildung,
Einreiten, Konditionstraining,
Ausbildungskonzepte, Doping
und Krankheiten, Rekonva-
leszenz, das erwachsene Pferd.

Gerhard Kapitzke
Zügelführung mit Gefühl
Das Zwiegespräch zwischen
Reiterhand und Pferdemaul
mit einfühlsamer Zügelführung; die Grundprinzipien
der Zügelführung, ihre verschiedenen Wirkungsweisen
und deren pferdegerechte
Anwendung.

Stefan Radloff
Reitausbildung
mit System
In Text und Grafik präzise de-
monstriert: systematisch aufgebaute Tageslektionen für
die Dressur- und die Spring-
ausbildung; die optimale Zusammenarbeit zwischen Reiter
und Pferd, die Aufgaben des
Ausbilders, Trainingsplanung.

Selma Brandl
Harmonie im Sattel
Der richtige Umgang mit
dem Pferd, seine artgerechte
Haltung, die Ausbildung von
Pferd und Reiter in allen Reit-
weisen: mit vielen Abbildun-
gen, die die Faszination der
Pferde und des Reitsports ein-
drucksvoll vermitteln.